U0686758

明清宫藏丝绸之路档案图典 6

南洋之路卷

中国第一历史档案馆 中国历史研究院 编著

国家社会科学基金重点项目
中国历史研究院重大学术项目
国家出版基金资助项目

总主编 李国荣 鱼宏亮
副总主编 王澈 杨海英
伍媛媛 李华川

国家出版基金项目
NATIONAL PUBLICATION FOUNDATION

国家图书馆出版社

設南洋暨南學堂招僑民子弟回國就學
屬其不忘祖國之心凡疊次護送學童來
僑商董無不面訴倒懸亟求拯救查爪哇
領事一舉二十六年呂鏡宇尚書創議於
楊杏城侍郎復續陳於後誠見僑民顛沛
以為保護之謀頃該處華僑商董梁頎潘
來甯謁見祈懇尤為迫切深望此議實行
鈞部已與和使提議及此否此事似須內

敬肅者竊照和蘭屬境南洋各島為中國
聚之區其人數達六十萬以上祇以從前
設領事駐紮彼地保護僑氓致該處官吏
視僑民水深火熱呼籲無門其情形至可
前年銜
洋博加諮訪耳聞頗熟心慘難言誠恐
本國保護久而未得不得不改心易慮
是以到兩江任後特

《明清宫藏丝绸之路档案图典》
编纂委员会

主　任

高　翔　中国社会科学院副院长、党组副书记（正部长级）
　　　　中国历史研究院院长、研究员
孙森林　中国第一历史档案馆馆长、研究馆员

副主任

李国荣　中国第一历史档案馆副馆长、研究馆员
李国强　中国历史研究院副院长、研究员
卜宪群　中国历史研究院古代史所所长、研究员

总主编

李国荣　鱼宏亮

副总主编

王　澈　伍媛媛　杨海英　李华川

档案统筹

王　征

陆上丝绸之路编主编

王　澈　杨海英

海上丝绸之路编主编

伍媛媛　李华川

核心作者

过江之路卷　王　澈　杨海英
高山之路卷　吴剑锋　石竞琳　徐到稳
沙漠之路卷　郭　琪　吴四伍
草原之路卷　王　征　鱼宏亮
东洋之路卷　刘文华　李立民
南洋之路卷　刘文华　解　扬
西洋之路卷　伍媛媛　李华川　李　娜
美洲之路卷　朱琼臻　王士皓
地图提要　孙靖国

明清时期的中国与世界

新解 15—19 世纪丝绸之路的八条线路

李国荣

丝绸之路是中国古代东西方著名的商贸通道，是沟通中外经济文化的重要桥梁。所谓明清宫藏丝绸之路档案，是指中国第一历史档案馆（以下简称“一史馆”）所藏明清时期中央政府档案中反映 15—19 世纪中国与世界各国通过海上航线、陆上交通进行经济文化交流的档案文献。明清两朝宫藏档案涉及53个国家，有汉、满、蒙古、藏、日、俄、英、法、德等各种中外文字，其中具有丝绸之路涵义的有关中外经济文化交往的档案 7 万余件。这些宫藏档案，从王朝角度记载了明清时期的中国与世界各国交往的历史详情，既具有中央政府的权威性，又具有原始文献的可靠性，同时也具有档案独存与价值独特的唯一性，是全面研究明清时期丝绸之路实况最为翔实的珍贵文献。对明清宫藏丝绸之路档案进行系统整理研究，具有重要的现实意义和特殊的学术价值。

一、明清宫藏丝绸之路档案整理研究的历史背景

明清时期的丝绸之路，是中国古代对外商贸文化交流的特殊形态。对明清宫藏丝绸之路档案的整理与研究，有着特定的历史背景。

一是时代背景。2013 年，国家主席习近平借用中国古代“丝绸之路”的概念，提出建设“新丝绸之路经济带”和“21 世纪海上丝绸之路”的合作倡议。这是关乎国家战略发展和人类命运共同体构建的宏远谋略，也是对社会科学工作者提出的重大命题。

二是学术背景。长期以来，学界丝绸之路研究成果甚为丰厚，但明清时期丝绸之路研究一直略显薄弱。这主要表现在：第一，谈起丝绸之路，往往认为主要存在于汉唐时期，将丝绸之路固化为中古以前的历史名片，明清时期的丝绸之路被严重弱化，甚至不认可近代中国丝绸之路的存在。第二，学界对出新疆而西行的陆上丝绸之路和出南海而西行的海上丝绸之路这两条经典线路的研究较为丰富，对其他线路的研究还不够充分，相对而言成果较少。第三，对明清时期丝路文献的挖掘，以往关注和利用的主要是地方性档案和民间文献，存在着地域性、分散性的特点，对明清中央政府这一最具权威性、系统性的档案文献却没有给予足够的利用与研究，从王朝视角和国家层面来透析明清时期丝绸之路还远远不够。整体看来，对明清时期丝绸之路个案化、碎片化和局部的研究比较多，系统的、整体的研究

还远未形成，而这恰恰有赖于明清宫藏丝绸之路档案的深层挖掘。

三是文献背景。2016年，一史馆与中国社会科学院历史研究所合作，正式启动“明清时期丝绸之路档案编研出版工程”。2019年，“明清宫藏丝绸之路档案整理与研究”列为国家社科基金重点项目，同时列为中国历史研究院重大学术项目。该课题项目成果主要包括：其一，在档案整理方面，对一史馆所藏明清丝绸之路档案进行系统化的全面梳理，建立明清宫藏丝绸之路档案专题数据库。其二，在编纂出版方面，精心组织、系统编纂《明清宫藏丝绸之路档案图典》，陆上丝绸之路四卷，海上丝绸之路四卷，由国家图书馆出版社出版。其三，在学术交流方面，一史馆与中国历史研究院自2016年开始，每年联合主办一次“一带一路”文献与历史研讨会，截至2020年已举办五次，这一研讨机制将继续推进下去。其四，在成果推介方面，核心期刊《历史档案》自2019年第1期起开设《明清丝路》专栏，持续刊发课题组系列研究成果。其五，在学术著述方面，一史馆与中国历史研究院的专家学者联合编写《明清宫藏丝绸之路档案研究》专著。明清时期丝绸之路档案的珍贵价值和独特作用越来越得以彰显。

二、明清宫藏档案中的陆上丝绸之路

陆上丝绸之路，传统意义上讲，是古代横贯亚洲连接欧亚大陆的商贸要道。它起源于西汉时期汉武帝派张骞出使西域，开辟了以都城长安（西安）为起点，经中亚、西亚，并连接地中海各国的陆上交通线路。这条通道被认为是古代东西方文明的交汇之路，而中国出产的丝绸则是最具代表性的货物，因此自19世纪末，西方学者开始称之为“丝绸之路”，作为一个专用概念，被广泛认可使用，产生了世界性的影响。一史馆档案揭示，明清时期的陆上丝绸之路并不仅仅是传统的自新疆西行亚欧的一条线路，而是分为四条线路，即东向过江之路、南向高山之路、西向沙漠之路、北向草原之路。

1. 陆上东向过江之路。这条线路主要是指横跨鸭绿江与朝鲜半岛的经济文化交流。中朝两国在地域上唇齿相依，隔江相望。明清时期，朝鲜是东亚地区与中国关系最为密切的藩属国，不仅有相沿成例的朝贡道路，也有定期开市的边境贸易。明崇祯四年（1631）正月初三日的礼部题稿非常明确地记载，从京师经辽阳东行再渡鸭绿江陆路至朝鲜的贡道。清乾隆九年（1744）四月二十三日户部尚书海望呈报中江地区朝鲜贸易纳税情形的奏折，则详细记载了朝鲜在中江采购的物品种类包括绸缎、丝帛、灰貂、棉花、毡帽等等，且有“在边门置买货物”“朝鲜人等不纳税课”的特殊优惠规定。这件奏折还记载了朝鲜为请领时宪书（当时的年历）而派遣使者的情况。又如，道光二十一年（1841）十月十五日礼部尚书色克精额的题本，反映了清政府对会宁、庆源边境贸易的管理，其中详细开列了兽类毛皮贸易的准许清单，“凡貉、獾、骚鼠、鹿、狗等皮，准其市易；貂皮、水獭、猞猁狲、江獭等皮，不准市易”。

2. 陆上南向高山之路。这条线路主要是从四川、云南、西藏等地出发，到达东南亚、南亚地区的经济文化交流，其中与安南、缅甸、印度、廓尔喀等国交流比较频繁。例一，乾隆五十七年（1792）十二月初一日，大将军福康安等大臣有一件联衔奏折，内容是与廓尔喀商议在西藏地区进行贸易通商之事，其中记载了清政府确定的对廓尔喀贸易基本原则：第一，允准贸易。“廓

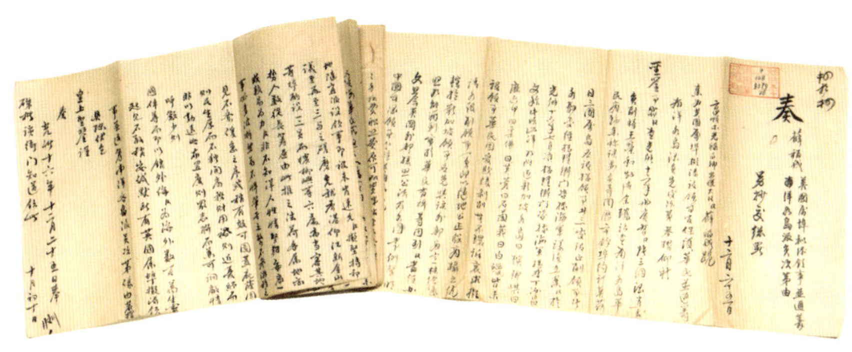

尔喀业经归命投诚，准其仍通买卖。”第二，官府统办。“所有贸易等事，竟应官为办理，不准噶布伦等私自讲说。”第三，确保公平。“一岁中酌定两次四次，予以限制。驻藏大臣仍不时稽查，亲加督察该处银钱，亦可公平定价，不致再有争执。”例二，乾隆五十八年（1793）八月初二日，署理两广总督郭世勋上奏说，安南除在原定通商贸易章程中规定的高平镇牧马庯和谅山镇驱驴庯设立市场之外，又在谅山镇花山地方设立市场。经查，花山地方确实交通便利，且人口稠密，利于双方贸易。郭世勋的奏折认为，安南“因地制宜”添设花山地方市场确是可取，并提议在贸易章程中正式添设花山地方市场。可见，清代中越边境贸易是十分频繁的。例三，光绪三十一年（1905）十二月，署理两江总督周馥向外务部递送咨呈，主要陈述了南方诸省种植的本土茶叶受到从锡兰、印度进口茶叶的冲击，将会导致茶商破产、茶户改种、本土茶叶被排挤出市场。经派员到锡兰、印度对英国人种植茶叶的方法进行考察，发现“我国茶叶，墨守旧法，厂号奇零，商情涣散，又好作伪，掺杂不纯”，如此局面必无法与进口的锡兰、印度茶叶相抗衡。同时还提出了“设机器厂，立大小公司”等应对措施。这里提出了如何在对外贸易中保护和改进民族产业的问题。

3. 陆上西向沙漠之路。这条线路是传统意义上丝绸之路的延续，它在漫长的中外交往史上发挥了巨大作用。自汉代通西域以后，中原与西北边疆的经济文化交流一直存在。唐中期以后，海上丝绸之路兴起，宋明两朝更因为不能有效掌控西域，西北的中外官方交往受到很大限制，因此学界对这条丝路的研究也往往详于唐以前而略于后。但档案揭示，在明清时期，漫漫黄沙铺出的丝绸之路一直十分活跃。明朝档案中，有一件崇祯十年（1637）八月初五日关于张家口开市买马及闭市日期的揭帖，记载了钦差御马监太监到张家口开市买马，闭市后与各部头领盟誓，“永开马市，以为彼此长久之利”，并以茶布等物品对各部头目进行犒赏。有清一代，尤其是乾隆二十二年（1757）彻底平定西北边陲后，逐步恢复西部贸易，中亚许多与新疆接壤的国家开始与清政府建立往来，并派出使者前往北京。乾隆二十七年（1762），爱乌罕（今阿富汗）汗爱哈默特沙遣使进京朝觐乾隆帝，沿途受到各地督抚的热情接待，而乾隆帝在接见使者时，得知爱哈默特沙抱恙在身，还特意赏赐药品及药方。正是在这种积极友善的氛围中，清政府与中亚诸国的来往呈现出良性化的态势，这条古老的丝绸之路再次焕发出勃勃生机。从清代档案可以看到，清政府长期从江南调集丝绸布匹经陕甘运至新疆地区，用来交换马匹等物，当时新疆地区主要的通商地点在塔尔巴哈台、喀什噶尔、库伦、伊犁等地，贸易对象除了当地部落，还有哈萨克、俄罗斯、浩罕等国。乾隆二十二年（1757）十一月二十八日，陕甘总督黄廷桂上奏朝廷说，哈萨克等地“为产马之区，则收换马匹，亦可以补内地调拨缺额”。由此可知，乾隆朝恢复西部贸易，一个重要目的是要获取哈萨克等地的马匹。乾隆二十四年（1759）十一月十一日，驻乌鲁木齐办事三等侍卫永德的满文奏折，主要内容就是呈报与哈萨克交换马匹及所用银两数目的详情。清政府与哈萨克贸易中，十分注意哈方贸易需求，如在绸缎的颜色方面，哈萨克人喜欢青、蓝、大红、酱色和古铜、茶色等，乾隆帝谕令贸易缎匹“悉照所开颜色办解”。档案还记载，乾隆四十三年（1778），理藩院侍郎索琳作为钦差前往库伦办理与“鄂啰斯”商人交易事宜，面对俄罗斯商人改变贸易地点和减少交税等情况，钦差大臣索琳草率下令关闭栅门断绝贸易。乾隆帝对索琳擅自做主关闭中俄贸易通道很是愤怒，当即将其革职。可见，乾隆帝对中俄贸易还是很看重的。在这期间，西北边陲的民间经济文化交流也很频繁，从清廷屡次颁布严查私自买卖玉石、马匹、茶叶等货物的谕令中，可看出民间商贸活动是广泛存在的。

4. 陆上北向草原之路。这条线路主要是由内地经漠北蒙古草原、中亚草原与俄罗斯等国的经济文化交流。在清代，俄皇多次派遣使团来华商谈贸易事宜。康熙时期，清政府在北京专门设立俄罗斯馆，以安置俄国使团和商队。雍正年间，还曾派出官方使团参加俄皇即位典礼。由于清朝分别在康熙和雍正年间与俄罗斯签订了划界及贸易条约，尼布楚、恰克图、库伦等地获得了合法的贸易地位，传统的草原丝绸之路进入了鼎盛时代。现存档案中有一件康熙三十八年（1699）正月十二日俄罗斯的来文档，是俄国西伯利亚事务衙门秘书长致送清朝大臣索额图的咨文，其内容就是奉俄皇旨令派遣商帮至北京贸易，“请予以优待”。康熙五十八年（1719）十一月三十日，俄国西伯利亚总督切尔卡斯基致函清廷说：俄国皇帝已得悉若干俄国商人在贵国经商确有某种越轨举动，嗣后俄商一概不容有任何损害中国政府之行为，如有任何俄国属民为非作歹，定予惩处。同时，恳请允准派往商队，照旧放行，允其进入内地直至北京。这类有关日常贸易纠纷的档案内容，说明中俄贸易已经呈现常态化，也从一个侧面反映了当时中俄贸易的广度和深度。一史馆现存的俄商来华贸易执照、运货三联执照、货物估价清册、进出口货物价值清单等档案，更详尽反映了中俄贸易的规模和内容。

三、明清宫藏档案中的海上丝绸之路

海上丝绸之路，一般说来是指从南海穿越印度洋，抵达东非，直至欧洲的航线，是古代中国与外国交通贸易和文化交往的海上通道。该路以南海为中心，所以又称“南海丝绸之路”。因海上船运大量陶瓷和香料，也称“海上陶瓷之路”或“海上香料之路”。海上丝绸之路的起点主要是广州和泉州，历史上也曾一度被称为“广州通海夷道”。一史馆档案揭示，明清时期的海上丝绸之路并不仅仅是传统的自南海下西洋的一条线，而是分为东洋、南洋、西洋、美洲四个方向。

1. 海上东洋之路。这条线路主要是与东亚各国之间的经济文化交流。东亚是明清时期朝贡体系的核心地区，自明初开始，朝鲜、琉球与中国延续了长达五百余年的宗藩关系及朝贡贸易。日本虽游离于朝贡体系边缘，但与中国也一直保持着密切的贸易往来。一史馆所藏档案中有一幅彩绘地图，墨笔竖书《山东至朝鲜运粮图》。经考证，这是康熙三十七年（1698）十二月十五日侍郎陶岱进呈的，是一幅从山东向朝鲜运送赈济粮米的地图。当时朝鲜连年饥荒，此图应是在运送赈济粮米到朝鲜后，为向朝廷呈报情况而绘制的。该图所示船只，从山东沿着海路将粮米运到鸭绿江，再转运上岸，是清代北洋海域海上交通的鲜活例证。康雍乾年间，清廷曾一直鼓励商船前往日本购运洋铜，中日间的海上贸易迅猛增长。雍正九年（1731）三月初三日江苏巡抚尹继善有一件奏折，请求派员前往日本采办洋铜，其中谈到“采办洋铜商船入洋，或遇风信不便，迟速未可预定”。尹继善同时奏报朝廷，正与各省督抚广咨博访，细心筹划，“通计各省需办之铜”。由此可见，前往日本采购洋铜的数量不在少数。档案记载，明清时期北京的国子监专门设有琉球官学，琉球国中山王“遣官生入监读书”，乘船到闽，然后登陆北上京师。琉球国派遣官生留学，在明清两朝一直没有间断，这反映了明清时期海上丝绸之路文化交流的一个侧面。

2. 海上南洋之路。这条线路主要是与菲律宾、印度尼西亚、澳大利亚、新西兰等南洋国家的经济文化交流，以朝贡、贸易、派驻领事与商务考察等事务居多。东南亚各国是明清朝贡体系的重要组成部分，自明初以来，东南亚各国逐渐建立了对中国的朝贡关系。菲律宾古称苏禄，明清时期朝贡商贸往来一直不断，雍正十三年（1735）九月初六日福建水师提督王郡的奏折，向朝廷具体呈报苏禄国吕宋各处到厦门贸易的船只数目。乾隆二十六年（1761）十一月初一日福州将军社图肯的奏折报告说，苏禄国番目吧啰绞缎来厦，呈请在贡期内所携带货物可否照例免税，得到乾隆帝允准。清政府一直鼓励沿海福建、广东等省从暹罗、安南等东南亚国家进口稻米，以纾解粮食压力。乾隆八年（1743）九月初五日，乾隆帝传谕闽粤督抚，“米粮为民食根本”，外洋商人凡船载米粮者，概行蠲免关税，其他货物则照常征收。光绪中期以后，在驻外使臣和地方督抚的奏请之下，清政府对南洋地区事务日益重视，先后选派官员前往考查商民情形。光绪十三年（1887）十月二十四日两广总督张之洞的奏折，就是呈报派遣官员前往南洋访查华民商务情形。从这份档案来看，调查殊为细致，认为小吕宋（马尼拉）华人五万余人，“贸易最盛，受害亦最深”，“非设总领事不可”；槟榔屿则“宜添设副领事一员”；仰光自英据之后，“为中国隐患”，“宜设置副领事”；苏门答腊华民七万余人，“宜设总领事”等。光绪时期的外务部档案还记载，清政府在澳洲设总领事馆，梁澜勋任总领事；在新西兰设领事馆，黄荣良为领事。由此，晚清政府在南洋各处先后设立了领事机构，处理侨民事务，呈递商务报告。清廷也多次派遣官员随舰船前往东南亚游历考察，光绪三十三年（1907）七月初三日直隶总督袁世凯的奏折，便是奏报派舰船前往南洋各埠巡视，当地侨民“睹中国兵舰之南来”，“欢声雷动”。一史馆档案中，还有《东洋南洋海道图》和《西南洋各番针路方向图》，是清政府与东南亚各国交往而绘制的海道图，图中绘有中国沿海各口岸通往日本、越南、柬埔寨、文莱、印尼、菲律宾等国的航线、针路和需要的时间，并用文字说明当地的物产资源，是南洋区域海上丝绸之路的鲜活体现。

3. 海上西洋之路。这条线路是传统的海上丝绸之路，主要是中国与西亚、非洲、欧洲通过海路的经济文化交流。明清时期，随着西方大国新

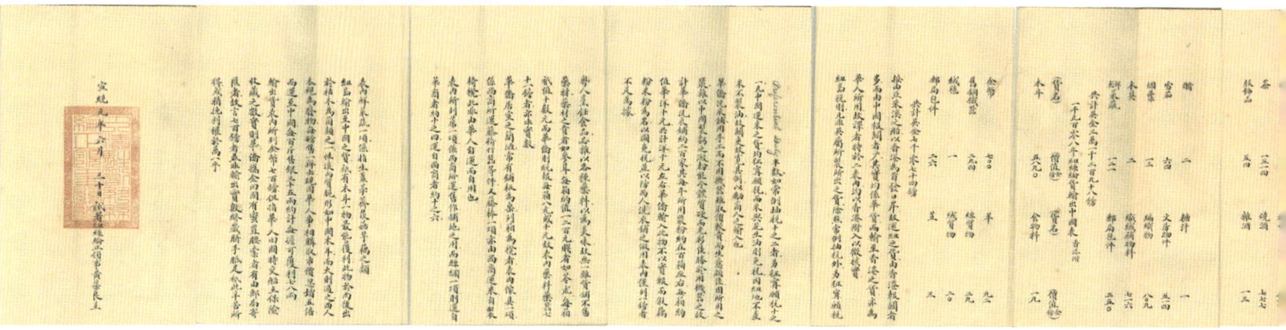

航路的开辟与地理大发现，以及借助于工业革命的技术成果，海上丝绸之路已由区域性的海上通道延伸为全球性的贸易网络。永乐三年（1405）到宣德八年（1433）间，郑和船队七下西洋，遍访亚非 30 多个国家，是中国古代规模最为宏大、路线最为长远的远洋航行，是海上丝绸之路在那个时代一个全程式的验证活动，也是海上丝绸之路发展史上的一次壮举。一史馆所藏明代《武职选簿》，就记载了跟随郑和下西洋船队中的随从水手等人物的情况。清初实行海禁，康熙二十三年（1684）七月十一日的《起居注册》记载，康熙帝召集朝臣商议解除海禁。次年，清政府在东南沿海创立粤海关、闽海关、浙海关、江海关四大海关，正式实行开海通商政策。由此，清代的中国通过海路与英国、法国、德国、意大利、比利时、瑞典等国的经济文化交流日益频繁。于是，法国的“安菲特里特号”商船、瑞典“哥德堡号”商船、英国马嘎尔尼使团纷纷起航来华。对西洋的科技、医药及奇异洋货等，康熙、雍正、乾隆几个皇帝都是极感兴趣。在康熙五十七年（1718）七月二十七日两广总督杨琳的奏折上，康熙帝御批：“西洋来人内，若有各样学问或行医者，必着速送至京城”，并下令为内廷采购奇异洋货“不必惜费”。大批在天文、医学、绘画等领域学有专长的传教士进入皇宫，包括意大利画家郎世宁、德国天文学家戴进贤、主持建造圆明园大水法殿的法国建筑学家蒋友仁等等。值得一提的是，乾隆二十九年（1764），清宫西洋画师郎世宁等绘制《平定西域战图》，次年海运发往西洋制作铜版画，历经种种波折，在 12 年后由法国承做的铜版画终于送到乾隆帝眼前，这是海上丝绸之路演绎的一起十分典型的中西文化交汇佳话。档案中还有大量外国商船和贡船遇难救助的记载，如乾隆二十六年（1761）九月十五日广东巡抚托恩多的奏折反映，瑞典商船遭风货沉，水手遇难，请求按照惯例抚恤救助。这说明清政府已经形成了一套有关维护海上贸易秩序的措施与政策。

4. 海上美洲之路。这是海上丝绸之路最远的线路，其航线最初是从北美绕非洲好望角到印度洋，再过马六甲海峡驶往中国广州，后来也通过直航太平洋经苏门答腊到广州。明万历元年（1573），两艘载着中国丝绸和瓷器的货船由马尼拉抵达墨西哥的阿卡普尔科港，这标志着中国和美洲贸易的正式开始。从此之后的 200 多年，以菲律宾为中转的“大帆船贸易”是中国和美洲之间最重要的贸易通道。清乾隆四十九年（1784），美国“中国皇后号”商船首航中国，驶入广州黄埔港，船上装载的西洋参、皮货、胡椒、棉花等货物全部售出，然后购得大量中国茶叶、瓷器和丝绸等商品。次年，“中国皇后号”回到美国时，所载中国商品很快被抢购一空。中美航线的直接

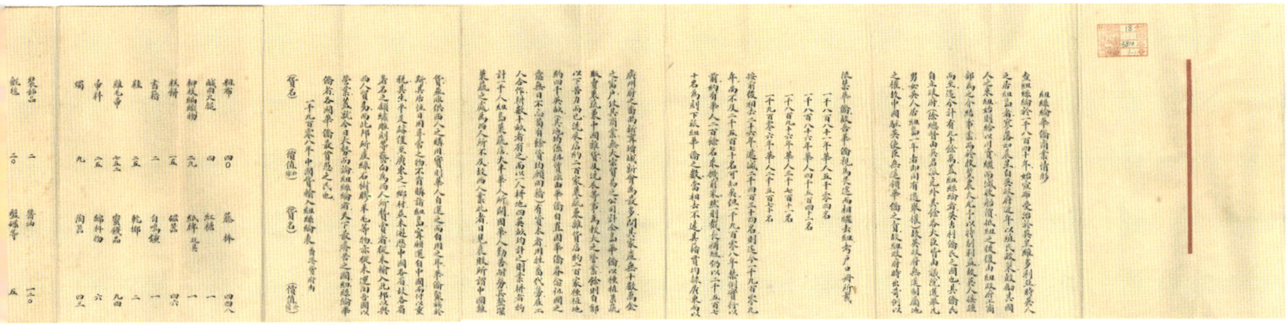

开通，开辟了中美间互易有无之门，促使中美之间的贸易迅速发展。道光二十三年（1843）闰七月十二日两江总督耆英等人的联衔奏折记载，“各国来粤贸易船只，惟英吉利及其所属之港脚为最多，其次则米利坚（美国），几与相埒”。这说明对华贸易，在当时美国仅次于英国。在美洲的开发和经济发展中，华侨及华工也做出了贡献。道光二十八年（1848）美国加利福尼亚州发现金矿，急需大量劳动力进行开采，大批华侨及华工涌入美国，拉丁美洲国家也在华大量招工。光绪元年（1875）七月初十日李鸿章奏报说，华工像猪仔一样运送美洲，澳门等处就设有“猪仔馆”。光绪七年中国与巴西签订《和好通商条约》，第一条就约定“彼此皆可前往侨居”，“各获保护身家财产”，从而为巴西在华招工提供了合法性。除了经济上的贸易往来，中美在文化上也相互交流，清末的“庚款留学”即是其中之一。宣统元年（1909）至宣统三年（1911），清政府共派遣三批庚款留美学生，为近代中国培养了一大批著名人才。从宫藏赴美留学生名录可以看到，后来成为清华大学终身校长的梅贻琦、中国现代物理学奠基者之一胡刚复、新文化运动倡导者胡适等均在其列。

四、明清宫藏丝绸之路档案的重要价值和独特作用

明清宫藏丝绸之路档案的系统整理，从王朝政府和国家层面为丝绸之路研究提供了更为丰富、更加权威的文献基石。透过对明清宫藏档案的考察，将有助于我们匡正和重新认识明清时期丝绸之路的历史定位。

第一，丝绸之路在明清时期并没有中断，而是实实在在地一直在延续和伸展。我们注意到，国内外学界高度认可，丝绸之路是中华民族走向世界的标志，丝绸之路的起伏与中华民族的兴衰息息相关，丝绸之路把古代的中华文化与世界各个区域的特色文化联系起来，对促进东西方之间的交流发挥了极其重要的作用。然而，在较长一段时间内，学界对丝绸之路的研究主要停留在汉唐时期，明清时期的丝绸之路被严重忽视和扭曲，甚至不认可近代中国丝绸之路的存在。为什么明清时期的丝绸之路被淡化？原因大致有两个：一是，人们受到清朝闭关锁国的传统认知的影响，一度不认可近代中国丝绸之路的存在，乃至认为丝绸之路出现了历史空白期。有的学者即使承认明清时期还有丝绸之路，也感到那是穷途末路，无足轻重。由此，往往严重弱化了明清时期丝绸之路的历史作用。二是，近代以来西方列强大肆殖民侵略带来的新的世界贸易规则和秩序，与传统中国同远近邻邦的贸易交往活动有着

截然不同的内涵和影响，列强这种新的带有殖民色彩的贸易秩序逐渐推广的过程，也是传统中国互利贸易秩序被排挤并逐渐被遗忘的过程。通过挖掘与梳理，翔实的宫藏档案充分揭示，明清时期的丝绸之路并没有中断，而是一直延续下来，尽管不同时间段有起有伏。透过这些王朝档案和历史记忆，让我们听到了明清时代的陆上丝绸之路仍是驼铃声声，看到了明清时代的海上丝绸之路仍是帆影片片。

第二，明清时期的丝绸之路并不限于传统说法的两条经典之路，而是形成了纵横交错的诸多线路，就目前档案文献研究，至少可开列出八条线路。长期以来，提起丝绸之路，大多认为只是自新疆西行的陆上丝路和自南海下西洋的海上丝路。明清丝绸之路档案的挖掘，印证了明清丝绸之路不仅存在和延续，而且还有其自身特色，乃至构成了特定历史时期的丝绸之路网络。这就是远远不限于传统的简单的陆上一条路、海上一条线，而是随着古代科技的发展、轮船时代的到来，多线并举，展现的是明清时期中国与世界交往的大格局。应该看到，近代以来，虽然海洋远程贸易逐渐成为连接世界的主要形式，但以中国为中心的东亚地区依然活跃着通过陆上线路进行的外交与贸易活动，也就是说，在明清时期，海上丝绸之路与陆上丝绸之路一直是并行的，只是不同阶段各有侧重罢了。同时，中国传统朝贡体系中的朝鲜、琉球、越南等国，在晚清中国朝贡体系解体以前，依然保留着传统的朝贡贸易，这些藩属国的传统贡道与丝绸之路的某些线路也大多契合，是丝绸之路的特殊存在形式。传承至今的档案文献为我们铺陈了明清时期的丝路轮廓，那就是陆上丝绸之路和海上丝绸之路又各分为纵横交错的四个方向。明清时期海陆丝绸之路的八条线路，是基于一史馆所藏明清档案的挖掘而得出的丝路历史阐释，是古代丝绸之路在工业时代、轮船时代的扩展。这个丝路框架，基本涵盖了明清时期所有以中国为中心的贸易路线与贸易活动，是对丝绸之路历史尾声的一个新的解读，也将大大丰富和改变学界对丝绸之路的传统认知。

第三，明清宫藏丝绸之路档案勾勒了历史与现实相通的时空走廊，为“一带一路”国家倡议提供了重要的历史依据和文献支撑。通过对明清时期丝绸之路档案的考察，让我们大致还原了明清时期中国与世界的贸易联系，并加深了我们对这块古老大地上所发生的丰富多彩的人类交往活动的历史理解，这也正是这些珍贵档案的价值所在。我们从中看到明清时期丝绸之路的万千气象，那是古代丝绸之路的延伸，那是一个纵横交错的远程贸易圈，那是一个四通八达的中外交汇网。大量明清时期中国与丝绸之路沿线国家和地区进行经济文化交流的档案记载，充分说明了东西方交流是相互的这种双向性，阐释了明清时期丝绸之路的特殊存在形式及其重要的历史地位。从某种角度上讲，作为立意高远的“一带一路”倡议，与其时间距离最近、历史关联最直接的，就是明清时期的丝绸之路。通过对明清宫藏档案的历史价值和文化内涵的深入挖掘，进一步充实了“一带一路”倡议的历史文化内容。可以说，明清时期的丝绸之路构成了与当今“一带一路”框架相贯通契合的中外海陆交通脉络，明清宫藏丝绸之路档案是对“一带一路”倡议的历史诠释。

丝绸之路与世界贸易网络

鱼宏亮

16、17世纪起，中国历史就全面进入了世界历史研究的视野之中。17世纪德国数学家莱布尼茨（G. W. von Leibniz，1646—1716）在《中国近事》一书中说："在这本书中，我们将带给读者一份发回欧洲的有关最近中国政府允许传播基督教的报告。此外，本书还提供许多迄今为止鲜为人知的信息：关于欧洲科学的作用，关于中国人的习俗和道德观念，特别是中国皇帝本人的道德观念，以及关于中国同俄国之间的战争与媾和。"尽管莱布尼茨通过法国来华传教士白晋（Joachim Bouvet，1656—1730）等人获得了有关中国的第一手资料，但他的重点主要在中国的道德、礼仪、经典等方面。直到19世纪黑格尔《历史哲学》一书，才全面考察了中国历史与世界各民族历史的诸多同异与特性。黑格尔认为："历史必须从中华帝国说起。因为根据史书的记载，中国实在是最古老的国家，它的原则又具有那一种实体性，所以它既是最古老的、同时又是最新的帝国。中国很早就已经进展到它今日的情状。但是因为它客观的存在和主观运动之间仍然缺少一种对峙，所以无从发生变化，一种终古如此的固定的东西代替了一种真正的历史的东西。"黑格尔的历史哲学以人的绝对意志和人类精神的发展作为历史发展的标尺，在他的眼中，中国历史因为在宗教和精神方面受制于专制王权，所以是停滞的，没有历史的，也是封闭的："这个帝国早就吸引了欧洲人的注意，虽然他们所听到的一切都渺茫难凭。这个帝国自己产生出来，跟外界似乎毫无关系，这是永远令人惊异的。"黑格尔对中国历史进行过深入研究，对先秦到清代的礼制、皇权、地理、北方民族都有论述。在他的《历史哲学》体系中，中国占有重要的地位。黑格尔的《历史哲学》影响了以后一个多世纪欧洲历史学对中国的历史叙事。直到20世纪七八十年代，人们才重新开始从世界历史的角度来重新看待中国历史，尤其是明清时期中国与世界各地的贸易联系。

一

第二次世界大战以后，欧洲汉学开始明显分化，原来欧洲中心论的一系列理论和观点遭到质疑。德国历史学家贡德·弗兰克（A. G. Frank）1998年出版的《白银资本》认为从航海大发现直到18世纪末工业革命之前，是亚洲时代。欧洲之所以最终在19世纪成为全球经济新的中心，

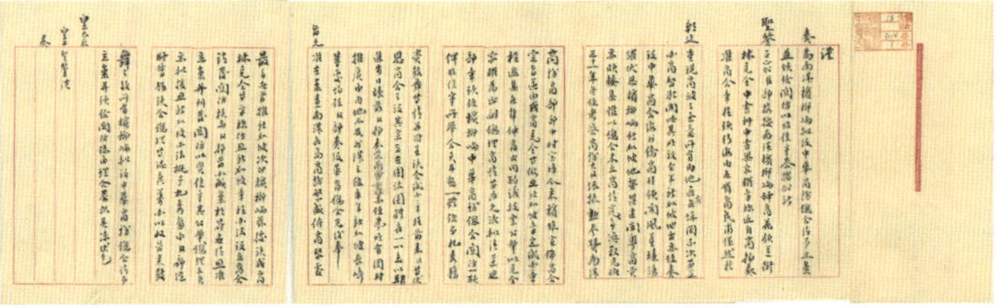

是因为欧洲征服了拉丁美洲并占有其贵金属，使得欧洲获得了进入以亚洲为中心的全球经济的机会。《白银资本》一书描绘了明清时期广阔的中外贸易的宏大画面，将中国拉回到世界历史的中心。

美国历史学家彭慕兰（Kenneth Pomeranz）于2000年出版的《大分流：欧洲、中国及世界经济的发展》一书详细考察了18世纪欧洲和东亚的社会经济状况，对欧洲的英格兰和中国的江南地区做了具体的比较，以新的论证方法提出了许多创新性见解。认为1800年以前是一个多元的世界，没有一个经济中心，西方并没有任何明显的、完全为西方自己独有的内生优势；只是19世纪欧洲工业化充分发展以后，一个占支配地位的西欧中心才具有了实际意义："一个极为长期的观点提醒我们考虑怎样把东亚西欧之间十九世纪的分流放到全球历史的背景中。"

与此相关联，王国斌（Wong R. Bin）和罗森塔尔（J. Lauvent Rosenthal）合著的《大分流之外：中国与欧洲经济变迁中的政治》，围绕着1500—1950年之间的各种世界经济的要素进行讨论。李伯重《火枪与账簿：早期经济全球化时代的中国与东亚世界》亦从全球化的角度来描述明清以来中国与世界的贸易与政治联系。

2006年，彭慕兰与史蒂文·托皮克（Steven Topik）新出版《贸易打造的世界：1400年至今的社会、文化与世界经济》，作者通过此书表达了"中国的历史和世界贸易的历史已经通过各种途径交织在一起"的思想。

实际上，早在19世纪后期，西方汉学家已经开始利用第一手的调查资料与中西方文献来重建中古时期的中外历史了。1868年（清同治七年）11月，德国地理学家李希霍芬（Ferdinand von Richthofen）从上海出发，开始在中国境内进行地质考察。到1872年5月底，李希霍芬在中国境内总共进行了七次长短不一的地理地质考察，搜集了大量资料和数据。同年他回到德国，开始整理研究这些资料，到1877年，开始出版《中国：亲身旅行和据此所作研究的成果》（*China: Ergebnisse eigener reisen und darauf gegründeter studien*）一书。在第一卷中，他将公元前114年至127年中国与中亚、印度之间的贸易通道称为"丝绸之路"（德文Seidenstrasse或Sererstrasse）。根据俄罗斯历史学家叶莲娜·伊菲莫夫娜·库兹米娜的研究，"伟大的丝绸之路的名字第一次出现于公元4世纪早期的马赛林（Ammianus Marcellinus）的《历史》第23册中"。李希霍芬使用"丝绸之路"一词属于再发现。但是由于李希霍芬在此后的西方地理学界的重要影响和地位，他的这一用语成为学界公认的名称，从此"丝绸之路"就被公认为指称公元前后连接中国与中亚、欧洲的交通线路的专用概念，产生世界性的影响。由此，欧亚古代的贸易与文化联系通道也引起人们的重视。

二

从古典时代起，欧亚大陆虽然从地理条件上来说是连为一体的，但是高原和大山将这块大陆分隔开来，使得古希腊地理学家将其划分为两个大洲。但是欧亚大陆中部地区拥有一块广阔的大草原，从东亚的中国东北部一直延伸到西欧的匈牙利。“它为由欧亚大陆边缘地区向外伸展的各文明中心进行交往提供了一条陆上通道。靠大草原养活的游牧民们总是赶着他们的牧群，到处迁徙，并随时准备着，一有机会，就去攫取北京、德里、巴格达和罗马的财富。肥沃的大河流域和平原创造了欧亚大陆古老的核心文明，而大草原则便利了这些文明之间的接触和联系。”贯穿在这个连接体的贸易通道，也就是为世人熟知的丝绸之路。从更广阔的范围来看，丝绸之路从亚洲东部的中国，一直延伸到西欧和北非，是建立欧亚非三个地区间最为著名的联络渠道。“沿着它，进行着贸易交往和宗教传播；沿着它，传来了亚历山大后继者们的希腊艺术和来自阿富汗地区的传播佛教的人。”中国先秦文献《管子》《山海经》《穆天子传》等书中对昆仑山、群玉之山的记载，经20世纪殷墟考古发掘对来自和田地区的玉器的鉴定，证实了古文献中记载的上古时代存在西域地区从中原获取丝绸而输出玉器的交换关系，早期的中国与中亚地区的玉石—丝绸之路为人所认知。

从16世纪中后期以来，传统上属于欧洲地区的罗斯国家逐渐开始向东殖民，进入了广袤的亚欧大陆北部西伯利亚地区活动。这样，俄罗斯的哥萨克人开始活跃于蒙古北部边界地带，与明朝、蒙古各部发生各种政治、经济联系。在官方建立正式联系前，由这些地区的人民开展的贸易活动实际上早已经存在。俄国档案显示，“俄国同中国通商是从和这个国家交往的最初年代开始的。首先是由西伯利亚的商人和哥萨克自行开始同中国进行贸易。人们发现从事这种贸易非常有利可图，于是西伯利亚各城市的行政长官也参与此项活动”。由于俄罗斯处于西欧通往中国的中间地位，所以英国也多次派使节前往俄罗斯要求开通前往中国贸易的商路。俄罗斯外交事务部保存的档案记录的1616年、1617年间英国使节麦克利与俄方会谈纪要显示，尽管俄罗斯设法阻止了英国的请求，但却下令哥萨克军人调查通往中国的商路。这些活动通过莫斯科的英国批发商约翰·麦利克传递到英国，引起王室和政治家的注意。英国地理学家佩尔基斯记录了俄罗斯人开辟的通过北方草原通往中国的商路。从官方的记录来看，除了活跃的民间贸易外，至少从明代末年起，以明朝北方卫所为节点的南北交流通道已经非常活跃。中国文献《朔方备乘》曾经记录蒙古喀尔喀、车臣二部都曾经进贡俄罗斯鸟枪一事，认为“谦河菊海之间早有通商之事”，即指叶尼塞河上游与贝加尔湖之间的贸易路线。

18世纪俄国著名的文献学家、历史学家尼古拉·班蒂什根据俄罗斯外交事务部档案编著的《俄中两国外交文献汇编1619—1792》一书，收录了两件中国明代皇帝致俄皇的“国书”，其中一件标以万历皇帝，一件标以万历皇帝之子，文书记载了两名俄罗斯使臣因通商事前往中国，中国皇帝则表达了鼓励之意。不管这两件文书的真实程度如何，该文件收录在俄皇米哈伊洛维奇的外务衙门档案中，在反映中俄早期贸易关系的文献中具有一定价值［两件文书收录在尼古拉·班蒂什·卡缅斯基编《俄中两国外交文献汇编（1619—

1792）》一书中，但根据耶稣会传教士的识读，认为这两件文书时间更早，为明成祖时代致北方王公的册封诏书。但两件诏书何以保存在俄皇的外交档案中，亦为不解之谜。另外，由于明清时代中国特有的天下观，直至晚清之前，中国皇帝致外国的文书从未以国书的形式冠名。因此西方各国外交档案中的中国皇帝“国书”，都是翻译明清时代皇帝的诏书、上谕而来]。

根据俄方档案记载，第一个从莫斯科前往中国的使节团是巴依科夫使团，1654年前往办理商务，并奉有探明“中华帝国可以购买哪些货物，可以运去哪些货物，由水路或陆路达到这个国家有多远路程”等信息的使命。可见，到17世纪中期官方的外交路线已经畅通。17世纪早期的探险活动是后来《尼布楚条约》和《恰克图条约》得以签订的地理背景。到了17世纪中后期，通过中俄条约的形式将明末以来形成的北方贸易路线固定下来。从此，库伦和恰克图成为官方贸易的正式场所。

在中国第一历史档案馆所藏的官方档案中，从顺治到乾隆期间至少有50件档案内容为与俄罗斯贸易的，其中贸易线路涉及从东北的黑龙江到北京、张家口、鄂尔多斯、伊犁、哈萨克整条草原丝绸之路的商道。这反映在明清时代，传统的草原丝绸之路进入了鼎盛时代。由于清朝分别在康熙与雍正年间与俄罗斯签订了划界和贸易条约，尼布楚、恰克图、库伦等地获得了合法的贸易地位，这条线路虽然被俄罗斯所垄断，传统亚欧大陆的商道中间出现了代理商性质的梗阻，但北方丝绸之路并未衰落，甚至还更加兴盛。根据两件内阁和理藩院档案[《为遣员至蒙古会盟处传谕蒙古各众做贸易不得行骗等事（满文）》《函达俄商在中国境内所有妄为举动定加惩处请仍旧照约将俄商放行入境由》]，可以看出，中俄贸易从顺治到康熙间已经呈现常态化，中央部院题奏中这类日常贸易纠纷的内容显示了贸易的广泛和深度。

北方贸易路线上的主要商品为茶叶。据研究最早进入俄国的茶叶是崇祯十三年（1640）俄国使臣瓦西里·斯达尔科夫从中亚卡尔梅克汗廷带回的茶叶二百袋，奉献给沙皇。这是中国茶叶进入俄国之始。即使在海运大开之后，通过陆路进入欧洲的茶叶依然占有重要地位。其中一个重要原因在于，陆路运输茶叶的质量要远远高于海洋运输茶叶的质量。这一点，《海国图志》中也有解释：“因陆路所历风霜，故其茶味反佳。非如海船经过南洋暑热，致茶味亦减。”这种中国茶质量的差异，在19世纪的欧洲，已经成为人所共知的常识。马克思在《俄国的对华贸易》一文中专门指出，恰克图贸易中的中国茶叶“大部分是上等货，即在大陆消费者中间享有盛誉的所谓商队茶，不同于由海上进口的次等货。俄国人自己独享内地陆路贸易，成了他们没有可能参加海上贸易的一种补偿”。

三

以海洋航线为纽带的世界贸易体系的形成。新航路将欧洲与撒哈拉沙漠以南的非洲、欧洲与亚洲、美洲、大洋洲都联系在了一起。“欧洲航海者创造了一个交通、交流、交换的环球网络，跨文化之间的互动比以往更为密集和系统了。”在传统航路与新航路上，欧洲商船把波斯地毯运往印度，把印度棉花运往东南亚，再把东南亚的香料运往印度和中国，把中国的丝绸运往日本，把日本的银和铜运往中国和印度。到16世纪，在印度洋的贸易世界，欧洲人已经占有了一席之地。而西班牙人、荷兰人在加勒比海、美洲建立的殖民地，使得欧洲的产品越过大西洋换来墨西哥的白银、秘鲁的矿产、巴西的蔗糖和烟草进入欧洲市场和亚洲市场。非洲的土著居民则被当作奴隶而贩运到各大殖民地。

传统的地区性贸易网络“已经扩大为而且规模愈来愈大的扩大为世界市场”。根据一个从1500—1800年间7个欧洲国家抵达亚洲船只数量的统计来看，从最初的700多艘的总量增长到了6600多艘。而美洲到欧洲的金、银贩运量在这300年间则分别增长了20倍和10倍，中国的白银进口量则从1550年的2244吨增长到1700年的6951吨。葡萄牙人在记录他们的东方贸易时说：“欧洲与东洋的贸易，全归我国独占。我们每年以大帆船与圆形船结成舰队而航行至里斯本，满载上毛织物、绯衣、玻璃精制品、英国及富朗德儿出产的钟表以及葡萄牙的葡萄酒而到各地的海港上换取其他物品……最后，在澳门滞留数月，则又可满载金、绢、麝香、珍珠、象牙精制品、细工木器、漆器以及陶器（瓷器）而返回欧洲。”

这反映了无论从数量还是种类上，进入国际市场的商品都大幅增加。固定的商品交易所、证券市场开始出现亦有重要意义。1531年安特卫普商品交易所开业，“供所有国家和民族操各种语言的商人使用”。阿姆斯特丹、伦敦此后也分别成立粮食交易所和综合交易所。最后，处于新航路之上的港口开始成为世界贸易中心，取代大陆体系时代的陆路交通枢纽城市的地位，开始在世界经济体系中扮演重要角色。

起先是技术的进步带来的探险与新航路的开辟，然后是商品与人员的全球性流动，最后是法律与文化在各地区的碰撞，一个以海上贸易路线为纽带的海洋时代开始兴起并主导了世界历史的走向。

四

这样一个商品和货币、物资与人员、知识与宗教频繁而紧密往来的时代，中国明、清时期的中央与地方政府不可能自外于世界。万历时期曾任福建巡抚的许孚远在评论嘉、万时期的海禁政策时说：“然禁之当有法而绝之则难行，何者？彼其贸易往来、籴谷他处，以有余济不足，皆小民生养所需，不可因刖而废屦者也。不若明开市舶之禁，收其权而归之上，有所予而有所夺，则民之冒死越贩者固将不禁而自止。臣闻诸先民有言，市通则寇转而为商，市禁则商转而为寇。禁商犹易，禁寇实难。此诚不可不亟为之虑。且使中国商货通于暹罗、吕宋诸国，则诸国之情尝联属于我，而日本之势自孤。日本动静虚实亦因吾民往来诸国侦得其情，可谓先事之备。又商船坚固数倍兵船，临事可资调遣之用。商税二万，不烦督责，军需亦免搜括之劳。市舶一通，有此数利。不然，防一日本而并弃诸国，绝商贾之利、启寇盗之端，臣窃以为计之过矣。”明、清两代都实行过海禁政策，明代是因为倭患，清代则由于郑氏。海禁“虽禁不严，而商舶之往来亦自若也”，但长期来看，给沿海人民甚至国计民生都带来严重后果，所以地方大员多以“开洋”为主要筹划：“莫若另为立法，将商人出洋之禁稍为变通，方有大裨于国计民生也。”

通过数件珍贵的明代天启、崇祯年间兵部尚书有关海禁事宜的题行稿，可知明朝皇帝长期坚守的海禁政策至明末清初已与日益增多的对外贸易需求相悖。康熙二十三年（1684）七月十一日，在内阁起居注中有康熙帝召集朝臣商议开海贸易的记录。翌年即1685年，清政府在东南沿海创立粤、闽、浙、江四大海关，清廷实行开海通商政策。

乾隆二十六年（1761）九月十五日，广东巡抚托恩多上奏“瑞典商船遭风货沉抚恤遇难水手折”，请求按照惯例，对朝贡各国或外洋各国来中国贸易的商船予以灾难救助。从明清时代对朝贡体系和外洋贸易的维护来看，中国明确制定了有关维护这一范围广阔的贸易秩序的措施与政策。无论是陆路贡使和商客的接待、陪护、贸易纠纷、借贷的规定，还是海路贸易中由于漂风、漂海等遇难船只、人员、货物的抚恤、资助，都颁布有详细的措施和法令。《大清会典》在“朝贡”条目下设有专门的“周恤”“拯救”等内容，具体规定了朝贡贸易或者自由贸易中发生的疾病、死难、漂风、漂海等灾难事件中的救助责任与赏罚措施（参阅《嘉庆朝钦定大清会典事例》卷四百“礼部·朝贡”“周恤、拯救”等内容）。这些由中国制定、各国遵守的法令与政策，是前近代世界贸易秩序存在并得以维持、延续的重要因素。从鸦片战争以后，以海、陆丝绸之路为主体的世界贸易秩序开始被以西方近代国际法为主导的世界贸易秩序所取代，但其间蕴含的互通、平等、周济的贸易精神，在现代依然有重要的价值。

对于历史的描述，从封闭停滞的中国到世界贸易中心的中国的巨大变迁，反映了中西方历史学界不同时期的中国认识观。现在我们通过中国自身的历史文献与档案史料来重新看待这一时期的中国历史，是在这些路径之外的一种全新的中国历史观。从明清档案来看，中国与世界的贸易联系在陆路、海路都存在多条路线，陆地上除了传统的西向、北向的两条丝绸之路外，还有东向的朝鲜贸易，南向的通往印度、安南、暹罗的高山之路等四条主要线路，海上除了传统通往欧洲的海路外，尚可细分为南洋、美洲、东洋等四条海路，这样，以明清档案还原的八条丝绸之路贸易网络，重新展现了明清以来中外的联系途径。八条丝绸之路远远不能涵盖所有以中国为中心的贸易路线与贸易活动，但是这是一个新的解释框架，我们希望这个框架能够描绘一部中国本位的中外贸易与文化交流史，也为我们重新认识明清以来的中国与世界，提供一个新的视角。

前　言

李华川　伍媛媛

一

海洋对于人类来说从来都既是风险的渊薮，又是充满希望的蓝色家园。像其他文明古国一样，华夏文明发源于河流附近（黄河中下游），但是华夏民族对于广袤的蓝色世界也并不陌生。早在东周时期，齐桓公之称霸，就依赖管仲之善取鱼盐之利；越国的范蠡曾泛海北游，经商致富；孔子在人生失意之际，也曾有“乘桴浮于海”之叹。秦汉大一统之后，闽越、东粤、南粤等等均入版图，海内外并设州郡，沿海居民不避风涛，劈波斩浪，亚洲海域成了他们贸迁货物的场所，所至之地，从北至南，凡渤海、黄海、东海、南海、印度洋沿岸诸国，都曾留下国人的足迹，而中国商人所携货物，以丝产品为大宗，据《汉书·地理志》所载，武帝时商人多以“杂缯”购买南海明珠、奇石等异国之物，而所谓杂缯，便是各类丝织品，海上贸易航线被称为“海上丝绸之路”，良有以也。可以说，海上和陆上在同一时期发展出以丝绸贸易为特色的“丝绸之路”。海外贸易从来都不是单向的，当中国商人拓殖海外之际，也有众多胡商携带大量海货航海来华进行贸易。两汉时期，来自海外的奇珍异宝已云集长安、洛阳。

东汉末年，中原板荡，西北方向的“丝绸之路”断续无常，海上丝路却得到发展。从东吴、两晋至隋唐，海上南路以交州为中心的贸易从未断绝，不过，由于造船技术的限制，数百年间，南海航行的船只以外国商船为主。但唐朝政府对于经营海外相当重视，最早设立市舶使，促进对外贸易，中唐之后，中国海舶已能从事远洋航行，唐朝后期，更已驾外舶而上之，继交州之后，以广州为中心的海外贸易大为发展。广州城内外居住的胡商多达十余万人，颇能体现唐人开阔的气度。宋人继承了唐人的航海事业，将海外贸易推向繁荣。宋朝官府努力招徕外商，给予许多优待条件，不仅如此，在传统的朝贡体系之外，私人海外贸易也有很大的拓展空间，这种官方和民间并力发展海外贸易的局面，在两千年海上丝绸之路的历史中，也不多见。同时，宋人的航海技术也取得了突破，所制造的某些巨舶，仅水手和兵丁即多达千人，还不包括商人、旅客在内。而罗盘已被广泛使用。宋人的海舶不仅可达印度，更远至波斯湾，进入大食商人的传统领地。南海地区，最南至爪哇的范围，中国人受到各国的优待，已拥有良好的商业地位。借助众多的中式帆船（被外国人称为“戎克船”），大量丝绢、瓷器等销往东南亚、印度、波斯湾地区，海外的香料、珍珠、金银器等也涌入中国，东西方货物在朝贡体制的主导下，得以贸易、流通。在中原竞争中失利的南宋，之所以尚能延续一百五十余年，也因一定程度上受益于海外贸易的丰厚财力。继宋而起的元朝，本是一个草原帝国，但在其势力席卷欧亚大陆的过程中，逐渐形成了广袤的疆域和与之相称的世界意识，传统的中央王朝其实难以定义这个世界性的帝国。灭亡南宋之后，元人因袭前朝的海外贸易，并欲加以拓殖。北自朝鲜、日本，南至爪哇，元人均曾加以征讨。以元朝在世界上无与伦比的声威，中国的海外贸易本可以超越前人，跃升一个等级，但因元朝享国日浅，不足百年，便被逐回草原地区，远离了海的世界。

二

鼎革之后，明朝本来承袭了宋元海外贸易的丰厚遗产，但朱元璋未能善加利用，反而在洪武十四年（1381）后实行海禁，力图斩断已有千年以上传统的海外贸易，尽管并非事出无因，但禁海令仍是无视中国传统和沿海居民生存现状的弊政，开了明清海禁的先例。幸而海禁仅实施二十余年，永乐三年（1405），明成祖朱棣派郑和率领庞大的船队出使西洋，宣示国威。在15世纪前期，从东亚至非洲的海域，明朝的皇家船队进行了七次声威浩大的远征。无论是在船队的规模、航行的距离，还是航海技术上，在当时的世界范围内，都堪称无与伦比的壮举。这种远征将政治、外交、军事、经济意义叠加在一起，并非只具有单一的贸易功能，是朝贡体制下一种复杂的混合体，其作用不容小视。比如在贸易上，以瓷器、丝织品等为代表的大量中华物产直接销往东、西洋的三十余个国家，而海外的香料、布匹、珍宝、食品等也大量进口国内，影响到明人的日常生活。当然，这种完全由政府掌控的航海活动，其政治、外交意义远过于经济意义，更何况，民间的海外贸易仍然被禁止，所以一旦当政者的态度转变，下西洋式的远征戛然而止，明朝中期的海外贸易就不免陷入困境，反而为走私和海盗活动提供了生存空间。此后，明朝几乎一直为从事走私贸易和劫掠活动的倭寇所困扰。不过，16世纪以后，西方势力开始进入亚洲，先是在印度洋，之后在南海建立起商业和殖民网络，并且逐渐在东亚海域取得立足之处。经过葡萄牙、西班牙、荷兰、英国、法国等国的持续经营，西方在东亚地区建立起广阔的贸易网络，这种西方网络与原有的亚洲贸易网络交织、冲突，逐渐占据优势地位。亚洲原来以“朝贡体系”为特色的海外贸易，已有近两千年的历史，早就为东南亚多数国家所适应和接受。但是，西方贸易体系在亚洲具有强烈的武力征服特征，印度、马六甲、爪哇、苏门答腊、吕宋等地在不到一百年的时间中，便成为西方国家的殖民地，明朝之所以没有沦陷，在根本上还是因其强大的政治、军事实力。而在贸易的层面，明朝的商品也具有无可取代的优势，丝绸、瓷器等中国特产为西方及亚洲各国所青睐，西方商人却很少有对明人具有诱惑力的生活必需品能够用以交换，直到他们在美洲发现了大规模的银矿之后，才能维持与中国贸易的平衡。

由于明末的动乱和清人的入关，明清之际，海外贸易在数十年中摆脱了朝贡体制的束缚，变为由东南郑氏海商集团所控制的更为灵活的贸易形式。与明、清政府相比，郑芝龙、郑成功父子更重视和擅长海外贸易，郑氏集团的船队一度掌控了中国与日本和东南亚的海上航运。郑成功能够将海上强国荷兰从占据已久的台湾驱逐出去，就是他们强大实力的体现。清朝为了应对郑成功的威胁，从顺治十三年（1656）开始实行“禁海令”，两广、福建、江南、山东各省民间商船片帆不准入海，到顺治十八年，更将禁海令强化为“迁界令”，强令福建、广东、江南、浙江四省滨海居民内迁三十里，焚毁滨海三十里内房屋、船只，实际上是在沿海建立“无人区”。直至二十年之后，郑氏反清势力被消灭，康熙帝才废除“迁界令”。在“禁海”和“迁界”的二十多年中，清朝的海外贸易自然大受影响。不过，这仅是短暂的时期，一旦沿海军事威胁解除，康熙二十三年（1684），清政府设立了粤、闽、江、浙四个海关，管理海外贸易，对来华商船征收进口税。此时，民间海外贸易也趋于活跃，中国帆船又大量出现在南洋各地。遗憾的是，由于清政府对海外贸易存有严重的偏见，而且航海、造船技术落后，官方几乎没有实行过主动的海外贸易行为，这与唐宋以来的历代王朝颇有区别。进入18世纪以后，广州海关逐渐取代其他海关，成了海外贸易的绝对中心，除了中日贸易之外，各国海船云集黄埔港，与广州行商接洽贸易。“广州体制”在1700—1842年间，是清朝海外贸易的特征。直到“五口通商”之后，这一体制才走向没落。17—19世纪全球贸易体系已经建立起来，中国在其中发挥了非常重要的作用，借助海上丝绸之路，各国商品的交换空前地繁盛起来。大量的丝织品、瓷器、茶叶等商品行销世界，而外来的美洲农作物、白银、铜等也进入中国，人类的生活方式都发生了深刻的改变。

纵观“海上丝绸之路”的历史，可以说，中国从来不是一个封闭的国家，对于海外贸易一直怀有浓厚的兴趣，并且在与周边国家的商贸竞争中，长期处于优势地位。始于西汉的朝贡体系也一直在海外贸易中居于主导地位，经历近两千年的变迁、演进，这一体系已为亚洲各国普遍熟悉、认可和采用，虽然以天朝为中心的朝贡体系有很多弊端，但是该体系也具有较为和平的色彩和高度的稳定性，因此之故，才能维持庞大的亚洲海上贸易网络。从16世纪开始，西方势力闯入亚洲海域，以武力和商业手段打破原有的贸易格局，逐渐建立起一套新的贸易网络。西方网络的优势在技术方面，包括造船、航海、武器、金融等；亚洲网络的优势是商品，即丝绸、瓷器、茶叶、胡椒等。在很长一段时期内，两种网络交织在一起，既有竞争，又有妥协、合作，直到19世纪40年代，英国才借助坚船利炮击溃朝贡体制，西方贸易网络彻底取代了亚洲网络。

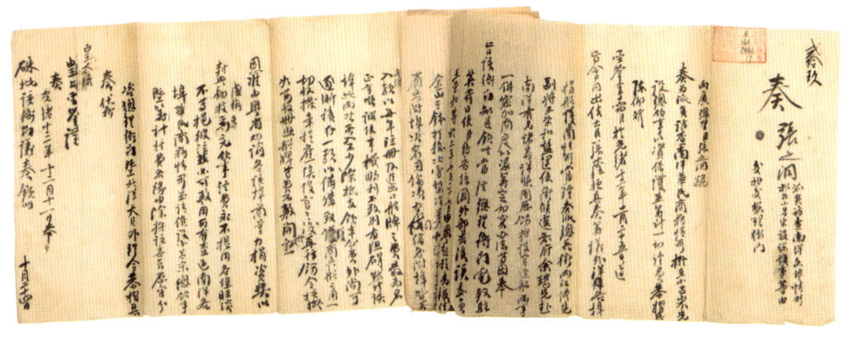

三

明清时代海路贸易的意义超过陆路贸易，对于中国和全球经济的影响变得越来越重要。在卷帙浩繁的明清档案中，发掘、研究有关“海上丝绸之路”的史料，认清明清历史中海外贸易的真相，是一件非常有吸引力和挑战性的工作，也可以在一定程度上改变存在公众和学术界中对于明清史某些习焉不察的误解。而读者能够亲见这些原始文献，仿佛与古人（从皇帝到臣僚）当面聊天一样，也是一件有趣的事情。

我们精选318件保存在中国第一历史档案馆的有关明清时期中外通过海上往来的档案，按照海上丝绸之路的指向分成四路，即东洋之路、南洋之路、西洋之路和美洲之路。

东洋之路是前往琉球、日本、朝鲜的航线，档案有70件，主要涉及明清之际郑氏海上集团的活动、琉球朝贡贸易、晚清中日朝交涉几个主题。

南洋之路是中国与东南亚之间的航线，档案有71件，清前期（嘉庆之前）以暹罗贩运稻米入华为主，晚清后以中国与吕宋、新加坡的商务、侨务为主。

西洋之路是中国与欧洲之间的航线，档案为数最多，有100件。这些档案主要涉及明代下西洋、清代海外贸易、西方传教士的文化活动等几个主题。

美洲之路是中国与南、北美洲的航线，档案有77件，时期均为晚清，以清政府与美洲国家贸易往来、文化交流、交涉华工问题为主。

虽然目前对每一份档案进行细致研究尚需时日，但是通过梳理这些档案文献，我们可以建立起一条从明朝万历时期直到清末宣统时期的时间线，在此期间，无论处于何种动荡时代，海上丝绸之路从未中断。不仅如此，海外贸易在多个方向上，以或官方，或民间，或合法，或走私的形式，沿着中国的海岸线，从南到北，持续而大量地存在着。而且，海外贸易与文化交流、外交活动相互交织，尽管有时会发生激烈的冲突，但仍然可以构成一幅细节丰富、明暗对比强烈的中外交流图景。借助这一幅历史图景，我们可以清楚地看到，从明朝开始，中国逐渐成为世界贸易体系中的重要环节，不仅对东亚、南亚世界早已如此，对于欧洲的崛起和美国独立后的资本积累也一样，从物质和精神层面都发挥了重要作用。传统上，对于明清时期“闭关锁国”的贴标签式评价，其实在学理和事实的意义上都无法成立。

南洋之路卷·导言

解 扬 刘文华

中国的海上交通，自汉代开始，就包括了南洋航线。南洋包括如今的新加坡、马来西亚、印度尼西亚和菲律宾等国家。《新唐书·地理志》中就有唐代船队经过东南亚、印度洋北部，驶抵波斯湾的记载。在政府的支持和组织下，以瓷器为代表的大宗货物途经海路，远销海外，不仅加强了中国与南洋诸岛的商贸往来，还促使中国东南沿海商人冒险出海、泛舟逐利，同时推动了中国远洋技术的最早起步。

一

明初延续了元代与南洋诸埠之间的关系，延续了区域性的地区安全体系。太祖朱元璋颁布《皇明祖训》，规定了15个藩属国为不征之国，其中多在南洋海路上。永乐年间，郑和率领船队出访东南亚、南亚和西亚的30多个国家，将南洋海路贸易纳入了海上贸易体系。

基于朝贡贸易体系，明代诸帝虽然不以南洋进贡的货物为必需，但以其远道而来，泛海艰辛，往往厚赉来者，以广播怀柔远人之意。在政策实践上，明朝对南洋事务也多能务实处理。万历十七年（1589）任福建巡抚的周采，曾经就“定限船之法”进言，认为吕宋距离中国要比其他诸岛稍近，不能硬性按照海禁政策所规定的每国来船仅二三只之限，而应该斟酌路途，以16只为限。此外，来华商货的数量以及保护东南海疆的要求，也是明廷处理南洋海上贸易的考虑因素。在军事紧张时期，中国东部沿海地方政府主动加强防范，保护边境。明朝重视南洋海路的商贸往来，能采取比较理性的管理策略，对民间商贸，尤其是挟货贩卖的来华商人，能秉持开放务实的心态处理相关事务。

随着商贸往来的频繁，海路上的人员流动也日益频密。民间文献如更路簿记载了丰富的远洋实践经验与见闻。中国政府在海难救助和打击海盗等方面的职能也有所强化。

在清代，与中国交往的南洋诸埠包括小吕宋（菲律宾北部岛屿）、新加坡、马六甲（属马来西亚）、槟榔屿、爪哇（属印度尼西亚）、苏门答腊（属印度尼西亚）等地。它们与清朝有一定的贸易往来，直到清中叶，逐渐为荷兰、英国等外国势力侵入，被纳入殖民体系。

二

南洋贸易的历史源远流长，以华夏文明为依托，形成了以海洋为载体、以海洋贸易为纽带、以人员往来为媒介、以远洋技术为基石的独特南洋商贸文化，在环南中国海地区构建了具有地域特色的贸易网络。这一网络发展到14世纪初，随着南洋诸岛逐步发展壮大，与中国建立了密切的政治、经济关系而日益成熟稳定。例如马六甲王国，因为地处海上交通要道，成为东方海上贸易的中心，与中国的关系也十分密切。

在南洋的商贸网络中，中国居于核心地位，对南洋诸岛的文化、商贸产生了巨大影响。中国的铜钱成为交易的主要流通货币，各地的特色物产也流入中国，丰富了国内市场，进而带动了海上贸易的发展与扩大。在政治上，部分南洋国家和地区也向中国定期遣使纳贡。在朝贡贸易体系内，南洋海路的畅通保证了东南亚区域内政治秩序的稳定，为和平持续的商贸往来创造了条件。马六甲、新加坡、小吕宋等地成为各地商贸货物的交汇地，各地的商船、商人于此汇聚。

到了16世纪初，随着葡萄牙等欧洲国家的航海家、探险家和商人抵达南洋，殖民势力逐渐扩张，将南洋诸岛缓慢地带入了世界殖民浪潮。直至清代，南洋诸岛与中国的商贸往来和人员流动仍然延续，但也有别而不来、久别复来的情形。在中国一方，对南洋各岛，经历了一个从怀柔入贡、纳诚输利到宣示国威、保护侨民的转变。清政府在商贸往来上的角色从被动到主动，对南洋事务的关心和参与程度逐渐增加。

三

本书选录的这批海上丝绸之路南洋之路档案，不仅勾勒了中外双方在上述转变发生过程中的角色，更显示了构成历史潮流的细节，能见微知著，具有重要的历史价值。

雍正年间的档案，显示了当时的清朝本着怀柔远人之心，适度调整治国政策，令来使求利的愿望不致落空，对“五谷不许出洋”的禁令，雍正帝也能酌情松动，让来华的吕宋商船能以谷易麦。当时中国在南洋的影响仍然单一，物资往来的渠道和方式仍然延续了明朝以降的封贡传统，彼此的联系因此也相对薄弱。

但乾隆八年（1743）来自闽浙等省的奏报，说明情形正逐渐发生变化。档案中当年九月的上

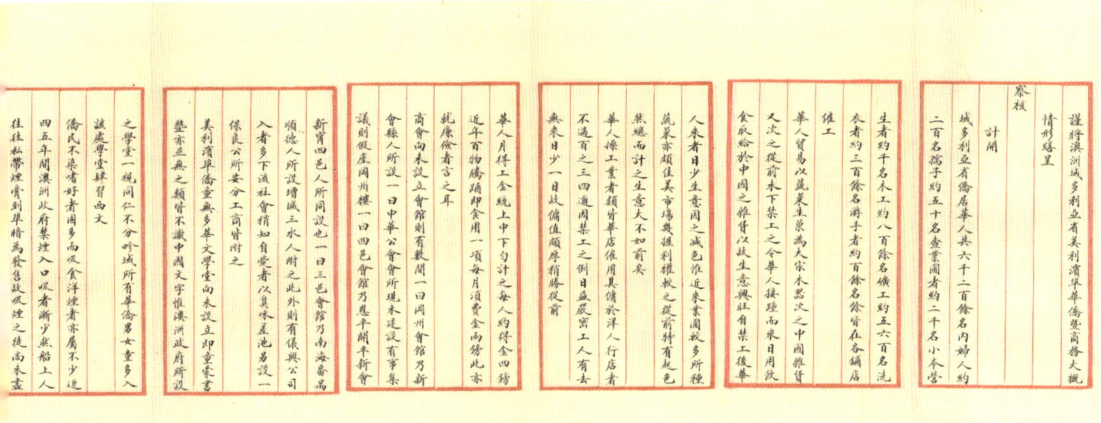
谨将澳洲域多利亚省美利濱埠華僑暨商務大概
情形繕呈
察核
計開
域多利亞省僑居華人共六千二百餘名內婦人約
二百名孺子約五十名查業圃者約二千名小本營
生者約千名木工約八百餘名礦工約五六百名洗
衣者約三百餘名游手者約百餘名餘皆在各鋪店
傭工
華人貿易以蔬菜生菓為大宗木器次之中國雜貨
又次之從前未下禁工之令華人接踵而來日用飲
食取給於中國之雜貨以故生意興旺自禁工後華
人來者日少生意因之減色惟近來業圃較多所種
蔬菜亦頗佳美市場幾握利權較之從前特有起色
然總而計之生意大不如前矣
華人操工業者類皆華店傭用其傭於洋人行店者
不過百之三四適因禁工之例日益嚴密工人有去
無來日少一日故傭值頗厚稍勝從前
華人月得工金統上中下勻計之每人約得金四鎊
近年百物騰踴即食用一項每月須費金兩鎊此亦
就康儉者言之耳
商會向未設立會館則有數間一曰岡州會館乃新
會縣人所設一曰中華公會會所現未建設有事集
議則假座岡州樓一曰四邑會館乃恩平開平新會
新寧四邑人所同設也一曰三邑會館乃南海番禺
順德人所設增城三水人附之此外則有保興公司
入者多下流社會稍知自愛者以其味差池另設一
保良公所安分工商皆附之
美利濱埠僑童無多華文學堂向未設立即童蒙書
塾亦並無之類皆不識中國文字惟澳洲政府所設
之學堂一視同仁不分畛域所有華僑男女童多入
該處學堂肄習西文
僑民不染嗜好者固多而吸食洋煙者亦屬不少近
四五年間澳洲政府禁煙入口吸者漸少然船上人
往往私帶煙膏到埠暗為發售故吸煙之徒尚未盡

谕对进口粜卖的来华洋米，以10000石和5000石为限，确定了免征税银的标准。这一规范化标准的确立，不仅说明清廷已然认识到来华洋米的重要性，更说明了其对海上南路贸易事务的管理日渐成熟。恰如这份上谕中说，洋米输送闽粤，若逢民间米多，即“着官为收买，以补常、社等仓，或散给沿海各标营兵粮之用”。以官买的方式消弭洋米多来之后的结果，无非是意在保持其不断输送来华的状态；揆诸史事，恰与《清高宗实录》记载乾隆三十二年六月南海县民人李成瑞“运洋米入内地，出粜以济民食，请议叙给以九品顶戴”的态度相呼应。

由档案所见，在乾隆十三年，性质相同的变化也在悄然发生，只是事关军需，更显重要。闽省不产黑铅，为准备军需，每三年要到楚省采买。但由于“楚省铅斤短少，价值倍昂”，以致“三四年、七八年，未能购足运回”，于是提请将南洋所产黑铅，照部价收买，以补军需。如此，既将洋商贩运黑铅来华纳入政府管理，保证了销售渠道和规范化，又满足了福建等地的黑铅需求，同时又增加了海关税收。但客观上，这一变化标志着中国重要军事物资自此多了海上供应的渠道。

到了晚清，中国对南洋事务，尤其是侨民事务的参与和管理，更为主动与深入。入选的光绪年间档案，恰好表现了一些决策的细节。派出人员是第一步。两广总督张之洞在光绪十三年（1887）奏请围绕“设官”和“造船”两事，派员周历南洋各埠，筹议保护侨民，正是清朝政府对南洋事务管理的重要推进。查访以当地华民人数、从业情况以及是否应设领事等事为主要内容。从这份档案来看，调查殊为细致可靠，认为小吕宋华人五万余人，“贸易最盛，受害亦最深”，“非设总领事不可”；槟榔屿则“宜添设副领事一员”；仰光自英据之后，“为中国隐患”，“宜设置副领事”；苏门答腊华民七万余人，“宜设总领事”等。

对于派驻领事，主持其事者当然不可能遽然形成共识。光绪十四年总理衙门给两广总督张之洞提请在小吕宋设立总领事的答复，完整地再现了当时中国政府对此事的审慎处理态度。总理衙门的担忧来自三个方面：荷兰、西班牙等国对中国在南洋各岛设领事不满，领事经费难以筹措和领事事务不易稽查。但出使英法大臣薛福成则坚持不要对涉外谈判有畏难情绪，主张中外合力、因势利导，极力促成领事的设立。薛福成“不惮笔舌之繁，不参游移之见，不紊缓急之序”，不仅务实，而且初具现代意义，可见晚清开眼看世界的外交官员，已经初步掌握了在处理国际事务上谈判的技巧和维护国家利益的能力。

实际上，清朝驻外使臣还是比较尽职履责的，他们向清廷汇报了海外侨民的生计及所驻国与中国的贸易情形，报告详细具体，分类清晰。从宣统年间驻仰光的领事萧永熙和驻澳洲总领事梁澜勋给外务部的呈文这两份档案可见，中国政府的外交官员入职之后，能迅速掌握当地的民生民情并能立即为侨民请命，致力于加强海外与中国的经贸和文化往来，借助政府的力量，支持当地文教事业。

除了开拓对外合作，档案中所见的晚清外交官员，更致力于改变过时的制度，以便更切实地保护侨民生计和合法利益。清初厉行海禁，直至晚清，仍然严惩出洋之人。这项法令与当时致力于发展海上贸易的政策已然不符，以至于华侨回国往往遭到官府查究、胥吏侵扰，不胜其苦。人员往来因之受阻，商贸交往也受到潜在威胁。薛福成因此奏请敕下总理衙门，申明新章，豁除旧禁，以保护商民，广徕来者。总理衙门建议，商民凡良善者，“一概准由出使大臣或领事馆给与护照”，准许其回国谋生，与内地人民一视同仁；且往来自由，不得限制。这项政策的颁布，不仅仅是对当时往来华侨个体经济利益的保护，更是对其身份的认可，说明晚清政府已经初步具有处理近代国际事务的经验与眼光，不忽视普通华侨的利益。

正是基于这一考虑，清政府鼓励在南洋诸埠的华侨华人设立商会，皇帝也同意赐匾给新加坡的天后宫庙。通过政府对华侨的认可与保护，辅以文化支持，南洋海路上华侨的凝聚力和向心力得以加强。这些都基于清政府意识到了若“海上不安其居，即归内地沿海，骤增此无数游民”，无法安置；同时，国家在南洋诸埠设立领事，实“为南洋之无形保障”。虽然查访南洋和提议设官，或有被动因素使然，但均可见晚清熟悉外交事务的官员，已经有了国际化视野。驻澳洲总领事梁澜勋给外务部的禀文，则说明中国外交思路转变之后，政府组织商会、保护侨民的措施，已经覆盖到大洋洲。

光绪三十三年，直隶总督袁世凯奏请由北洋海军派出海筹、海容舰巡视西贡，当地侨民“睹中国兵舰之南来”，“欢声雷动”，“中外观者如堵，咸称为中国自开海禁以来，难得之盛事”，如实记录了大批生活在南洋的华侨盼望祖国强大的心情。

中国与南洋诸埠的交往，历时久远，情形复杂，各个历史时期有不同的特点。从收录的档案来看，清政府注意维护自身的政治地位，因此在对待来使、管理商贸活动上，力主以“公平”为原则，维护双方利益，同时注意保靖地方，避免给洋商带来损失。到了晚清，受外来资本主义国家势力侵入和国际贸易网络逐步形成的影响，彼此的经贸往来日渐突显，形成了区域经济融合的趋势，而这一趋势又反过来给清政府统治下的中国带来了深刻的变革。

凡 例

1. 本书所辑档案，均为中国第一历史档案馆所藏明清两朝原始档案。

2. 本书依据所辑档案涉及的国家（地区），分为陆上丝绸之路编与海上丝绸之路编。陆上丝绸之路编分为四卷，即过江之路卷、高山之路卷、沙漠之路卷、草原之路卷；海上丝绸之路编分为四卷，即东洋之路卷、南洋之路卷、西洋之路卷、美洲之路卷。

3. 本书所辑档案，大抵按照档案文件形成时间依次编排。部分关于同一事件或主题的多件档案，编为一组，以最早时间进行排序。

4. 每件档案时间，以具文时间或发文时间为准；没有具文或发文时间者，采用朱批、抄录、收文时间；有文件形成时间过程者，标注起止时间。没有明确形成时间的档案，经考证推断时间；暂难考证时间者，只标注朝代。

5. 本书所辑档案标题，简明反映各件档案的责任者、文书种类、事由、中西历时间等信息，文字尽量反映档案原貌。

6. 本书所辑档案，一般以“责任者＋文书种类＋时间”的方式命名，如遇一件档案分排多页或一件档案内含多份者，则标注“之一”“之二”等。

7. 因版面所限，本书所收个别档案为局部展示。

8. 本书所辑档案，均撰拟相应释文，简要阐释档案的主要内容和相关历史背景。

目录

[illegible]

諭旨並摘抄原奏咨呈

貴部查照欽遵辦理可也須至咨呈者 附粘件

右咨呈

外務部

農工商部爲密咨事宣統三年閏六月十六日內閣交出本日欽奉

諭旨農工商部奏前派司員巡歷南洋各埠情形並籌擬辦法一摺着

福建水师提督施世骠：

《东洋南洋海道图》

康熙末年（1712 — 1721）

这幅地图的地理范围为中国东南沿海地区和东南亚地区，标有中国沿海各港口通向今东南亚印度尼西亚、文莱、菲律宾、柬埔寨、老挝、越南等地的航线，并注明针路和行程所需时间。在各地，标注当地的物产，如“吕宋出稻米、鹿脯、苏木、鹿皮、牛皮，每年贸易银数十万两，系大西洋载来”。图上分别在福建省和南海描绘出两个罗盘，用干支和八卦标明方位，体现了清代前期中国与西方航海、地理和制图知识的交流与整合。图上航线标注非常密集，明显是为表现从中国出发到东南亚地区海路情形所绘。此图背面有题签标注“福建水师提督施世骠进呈”，查施世骠在康熙五十一年（1712）调任福建水师提督，康熙六十年在任上病逝，因此此图绘制于其任职期间。

《东洋南洋海道图》(康熙末年)

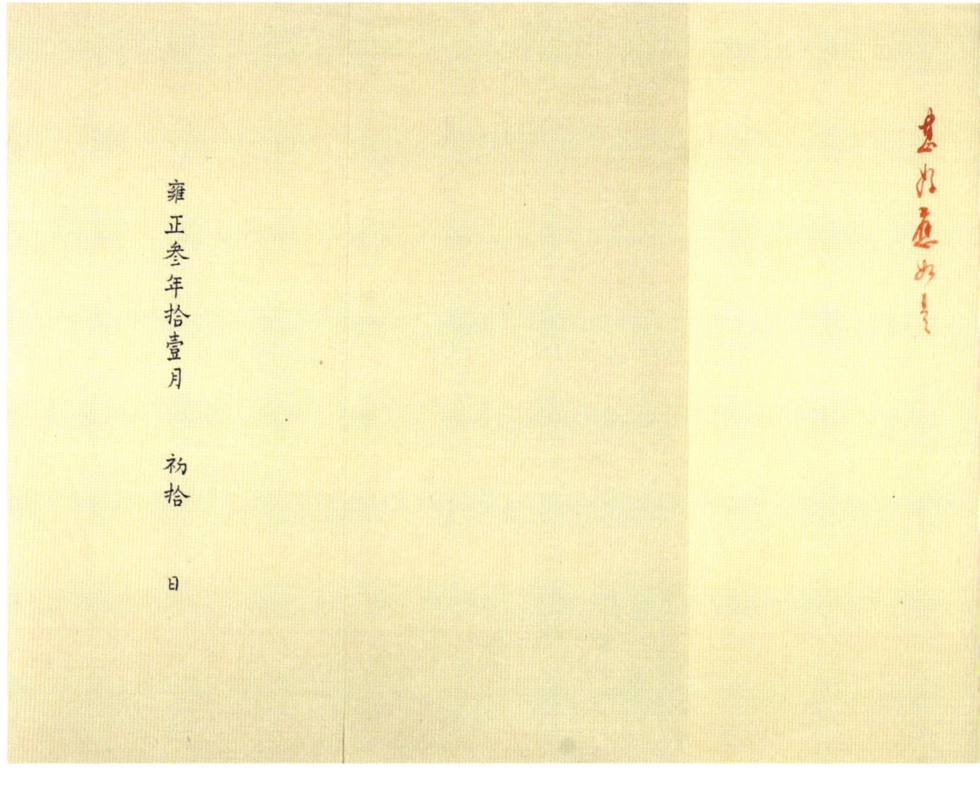

雍正叁年拾壹月　初拾　日

两广总督孔毓珣奏本：

为奏报续到洋船事

雍正三年十一月初十日（1725 年 12 月 14 日）

雍正年间洋船来华，多携带货物贩利，政府施以监管。这份奏折记录了雍正三年（1725）九月英国、马六甲、菲律宾各有船到粤，携带胡椒、哆啰、棉花、黑铅、苏木、槟榔等货物来华贩运。但有船只遇难，货物失火，船只损坏致无法维修，于是两广总督奏请“免其船料钞银”，对“已起到行货物，仍令纳税，饬即变卖”，并令船员搭乘其他洋船回国。

全宗 4
卷号 41
号 1

奏

兩廣總督臣孔毓珣謹

奏爲奏報續到洋船事竊今年八月以前到粵外

國洋船十隻經臣

奏報在案嗣於九月初八日續到嘆咭唎國洋船

一隻所載係胡椒哆囉等貨同日到嗎喇咖國

洋船一隻所載係棉花黑鉛等貨九月二十三

日又到呂宋國洋船一隻所載係蘇木檳榔等

貨俱灣泊黃埔地方內嗎喇咖國洋船原裝棉

花起赴行家約有一半於九月十六夜船上自

行失火燒及棉花不能撲滅將船頂兩傍燒壞

止存船底尚未沉水舵梢燒傷一十八人臣據

報即委員看守相視原船不能修復仰體

皇上柔遠深恩免其船料鈔銀加意撫卹已起到行

貨物仍令納稅飭即變賣舵梢人等分搭各洋

船回國外所有續到洋船三隻燒壞一隻理合

奏報再各洋船十月內已開行回國四隻餘令各

洋行星速交貨務乘冬季風信開行合并

两广总督孔毓珣奏本（雍正三年十一月初十日）

总管内务府奏折：

为苏禄国王贡物进呈御览事

雍正五年六月二十四日（1727年8月11日）

苏禄曾在明代永乐年间与中国有过亲密关系。雍正四年（1726），苏禄国王重新向中国奉表进贡，“输诚向化”。雍正五年六月，苏禄使臣抵达京城进贡，清廷赐宴赉赏，颁发敕谕一道。清廷还确立苏禄“五年一贡”，贡道经由福建厦门。清朝与苏禄正式建立起了宗藩关系。这份满汉合璧奏折是总管内务府列举该国国王遣使进贡的礼物清单，计有珍珠、玳瑁等11种。货物抵京后，总管内务府照例收贮。

雍正五年六月二十四日

總管內務府事務和碩莊親王臣允祿

署理兵部尚書印務內務府總管查弼納

內務府總管李延禧

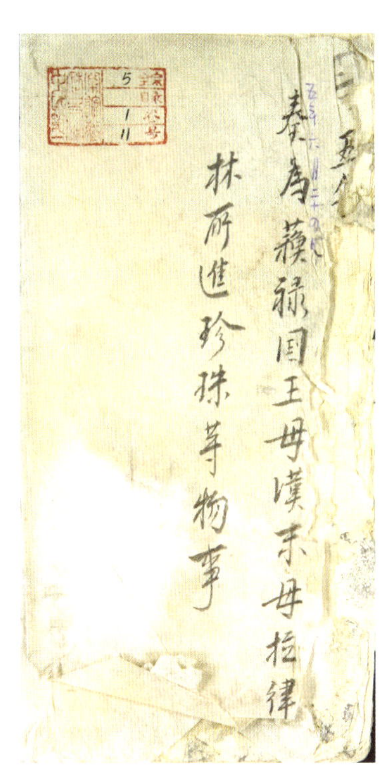
奏為蘇祿國王毋漢末毋拉律
林所進珍珠等物事

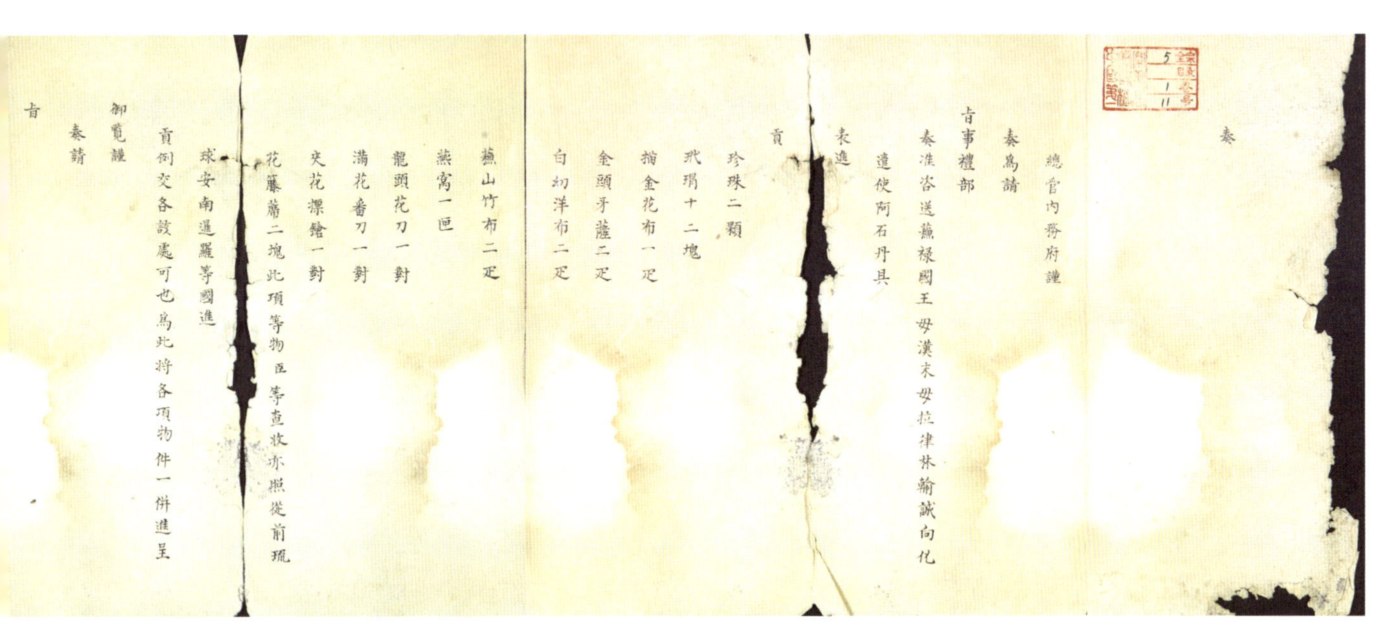
奏
總管內務府謹
奏為請
旨事禮部
奏准咨送蘇祿國王毋漢末毋拉律林輸誠向化
遣使阿石丹具
表進
貢
珍珠二顆
玳瑁十二塊
描金花布一疋
金頭牙薩二疋
白幼洋布二疋
蘇山竹布二疋
燕窩一匣
龍頭花刀一對
滿花番刀一對
夾花標鎗一對
花藤席二塊此項等物臣等查收亦照從前琉
球安南暹羅等國進
貢例交各該處可也爲此將各項物件一併進呈
御覽謹
奏請
旨

总管内务府奏折（雍正五年六月二十四日）

水遙洋面約有九千餘里順風二十餘日可到若風汛不順五六十日不定洋面行駛必需大船大船無從僱覓惟國主纔有令來船叁隻兩隻外洋失風現在壹船帶存米伍百餘石本國米價每百斤叁錢有零水脚食用約得肆錢以外共計柒錢有零涉此險遠止帶米來利息有限必搭載貨物方有餘利我等國主一向感激

皇恩明年要來進貢現在裝造新船我等回去將

恩旨告知國主等語除將乃文吠等仍送到船料理貨物外所有欽遵傳

諭情由理合奏覆謹

奏

雍正伍年捌月　拾玖　日

两广总督孔毓珣奏折：

为奉旨传知暹罗国船可装米带回得利事

雍正五年八月十九日（1717年10月3日）

顺治年间，暹罗阿瑜陀耶王朝便与清朝初步建立了朝贡关系。暹罗派遣使节与商人来华，往往贩卖米石，携货贸易。清政府在对暹罗宣示德意的同时，也给予政策优待，欢迎其来华进行米谷贸易、经营方物，免征商税。根据这份奏折的记录，暹罗至中国路途遥远，海上艰险，幸存船只抵达入境后，清政府批准该国商人可携带食米回程。

全宗 4 卷号 342 号 2

奏

兩廣總督臣孔毓珣謹

奏臣奉

皇上面諭前暹羅國裝運米石曾有旨着令暫停如今若有便人可帶信與他他若情願裝米來叫他裝來得些利去也好欽此臣於本年柒月拾玖日抵肇慶駐劄衙門貳拾柒日接准署撫臣阿克敦咨開本年柒月拾伍日有暹羅洋船壹隻入口裝載米石蘇木等貨等因臣即飭令司府將船主乃文吠等加意體恤併着傳知乃文吠如貨物安頓停妥遇便來肇捌月初柒日臣赴省公同封貯酌留藩庫兵餉銀兩值乃文吠等前來臣即敬宣

諭旨莫不感激歡呼咸稱既奉

恩旨嗣後米石自當裝來臣又親向乃文吠等稱說

我

天朝原無藉爾國米石

皇上加惠遠人聽爾等裝運可以得些利息此實

两广总督孔毓珣奏折（雍正五年八月十九日）

福建水师提督王郡奏本：

为报吕宋等各洋来厦贸易船只数目事

雍正十三年九月初六日（1735 年 10 月 21 日）

1571 年，西班牙人占领马尼拉，此后，吕宋成为西属殖民地。16 世纪末期至 18 世纪中叶（除明清易代时一度中衰外），是西属菲律宾（吕宋）与中国贸易的鼎盛时期。对于顺风来华或被风飘入的吕宋船只，雍正年间屡见谕旨命广东、福建等地加意抚恤，助其交易，杜绝奸商渔利，俾得安全回程。对于吕宋以谷易麦的要求，雍正皇帝也打破“五谷不许出洋”的禁令，特准许可。这份朱批就记录了吕宋商船“载谷到厦，欲求换麦”，获得批准的事。

行未曾置備該番等所用貨物其所要磁器須往饒州照樣定燒往返必得伍月之期本地商民樂於交易誠恐貨辦不齊該番意甚急於廈門成交又恐貽悞風信因此只得聽其仍往廣東去訖陸月貳拾玖日暹羅國到有壹船捌月初貳日呂宋又到番船壹隻見在交易又陸月內陸續到有江南東洋船肆隻臣查江南洋船自應就近收回江南置貨因何遠赴廈門詰問去後續據各商咸稱貿易之船惟圖多錢可賺廈門省事以此愛來是以亦就聽其買賣今已置貨開行去訖合將各洋來廈貿易各船具摺

奏

聞伏乞

皇上睿鑒施行

知道了

謹奏

雍正拾叁年玖月初陸日福建水師提督臣王郡

民樂於交易誠恐貨辦不齊該番意甚覺於廈
門成交又恐貽悞風信因此只得聽其仍往廣
東去訖陸月貳拾玖日暹羅國到有壹船捌月
初貳日呂宋又到番船壹隻見在交易又陸月
內陸續到有江南東洋船肆隻臣查江南洋船
自應就近收回江南置貨因何遠赴廈門詰問
去後續據各商咸稱貿易之船惟圖多錢可賺
廈門省事以此愛來是以亦就聽其買賣今已
置貨開行去訖合將各洋來廈貿易各船具摺
奏
聞伏乞
皇上睿鑒施行

所奏知道了

奏

福建水師提督臣王郡謹
奏爲奏
聞事竊照本年肆月貳拾伍日有呂宋番船壹隻齎
穀到廈欲求換麥等情經臣具摺奏
聞乃蒙
皇上浩蕩天恩無分內外遠番一視同仁准其換麥
臣奉到
恩旨隨傳該番等到臣署跪聽宣揚復令通事細譯
傳知見各番踴躍歡欣叩頭跪謝
皇恩據通事譯稱各番云俟回本國傳知國王還要
叩謝等語見在臣與督撫二臣轉飭有司共禁
牙行地棍不得欺騙并上緊料理俾其早回該
國以濟急需以仰副我
皇上撫卹遠番之
聖意今該番麥子將穀兌換并買共貳千壹百石零
裝運下船見在候風歸國復又相率本船舵水
仰
闕叩謝
聖恩今俟其出口將數目日期飛移督撫二臣聽其
奏報外合將各番感激情由先行奏

福建水师提督王郡奏本（雍正十三年九月初六日）

正稅不免外將雜項担銀貳拾壹兩叁錢玖分
零及鈔耗銀陸拾肆兩伍錢伍分零一併免其
輸納再外洋噫咱嘮船進口時被風吹折桅柁
貨物稍有傾棄筭念係遠洋商艄將零星各貨
酌免銀壹百伍拾餘兩內外商民歡忻舞蹈感
頌
聖德咸感
聖慈所有動支歸公雜項銀兩內賞恤過數目俟
奏銷造册咨部查核外理合據實先行奏
聞伏祈
皇上睿鑒謹
奏
覽
乾隆叁年拾壹月拾柒日

广东海关副监督郑伍赛奏折：

为粤海关衙门赈恤难商奏闻事

乾隆三年十一月十七日（1738 年 12 月 27 日）

粤海关衙门有以归公杂项银两赈恤遇难商船的职责，对内地出海贸易的遇难船只，按名资给养赡口粮，愿回籍者提供路费，并根据货物的损坏情况减免钞规。郑伍赛的这份奏折奏报安南等国来华船只被风失水，请清廷给予恩恤以及减免税银，其中“正税不免”，但杂项担银及钞耗银一并免除。

宗4 卷339 号4

奏

廣東海關副監督户部員外郎臣鄭伍賽跪

奏爲奏

聞事竊照本年柒月貳拾貳日夜颶風陡作損傷商

艘業經繕摺具

奏在案粤海關衙門向有賑恤難商之例 奴才謹遵

動支歸公雜項銀两凡内地出海貿易等船分

别被傷輕重按名資給養贍口糧願回籍者酌

其遠近資以路費失水之貨物損壞之船隻減

免鈔規於以宣布

聖恩有暹羅國採貢船壹隻輸誠遠來内番官壹員

㖿咻哆吣被風失水所當推廣

聖主柔遠之仁從優賞恤以昭

天朝曠典 奴才面商同撫臣王謩謹賞銀肆百两慰勞

異地使臣其被風商梢郭賓等叁拾叁名每名

广东海关副监督郑伍赛奏折（乾隆三年十一月十七日）

各帶米二三千石不等計自六月至今進口米
二萬三千餘石俱令照市價酌量減少聽其自
行發賣在各商已獲善價而閭閻得資日食是
以近日省城米價漸次平減又據糧道朱叔權
詳稱准暹羅國昭丕雅區沙大庫咨呈該國王
遣紅頭船一隻載米三千七百餘石并貨物來
廣發賣臣查雍正六年二月案准部咨據福建
撫臣常賚具奏禮部議覆嗣後暹羅運米商船
至福建廣東浙江准其就地發賣將數目奏
聞奉
旨依議速行欽此欽遵在案臣令朱叔權宣布免徵關
稅之
恩旨准其在粵發賣夷商歡欣鼓舞共戴
皇仁理合一並奏
聞伏祈
睿鑒謹
奏
所奏俱悉
乾隆七年八月　二十九　日

左都御史管广东巡抚事王安国奏折：

为免征来华洋船米税就地发卖奏闻事

乾隆七年八月二十九日（1742年9月27日）

暹罗等国米多价廉，但粤东米粮不裕、米价昂贵，洋米入口可以作为补充，地方政府因此鼓励商贩籴米谷入口发卖，特许“免征米豆税银”，以平抑省城米价。这份奏折即奏报来华洋米的数额以及粮道朱叔权推出的“免征关税”等配套的优惠政策。

奏

左都御史管廣東巡撫事臣王安國謹

奏為奏

聞事竊照廣東各府州屬地方自四五六七等月以來雨水調勻晚禾暢茂臣於七月二十四日恭

摺奏

聞在案茲據各府州屬陸續具報目下田水充足晚稻十分茂盛有白露粘一種現將成熟其餘須俟十月中旬方得收穫但冀霜降節前二十餘日內無風則豐稔可期計粵東十府三州惟瓊州府屬之崖州感恩縣七月雨澤未能霑足近水田畝晚禾俱屬暢茂其最高山田俗名望天坵者猶嫌雨澤稍少以致栽插不齊米價昂貴現在平糶未曾停止臣查崖感二州縣累年收成歉薄若又被旱民力必甚拮据除飛飭布政司尚差赴瓊今道府就近委員確查并將瓊州府現存倉穀預撥五千石運往崖感二處存貯備用如果旱災已成立即一面照例撫恤一面查明被災情形題報必不令少有失所上廑

聖懷至粵東山多田少本地所產米穀恒不敷本地兵民日食年來價值每至昂貴臣訪聞外洋之暹羅及港口等處產米頗多價亦平賤臣於上年冬間咨諭署理粵海關監督印務糧道朱叔權於內港洋船出口之時勸諭各商販糴米穀

左都御史管广东巡抚事王安国奏折（乾隆七年八月二十九日）

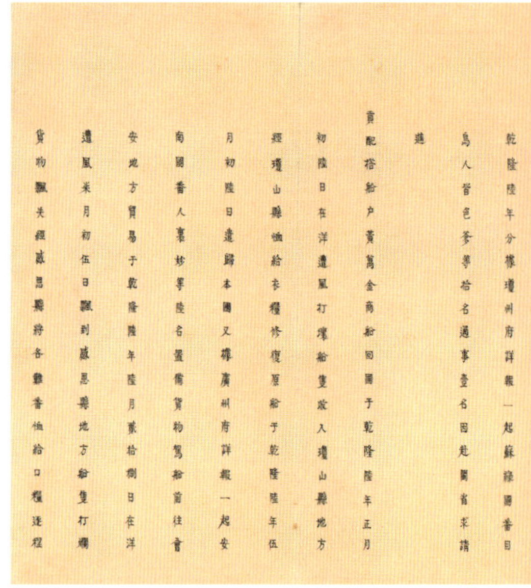
乾隆陸年分據瓊州府詳報一起蘇祿國番目
烏人晉色爹等拾名通事壹名因赴閩省求請
進
貢配搭船户黄萬金商船回國于乾隆陸年正月
初陸日在洋遭風打壞船隻收入瓊山縣地方
經瓊山縣恤給衣糧修復原船于乾隆陸年伍
月初陸日遣歸本國又據廣州府詳報一起安
南國番人褭妙等陸名置備貨物駕船前往會
安地方貿易于乾隆陸年陸月貳拾捌日在洋
遭風柒月初伍日飄到感恩縣地方船隻打爛
貨物飄失經感恩縣將各難番恤給口糧送程

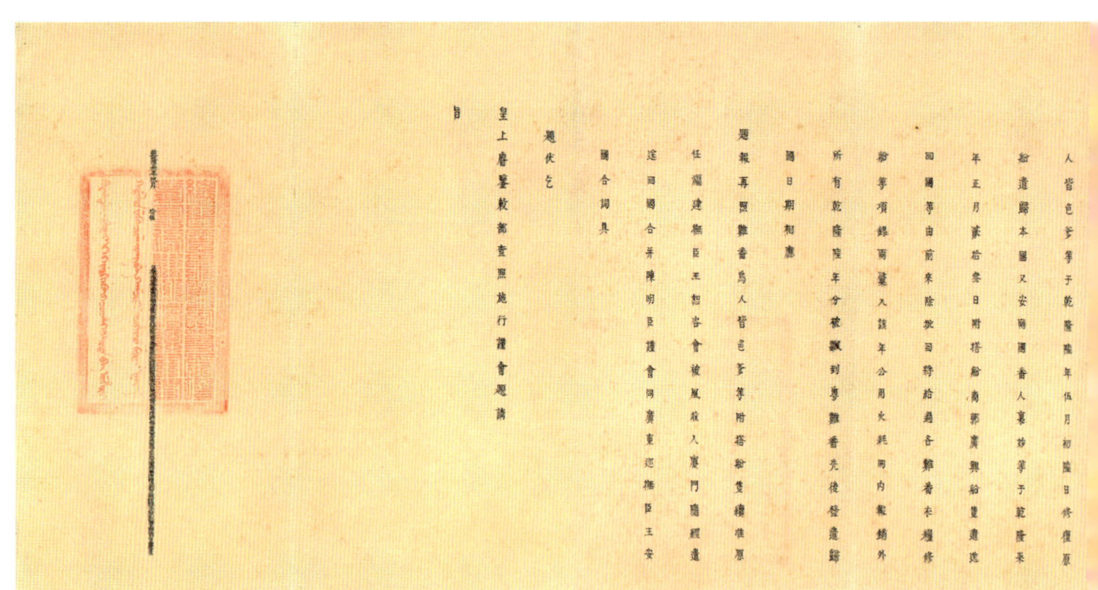
人晉色爹等于乾隆陸年伍月初陸日修復原
船遣歸本國又安南國番人褭妙等于乾隆柒
年正月貳拾叁日附搭船商郭廣興船隻遣送
回國等由前來除飭司將給過各難番衣糧修
船等項銀兩彙入該年公用火耗冊內報銷外
所有乾隆陸年分被飄到粵難番先後發遣歸
國日期相應
題報再照難番烏人晉色爹等附搭船隻續准原
任福建撫臣王恕咨會被風收入廈門隨經遣
送回國合并陳明臣謹會同廣東巡撫臣王安
國合詞具
題伏乞
皇上睿鑒敕部查照施行謹會題請
旨

署理两广总督庆复题本（乾隆七年九月十五日）

署理两广总督庆复题本：

为汇报发遣难民归国日期事

乾隆七年九月十五日（1742 年 10 月 13 日）

康熙五十七年（1718）以来，清廷对被难的来华洋船给予维修或搭船遣返等救助措施，“查验原

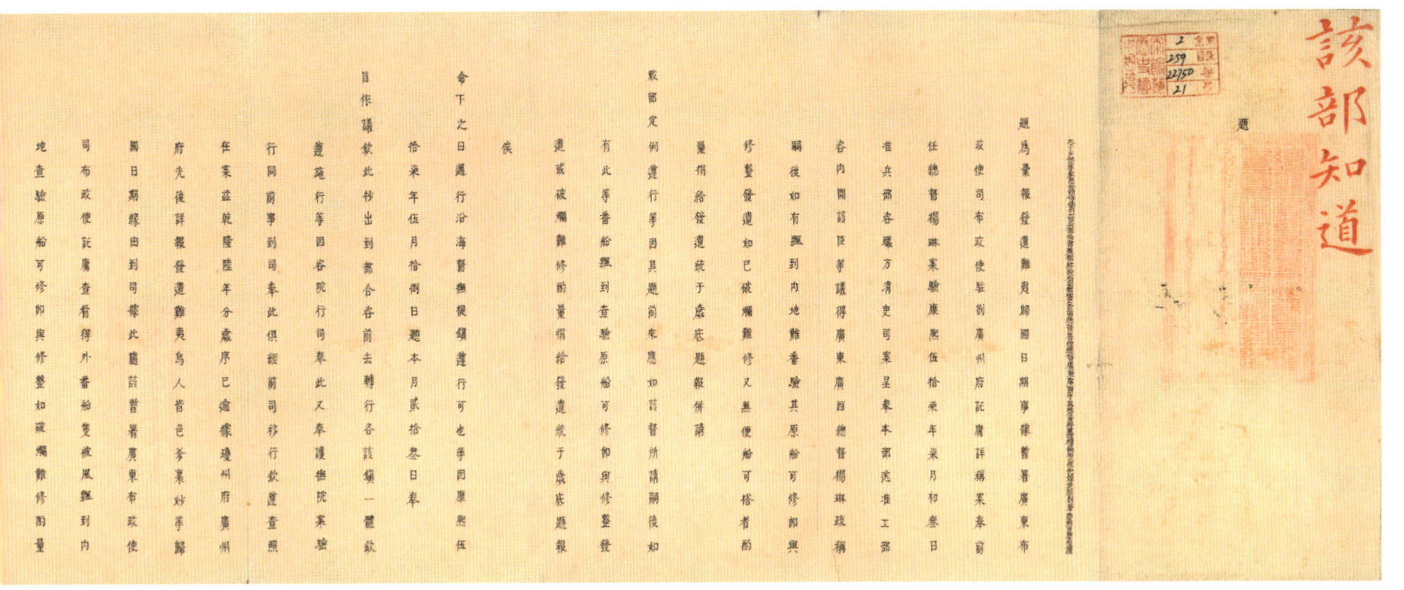
該部知道

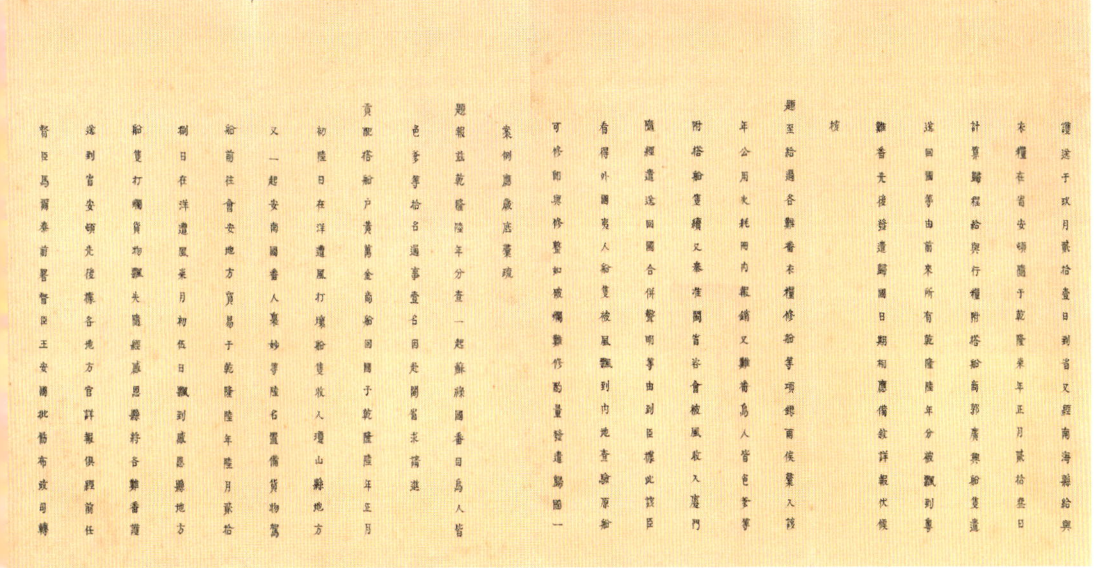

船，可修即与修整发遣，若破烂难修，酌量捐给发遣”，统一在岁末题报。这份题本就记录了乾隆六年（1741）以来琼州府、广州府救助遇难洋船细节。共救助两次，一次是苏禄国番目皆色爹等十名、通事一名；一次是安南国番人里妙等六名。档案还提到，救助衣服粮食的银两来源于“公用火耗册内报销”。

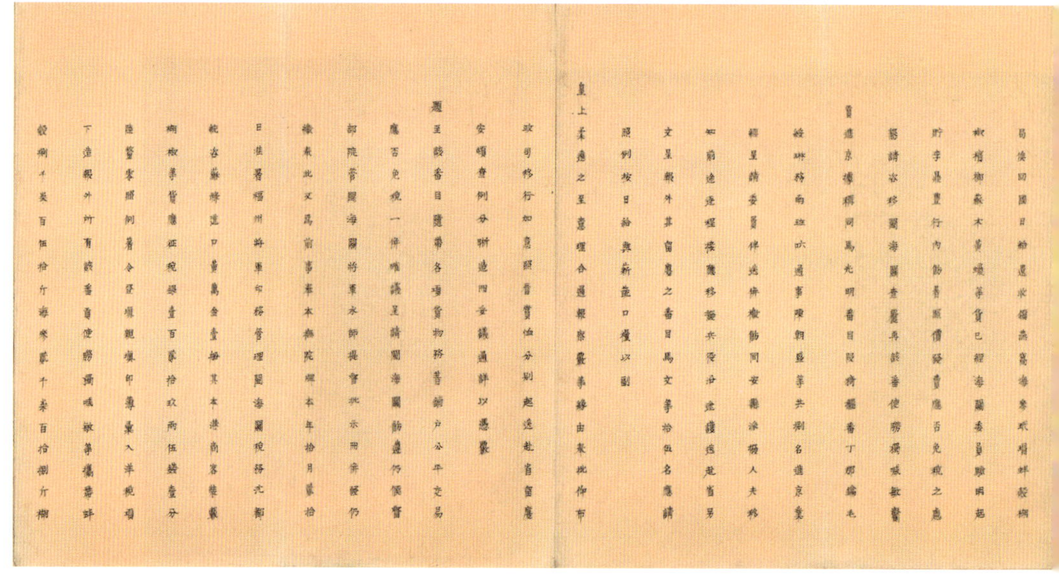

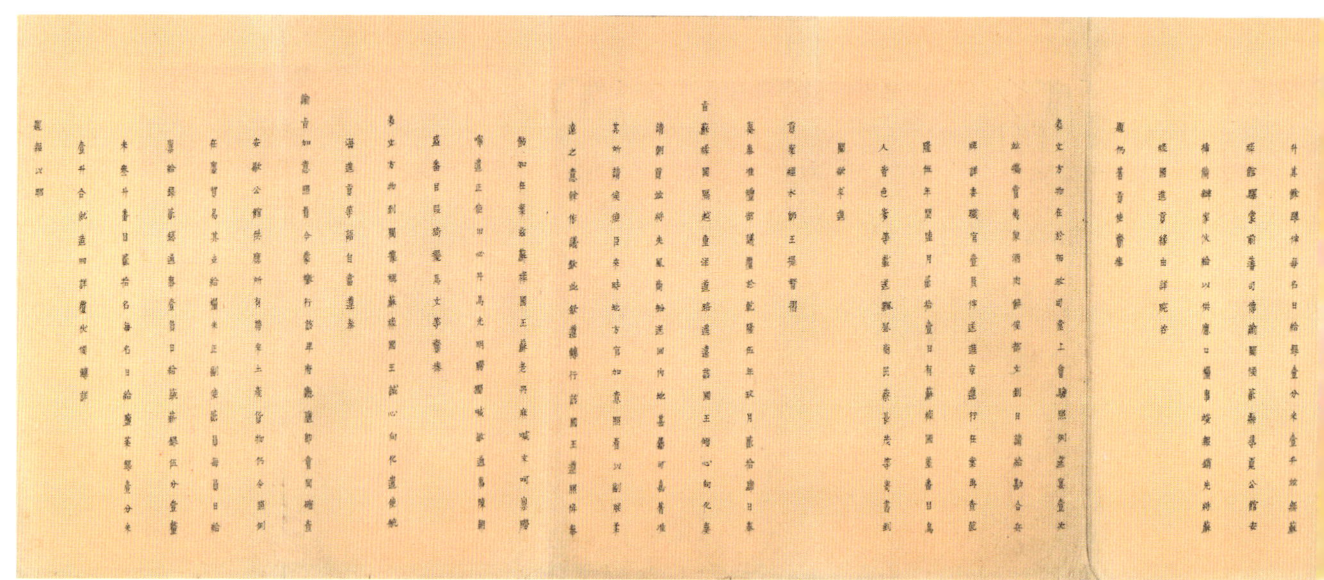

福建巡抚刘于义等题本之一（乾隆七年十一月初四日）

福建巡抚刘于义等题本：

为苏禄国王遣使甲必丹马光明等驾船进贡事

乾隆七年十一月初四日（1742 年 11 月 30 日）

苏禄国定例“五年一贡”。乾隆年间，对于苏禄国来使的管理，已经十分成熟细致。从这份题本来

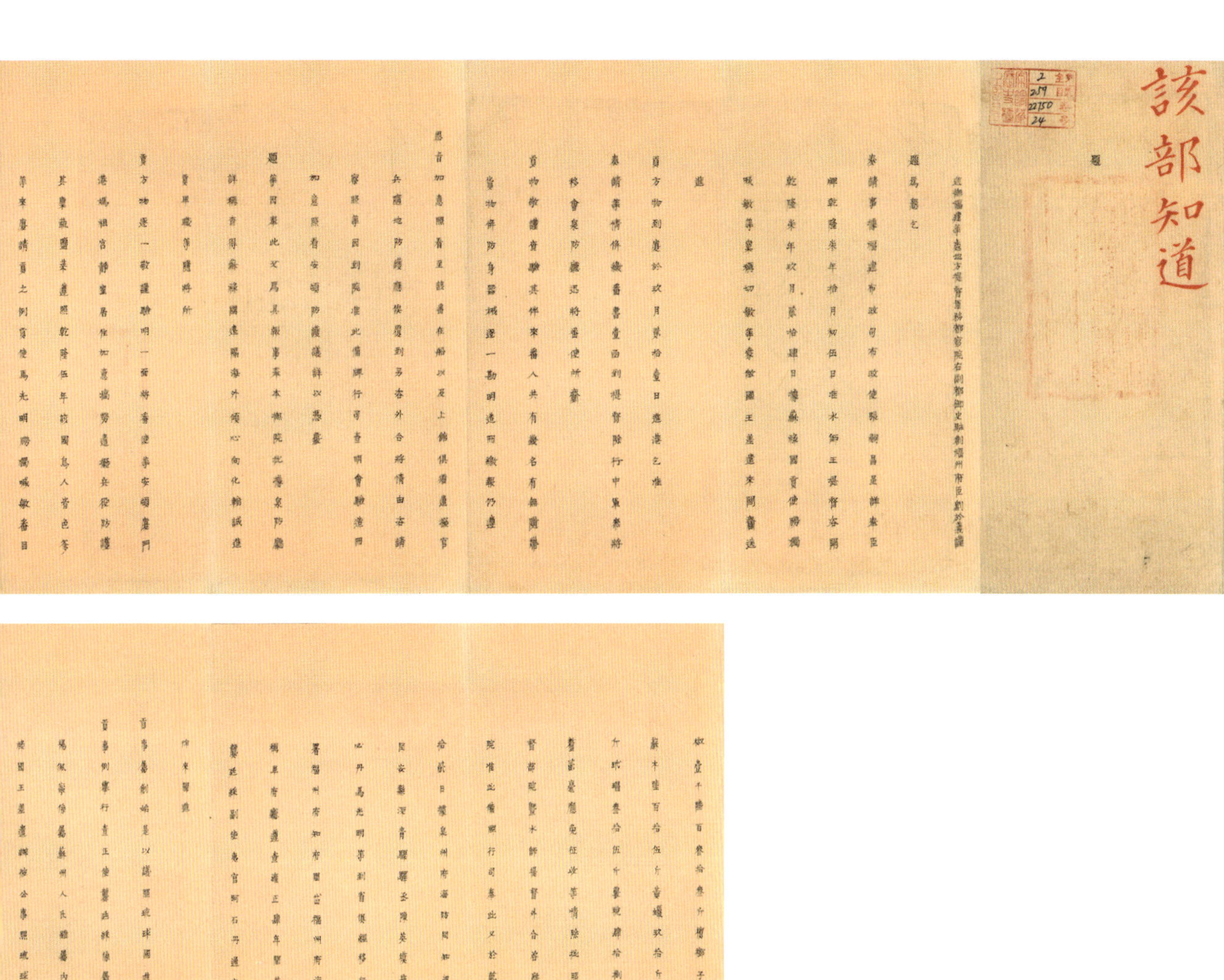
該部知道

看，苏禄国熟悉清政府对来使的管理政策，此次进贡表明了向清政府入贡的常态化。对“系属泉州民人”的正使龚廷綵和“系属苏州人”的副使杨佩宁，“虽属内地人民，但为苏禄国王差遣，办彼公事，照琉球正副使之例”，给予相应待遇。苏禄使臣奏请三年后再来朝贡，清廷下令仍遵守“五年一贡”之例。

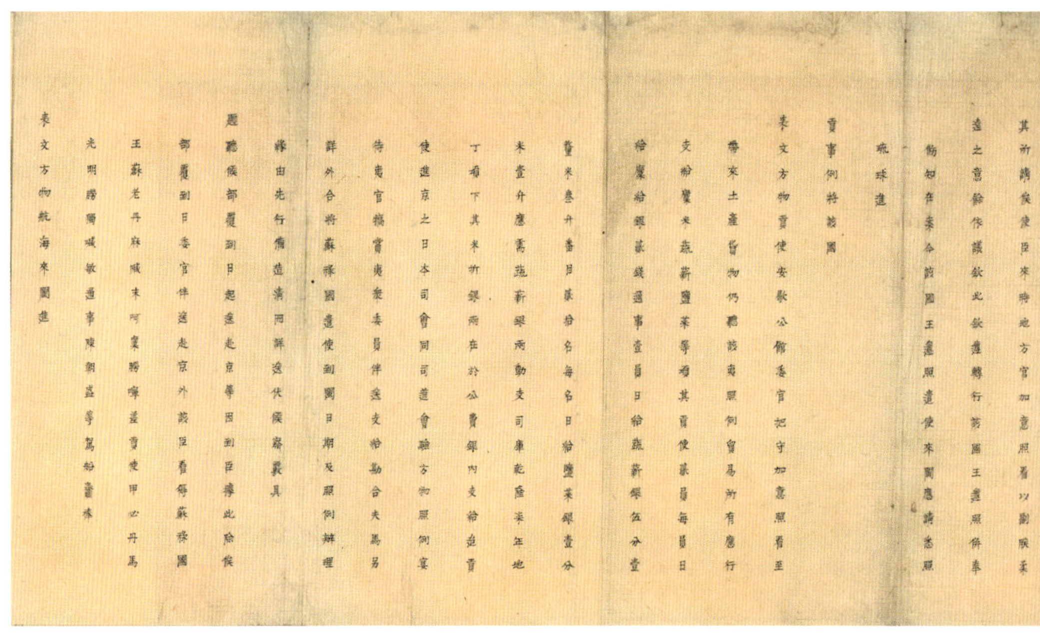

其所請俟使臣來時地方官加意照看以副朕柔
遠之意餘依議欽此欽遵轉行該國王遵照併奉
飭知在案今該國王遵照遣使來閩懇請恩照
琉球進
貢事例將該國
來文方物貢使安歇公館委官把守加意照看至
帶來土產貨物仍聽該商照例貿易所有應行
支給廩米蔬薪鹽菜等項其貢使隨員每員日
給廩給銀[illegible]錢通事壹員日給蔬薪銀伍分壹
釐米叁升番[illegible]每名每名日給鹽菜銀壹分
米壹升應需蔬薪銀兩動支司庫乾隆柒年地
丁稍下其米折銀兩在於公費銀內支給迨貢
使進京之日本司會同司道會驗方物照例宴
待夷官犒賞夷衆委員伴送支給勘合夫馬另
詳外合將蘇祿國遣使到閩日期及照例辦理
緣由先行備造清冊詳送伏候察覈具
題聽候部覆到日起送赴京等因到臣據此除候
部覆到日委官伴送赴京外該臣看得蘇祿國
王蘇老丹麻喊未呵稟勝嚀㭬貢使甲必丹馬
光明勝獨喊敏通事陳朝盛等駕船壹隻齎捧
來文方物航海來閩進

其米折銀兩在於公費銀內支給迨貢使進京
日會驗方物照例宴待夷官犒賞夷衆委員伴
送填給勘合夫馬另詳合將蘇祿國遣使到閩
日期備造清冊請
題等由前來臣覆查無異除兩送部外謹會同閩
浙總督臣那蘇圖合詞具
題伏乞
勑部議覆施行臣未敢擅便爲此具本謹題請
旨

福建巡抚刘于义等题本之二（乾隆七年十一月初四日）

監臬者也等緣由到司據此該本司布政使張嗣昌
查得蘇祿國王蘇老丹麻喊末呵襲嘛嚀差貢
使甲必丹馬光明噶獨喊敏通事陳朗益等駕
船齎捧
奏文方物由該國起程航海特來進
貢業據泉州府海防同知梁須椿具報於乾隆柒年
玖月貳拾壹日到廈奉檄查驗即轉飭福州
府併福防廳確查妥議造冊詳送續於乾隆柒
年拾月貳拾貳日據泉州府海防同知梁須椿
由叙批差同安縣深青驛驛丞陳英模護送貢
使到省即經轉行委員公館安歇委員防護各
去後茲據署福州府知府周崇福州府海防同
知謝祜詳稱據照雍正肆年蘇祿國王遣使
齎呈珠等進貢事例給予廩給暨來安歇公館
造冊請
題前來本司查蘇祿國王僻處海外遐島遣使航海
輸誠奉
表進
貢實由我
皇上聖德覃敷無遠弗屆是以遐方向化嚮沐
皇仁之覃被於乾隆伍年閏陸月貳拾壹日有蘇祿
國王差番目烏人曾色參等齎送飄風番民蔡
長茂等到閩請
貢業經水師王提督題
奏奉准禮部議覆於乾隆伍年玖月貳拾肆日奉

貢一案移咨臣詹檄行布政司查議去後茲據布
政使張嗣昌詳稱蘇祿國王係海外遐島遣使
航海輸誠奉
表進
貢實由我
皇上聖德覃敷無遠弗屆是以遐方向化嚮沐
皇仁之廣被於乾隆伍年閏陸月貳拾壹日有蘇祿
國王差番目烏人曾色參等齎送飄風番民蔡
長茂等到閩請
貢業經水師提督臣王郡題
奏准到禮部議覆於乾隆伍年玖月貳拾肆日奉
旨蘇祿國僻處重洋道路遙遠該國王傾心向化奏
請朝貢並將失風商船送回內地甚屬可嘉著准
其所請俟使臣來時地方官加意照看以副睠柔
遠之意餘依議欽此欽遵轉行該國王遵照在案
今該國王遵照遣使來閩應照琉球進
貢事例將該國
奏文方物貢使安歇公館委官把守加意照看並
帶來土產貨物仍聽該使貿易並應給廩來蔬
薪鹽菜等項其貢使等每員每日給廩給銀貳
錢通事壹員日給蔬薪銀伍分壹釐米叁升番

糶賣獲利而歸是以今歲復航海運至外洋屬
國精心計利大率如此臣愚以爲莫若就其感
激
天朝之機大沛
恩膏嗣後凡有外洋屬國運米來閩粵等省貿易者
酌免其船貨稅銀但若槩照上年
奏准之案全免稅銀似無分別應請定以帶米一
萬石以上者免其船貨稅銀十分之五帶米五
千石以上者免其船貨稅銀十分之三并於米
石運到地方如值民間需米之際聽其照市價
公平發糶如民間米多不需糶賣即動支正項
照市價官爲收買將收買米石撥給沿海各標
營兵糧俟秋成征收兵米易穀存倉隨時平糶
如此則外洋屬國既感戴
天朝免稅曠典且運米來至內地即予公平收買不
致停壅自必源源而來內地歲增此項米糧於
民食倉儲大有裨益較之需用之際遠赴江廣
購買冒險輓運者難易相判且此等屬國既有
餘粟難禁其不在外洋透越今加以
殊恩予以厚利自必徑運內地更可免透越外洋之
事似於懷柔屬國籌足民食之道均有裨益臣
言如果可採仰懇
皇上特頒諭旨宣示該國國王更容臣與督臣暨管
閩將軍曉諭該船商等令其宣布
皇仁各知遵守臣謹繕摺密
奏伏乞
聖鑒採擇施行謹
奏
[illegible]
乾隆八年七月 三十 日

署理福建巡抚周学健奏折：

为暹罗安南等国进口米石可相应免其船货税银请旨事

乾隆八年七月三十日（1743 年 9 月 17 日）

这份奏折解释了为何乾隆帝下旨令来华洋米免税。福建省缺粮，但与内地交通不便，唯靠海运，但洋面风险大，所耗脚价银不菲，可见“外省购运实属艰难”。是故暹罗国商船运米至闽粤粜卖，颇受欢迎，政府给予免税政策，使之去而复来。清廷规定运米商船免税的额度，表现了清政府管理外国事务的理性和成熟，尤其是“听其照市价公平发粜”，且对收买洋米与内地产米公平对待，“不致停壅”，可见清朝不仅东南米市发达，而且也形成了与内地联系的销售市场体系。

4
342
5

奏

刑部左侍郎署福建巡撫臣周學健謹

奏為寀陳管見仰祈
睿鑒事臣竊查閩省地方環山濱海地狹人稠內地
福興漳泉各郡向所恃者惟臺灣一郡地廣人
稀又兼風氣常暖一年收穫數次產米甚多足
供內地各郡接濟近年以來臺地商民日增就
食者衆所產米穀豐年尚有多餘稍歉即憂不
足更兼內地素產米穀之延建邵三府屬地不
加闢而生齒日繁本地民食所餘日漸減少是
以上年各郡並不至於荒歉而今歲春夏米糧
缺乏市價倍昂民情皇皇屢發倉粟減價平糶
始獲安帖臣蒞任以來熟察情形詳觀時勢閩
省第一要務無如籌畫民食倉儲一事蓋緣閩
省與腹內各省運道不通惟海洋一路可以轉
運無論風信靡常採買艱運必須經年累月不
能赴期而至且涉歷洋面衝礁觸險每有損失
即或百計購運而盤耗腳價所費不貲是以本
年採買運回江廣米石合計價腳每石至一兩
五六錢與本地米價不甚相遠外省購運實屬
艱難臣日夕思維凡可為民食倉儲計者現在
如禁止種烟及私燒造麴以米漿做紙張等類
耗費糧食之事次第查明力行禁止以期有裨
實益外臣查上年九月間有暹羅國船商薛士
隆閩省缺米由彼國運米七千石并貨物來
閩糶賣經管關署將軍臣沈之仁
奏明免征船貨稅銀糶畢回國在案今年七月內
薛士隆復將原船運米六千石并貨物駕駛來
閩據稱該國王感
天朝免稅之恩是以復運米來閩糶賣等語臣素聞

署理福建巡撫周学健奏折（乾隆八年七月三十日）

酌免其船貨稅銀但若槩照上年
奏准之案全免稅銀似無分别應請定以帶米一
萬石以上者免其船貨稅銀十分之五帶米五
千石以上者免其船貨稅銀十分之三并於米
石運到地方如值民間需米之際聽其照市價
公平發糶如民間米多不需糶賣即動支正項
照市價官為收買將收買米石撥給沿海各標
營兵糧俟秋成征收兵米易穀存倉隨時平糶
如此則外洋屬國既感戴
天朝免稅曠典且運米來至內地即予公平收買不
致停壅自必源源而來內地歲增此項米糧於
民食倉儲大有裨益較之需用之際遠赴江廣

乾隆帝谕旨：

着外洋商人运米至内地贸易免收税银

乾隆八年九月初五日（1743年10月21日）

洋米入境，既能补充内地食米不足，又能平抑米价，在嘉庆朝之前，历来受到清廷欢迎。但对于来华洋米，清廷在严格管理之下，力主公平交易，既保护洋商利益，又不致令洋米冲击本地食米市场。这份上谕从两个方面显示了政府对输入洋米的管控，既确定了对进口粜卖的来华洋米免征税银的规范，以带米“一万石”“五千石”两档为限，又规定当米多滞销时，以官买为备选，安排常平仓、社仓和军营消化洋米。

粮之用俾外洋商人得沾實惠不致有糴貴之艱

該部即行文該督撫將軍并宣諭該國王知之欽

此

乾隆八年九月初五日內閣奉

上諭朕軫念民艱以米糧為民食根本是以各關米稅概行蠲免其餘貨物照例徵收至於外洋商人有航海運米至內地者尤當格外加恩方副朕懷遠之意上年九月間暹羅商人運米至閩朕曾降旨免徵船貨稅銀聞今歲仍復帶米來閩貿易似此源源而來其加恩之處自當著為常例著自乾隆八年為始嗣後凡遇外洋貨船來閩粵等省貿易帶米一萬石以上者著免其船貨稅銀十分之五帶米五千石以上者免其船貨稅銀十分之三其米聽照市價公平發糶若民間米多不需糶買即著官為收買以補常社等倉或散給各標營兵

乾隆帝谕旨（乾隆八年九月初五日）

令其將原銅裝載回國而阻禁於打造成器之後勒
令變價給商以致銅器留滯洋行至今未結於之撫
夷之道似有未協臣現在查核存貯銅器皆係日用
家伙並非軍械為數更屬無多商之司道亦僉以給
還為妥惟是此案從前督撫諸臣業將不便給發緣
由飭知該國今臣若遽行查給誠恐前後互異有關
外夷觀瞻合無仰邀
聖恩將銅器不許出口例禁甚嚴念該國王恭順向化有
年且係自帶之銅姑准給發仍不得屢以為請之處
特降諭旨宣示遵行俾知前之辦理係封疆執法之嚴今
之給還乃
聖主仁恩之溥庶邊疆政治不致參差而梯航重譯之倚
益為畏威懷德矣臣愚昧之見謹繕摺密請
皇上訓示為此謹
奏
所見是然而未盡 特降諭旨即揭出奏內情
傳朕旨給與可也
乾隆玖年玖月 拾伍 日

署理广东巡抚策楞奏折：

为暹罗国请将所携红铜在粤制造完成后发还放归事

乾隆九年九月十五日（1744 年 10 月 20 日）

清朝推行铜禁，暹罗所需的铜器，只能先在本国采买铜斤，随商船入口，请广东工匠制作。策楞的这份奏折是针对暹罗国铜器在粤制造三年后，却“未蒙许载回国”，故而提请区分“进口请工打造运回应用，与兴贩出口”之不同，且打造器具“皆系日用家伙，并非军械”，允许给还。乾隆帝朱批“给与可也”。

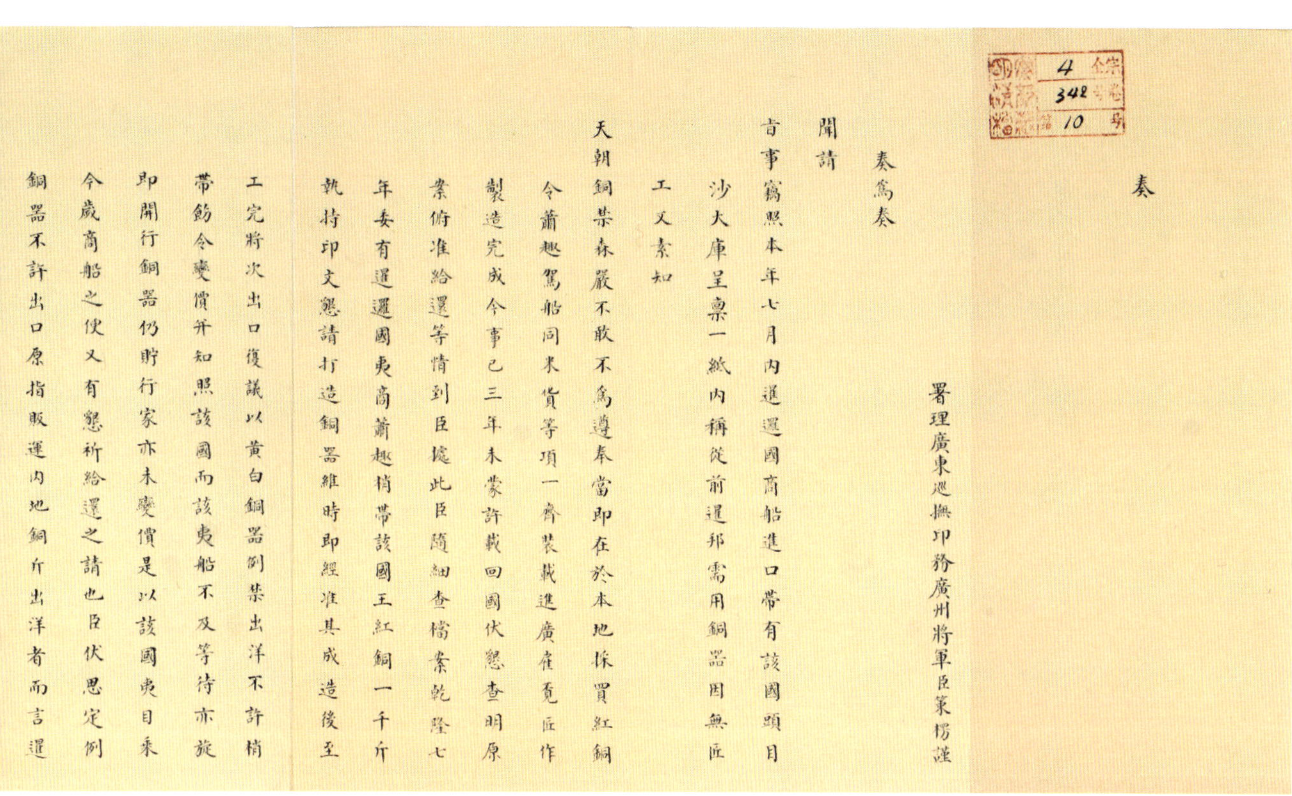

4 全宗
342 卷
10 号

奏

署理廣東巡撫印務廣州將軍臣策楞謹

奏爲奏

聞請

旨事竊照本年七月内暹邏國商船進口帶有該國頭目

沙大庫呈禀一紙内稱從前暹邦需用銅器因無匠

工又素知

天朝銅禁森嚴不敢不爲遵奉當即在於本地採買紅銅

令蕭趣駕船同米貨等項一齊裝載進廣雇覓匠作

製造完成今事已三年未蒙許載回國伏懇查明原

案俯准給還等情到臣據此臣隨細查檔案乾隆七

年妥有暹邏國夷商蕭趣梢帶該國王紅銅一千斤

執持印文懇請打造銅器維時即經准其成造後至

工完將次出口復議以黃白銅器例禁出洋不許梢

帶飭令變價并知照該國而該夷船不及等待亦旋

即開行銅器仍貯行家亦未變價是以該國夷目乘

今歲商船之便又有懇祈給還之請也臣伏思定例

銅器不許出口原指販運内地銅斤出洋者而言暹

署理广东巡抚策楞奏折（乾隆九年九月十五日）

提督俟夷船到口先行察看有無貨物細詢來
厦情節具覆酌奪去後續據署水師提督金門
鎮臣陳謝勇及厦門同知胡格均覆呂宋船户
很夫西薩耶敬夹板船一隻於十月十八日到
厦口文武會同赴船查有番梢一百八名裝載
海參鹿筋等貨及置買內地貨物銀三十餘萬
兩防船砲位軍器等項逐一驗明并詢據通事
譯供夷商等實欲來厦門貿易等語臣等查夷
商欲來內地貿易自不便拒絶致失遠人向化
之誠第伊等置辦貨物向有內地奸商行保誆
騙夷本之事以致滋事生釁且夷商番梢等久

提督就近嚴加稽察毋使稍滋弊竇惟是呂宋
夷人素與外番搆釁又爲天主教教長闌省厦
門一帶漳泉風氣最爲澆漓而福安天主教夷
人雖已擒治民間奉教之心未能盡除臣等現
在嚴加查察密爲防範至此等夷船終不宜使
之源源而來致日後叢奸滋事臣等擬俟該夷
商回棹時善爲慰遣不使復來貿易似亦綏靖
海疆之道所有辦理呂宋夷船貿易事宜謹繕
摺具
奏伏祈
皇上睿鑒訓示謹
奏
軍機大臣等議奏
乾隆十二年十一月初十日

闽浙总督喀尔吉善等奏折：

为办理吕宋商船来厦贸易事

乾隆十二年十一月初十日（1747 年 12 月 11 日）

对南洋来华商船，沿海地方官员既秉承厚待的原则，又出于地方安全的考虑，对其保持警惕，还要防范地方上的奸徒与之勾结，却不能因此断绝通商往来。这份奏折可见闽浙总督为保靖地方、维护贸易公平所做的制度性设计，例如商人中保，“令其（番商）恪守天朝法度，并善为抚恤，勿令失所”，“兵役等亦不得稍有滋扰”。

奏

閩浙總督臣喀爾吉善
福建巡撫暫護兵部尚書臣陳大受 謹

奏為奏明事本年十月十四日接據南澳鎮標右
營遊擊呈報鎮屬深澳口汛有呂宋夾板夷船
一隻船戶狼夫西拔郎敬載有貨物欲赴廈門
貿易被風飄壓收泊澳口寄碇等情到臣等隨
查呂宋夷船從前多收泊廣省澳門乾隆九年
聞該國與英圭利夷人有仇大集兵船在廣省
外洋欲與英圭利復仇曾經勸諭解散回國其
國為西洋天主教夷人踞佔凡西洋人行教中
國皆由該國接遞傳送且閩省福安縣地方向
有天主教夷人潛藏行教甫經拏獲懲治尤當
加意防閑今據稱欲赴廈貿易是否實係貿易
居廈門附近射利奸民引誘局騙庸所不至臣
等隨與管關將軍臣新柱商酌妥辦并檄委興
泉永道就近監看貿易凡領夷本置貨商人必
取的保定限交貨違限即着落行保賠還商人
從重治罪其夷商番梢等俱安頓於番子樓公
所派委文武員弁帶領兵役常川看守止許通
事一人在館供給服食驗明出入其餘閑雜人
等不許容留一人往來仍令文武時加曉諭夷
商番梢等令其恪守
天朝法度并善為撫恤勿令失所兵役等亦不得稍
有滋擾其防船砲位軍器逐件驗明運入營庫

闽浙总督喀尔吉善等奏折（乾隆十二年十一月初十日）

貨船即經飛飭廈門守口文武并咨札署水師
提督俟夷船到口先行察看有無貨物細詢來
廈情節具覆酌奪去後續據署水師提督金門
鎮臣陳謝勇及廈門同知胡格均覆呂宋船戶
狼夫西拔郎敬夾板船一隻於十月十八日到
廈口文武會同赴船查有番梢一百八名裝載
海參鹿筋等貨及置買內地貨物銀三十餘萬
兩防船砲位軍器等項逐一驗明并詢據通事
譯供夷商等實欲來廈門貿易等語臣等查夷
商欲來內地貿易自不便拒絕致失遠人向化
之誠第伊等置辦貨物向有內地奸商行保誆
騙夷本之事以致滋事生釁且夷商番梢等久

一到商人即自行運赴各處貨賣本年回棹各
船內現有黑鉛二十四萬餘斤詢之各商情願
領價按數勻賣以供營需等情前來臣等查營
伍歲需配用鉛子關係軍需難容短缺楚省鉛
斤連年價貴採買實難今南洋運回商鉛既堪
配用且官為抽買商亦樂從應請援照抽買自
本商銅之例給發官價向商收買以供歲需但
洋銅例係按數抽買一半黑鉛一項通省營伍
歲止需用四萬五十餘斤應請於每年洋船回
棹時按各商運回鉛斤買足歲額而止其餘鉛
斤聽商發賣倘遇閩省配鑄洋銅需用黑鉛之
年與營伍歲額鉛斤一并向商抽買供鑄至商
鉛既照例官為收買所買官鉛應輸海關額稅
亦請照收買官銅之例一體邀免以卹商民其
自廈運省水陸運腳與鉛價一併核實准銷如
此既於營伍公項不致靡費亦於軍需重務不
致遲悞事屬兩便謹繕摺具
奏伏祈
皇上睿鑒訓示施行謹
奏
該部議奏
乾隆十三年八月　初七　日

闽浙总督喀尔吉善等奏折：

为近年来楚省铅斤短少价昂请援例抽买南洋商铅以供军需事

乾隆十三年八月初七日（1748年9月29日）

黑铅是军需必备品，清政府采买数量巨大。这份来自闽浙总督和福建巡抚的联名奏折提议用洋铅充实闽省，即用外洋军备物资取代国产物资。这一提议有两个前提，一是“楚省铅斤连年价贵，采买实难”，而且“铅斤短少”；二是“南洋运回商铅既堪配用，且官为抽买，商亦乐从”。于是只须地方政府出面协调，改变“铅斤一到，商人即自行运赴各处货卖”的局面，同时确定合理的海关税额，则商民与军需两得其便。

奏

閩浙總督降一級留任臣喀爾吉善
福建巡撫臣潘思榘謹
奏為奏請抽買南洋商鉛以供營伍要需事竊照
閩省地方不産黑鉛每歲通省營伍實需操演
鉛斤四萬五千四百餘斤三年共需一十三萬
六千餘斤向係三年一次委員赴楚省漢口鎮
採買運回分給各營應用近年以來各省開局
鼓鑄楚省鉛斤短少價值倍昂營伍動用鉛價
每百斤例止准銷銀三兩五錢楚省商鉛係照
時價發賣不敷之價定例既不准銷辦員力難
賠墊以致閩省委員赴楚購運每致三四年七
八年未能購足運回應用先經臣等因軍火急
需會疏
題請准照時價報銷并請行令楚省督撫轉飭鉛
斤聚集之州縣動項收買閩省委員齎價赴領
經部議駁仍令照定價委員赴楚採買行文到
臣等自應遵照辦理臣等因查閩省往販南洋
回棹各商船多有帶運洋鉛來廈貨賣者其洋
鉛是否堪以配用照部價收買商民是否樂從
行令布政司轉飭廈門同知查覆去後茲據署
布政使永寧詳覆據署廈門同知許逢元覆稱

闽浙总督喀尔吉善等奏折（乾隆十三年八月初七日）

十等年有蘓祿番目萬勝里毋納勝獨萬嗱喇
貓惹老聿等請期進
貢及帶貨貿易俱係附搭内地船戶劉合興楊大
成林長盛等船來閩准其納稅貿易仍搭往販
彼國洋船回國在案茲蔡合興船上附載該番
來廈生理事同一例自應准其照例輸稅貿易
乘風配船回國毋任逗留批行遵照去後除俟
該番回國日期另行具奏外所有洋船戶蔡合
興附載蘓祿番目來閩貿易緣由理合恭摺奏
聞伏乞
皇上聖鑒謹
奏
乾隆二十五年十月 二十一 日

福州将军兼管闽海关事社图肯奏折：
为洋船户蔡合兴附载苏禄人来闽贸易事

乾隆二十五年十月二十一日（1760 年 11 月 28 日）

清朝与苏禄国之间友好往来。“因苏禄船只甚小，不能到天朝贸易”，因此乾隆年间多有苏禄人附中国船只来华贸易。这份奏折所说“共核征税银十两三钱四分”，便是来华苏禄贸易商人合理纳税、依法贸易的例子。

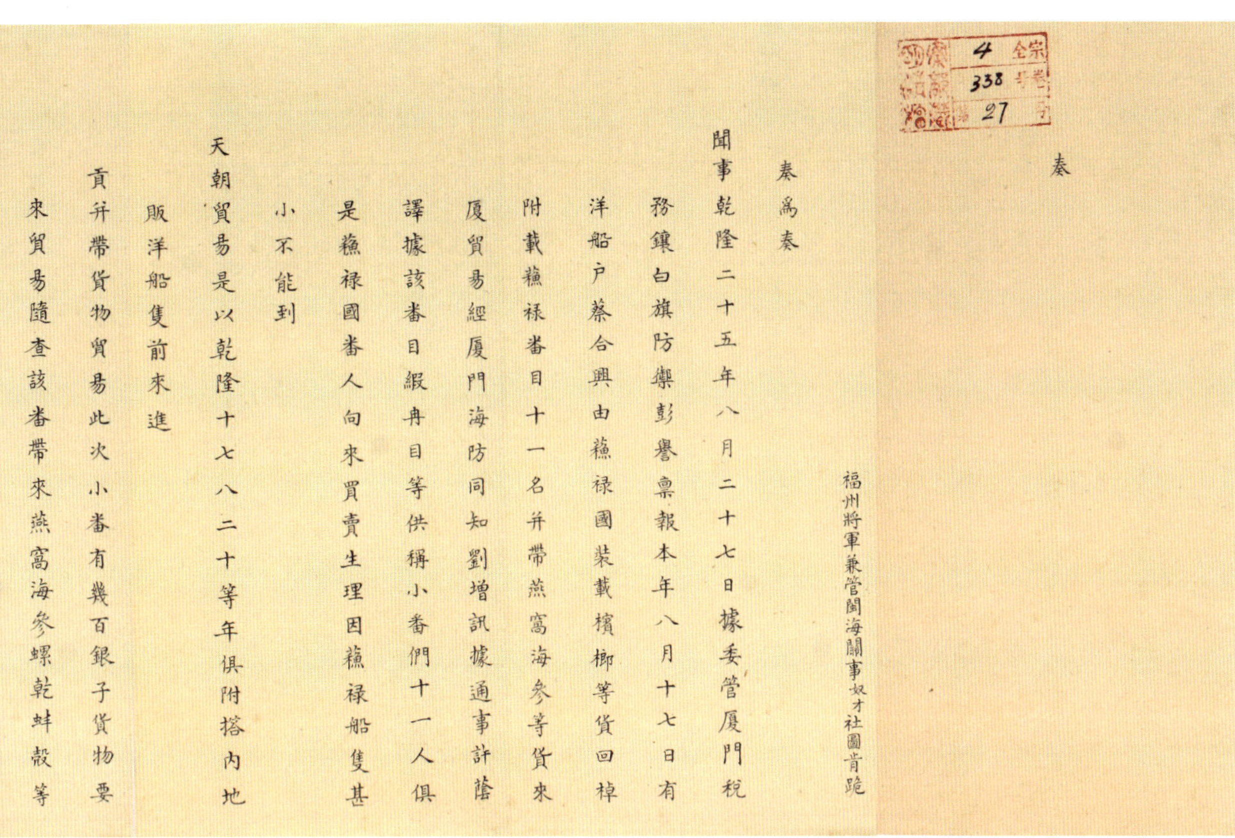

4 全宗 338 卷号 27

奏

福州將軍兼管閩海關事奴才社圖肯跪

奏爲奏

聞事乾隆二十五年八月二十七日據委管厦門稅務鑲白旗防禦彭譽稟報本年八月十七日有洋船戶蔡合興由蘊祿國裝載檳榔等貨回棹附載蘊祿番目十一名并帶燕窩海參等貨來厦貿易經厦門海防同知劉增訊據通事許蔭譯據該番目緞冉目等供稱小番們十一人俱是蘊祿國番人向來買賣生理因蘊祿船隻甚小不能到

天朝貿易是以乾隆十七八二十等年俱附搭內地販洋船隻前來進

貢并帶貨物貿易此次小番有幾百銀子貨物要來貿易隨查該番帶來燕窩海參螺乾蚌殻等

福州将军兼管闽海关事社图肯奏折（乾隆二十五年十月二十一日）

造冊呈核照例免輸批飭遵照去後隨經奴才
恭摺
奏報在案茲據該委員西拉布稟報該番等所帶
貨物核計稅銀五十七兩八錢四分四厘五毫
業經遵照援例免征該番目吧嘩絞緞等感戴
皇仁歡欣踴躍赴關叩謝
天恩等情併造具花名貨物清冊呈繳前來除俟該
番等附搭便船回國日期另行具奏外所有免
過稅銀緣由理合繕摺奏
聞並將花名貨物照冊另繕清單恭呈
御覽伏乞
皇上聖鑒謹
奏
乾隆二十六年十一月 初一 日

福州将军兼管闽海关事社图肯奏折：

为请减免苏禄国来华洋船携带货物商税事

乾隆二十六年十一月初一日（1761 年 11 月 26 日）

福州将军兼管闽海关事社图肯清单：

为开报免税货物事

乾隆二十六年（1761）

奏

福州將軍兼管閩海關事奴才社圖肯謹

奏為奏

聞事竊照乾隆二十六年八月初九日據泉州府廈門同知劉墉等呈報本年七月三十日有龍溪縣船户石萬順商船由蘓祿國回棹附載該國番目吧囉絞綴等十三人賫帶咨文來廈呈請

貢期併據廈門委員筆帖式西拉布禀稱該番等所帶貨物應否照例免其輸稅等情到奴才據此奴才查蘓祿一國最稱恭順乾隆十七年間曾遣番目萬勝里毋吶等來閩呈請

貢期帶有貨物免其輸稅在案今該國王仍遣番目來請

貢期所帶貨物似應推廣

皇仁照例免輸課稅以昭

福州将军兼管闽海关事社图肯奏折（乾隆二十六年十一月初一日）

乾隆十七年（1752），清廷对苏禄国来华洋船免其输税。乾隆二十六年，据社图肯奏请，对“赍带咨文来厦，呈请贡期”的苏禄商船，也减免其货物商税约 57.4 两。据免税清单，苏禄国返回时买走相当数量的细瓷器、色布、皮箱、马伞、端箱、烧炼器等 6 种货物，也同样免税，计银 13.13 两。

稅銀八兩九錢八分四厘

色布三百九十四疋

稅銀二兩三錢六分四厘

皮箱十七個　稅銀三錢四分

馬傘四十把　稅銀八分

端箱一百三十個　稅銀一兩三錢

燒煉器三十一觔　稅銀六分二厘

以上共免過稅銀一十三兩一錢三分

清单

謹将委管廈門稅務華帖式西拉布開報免過

蕃禄國番目吧囉紋緞等帯回貨稅數目簡明

清册照繕清單恭呈

御覧

計開

細磁器四千四百九十二觔

福州将军兼管闽海关事社图肯清单（乾隆二十六年）

奏臣因傳詢來使何以不遵前檄具表懇求據稱
請封一事督撫大臣尚不敢輕易代奏該國長
若自行越分干求恐遭斥責是以表內未敢冒
昧聲叙等語據此則鄭華稟請代
奏尚屬外夷恭順小心之處臣此時未便因與原
奏自行具表請封
諭旨不符稍涉拘泥不即據情馳
奏除將來使安頓公所
貢品敬謹驗收俟奉到
諭旨即行委員伴送起程照例辦理外臣謹由驛奏
聞並將該國原譯暹字金葉表文副本及鄭華來稟
連原抄漢字表文底本一併恭呈
御覽伏乞
皇上睿鑒訓示再臣現署總督篆務毋庸會銜合并
聲明謹
奏
已有旨了
乾隆四十九年七月　二十九　日

广东巡抚孙士毅奏折：

为暹罗国长郑华请封号事

乾隆四十九年七月二十九日（1784 年 9 月 13 日）

广东巡抚孙士毅题本：

为暹罗国贡使随从人数及安置护送进京情形事

乾隆四十九年九月二十六日（1784 年 11 月 8 日）

公元 1782 年 4 月，暹罗吞武里王朝大将披耶却克里自立为王，号称拉玛一世，创建了曼谷王朝。拉玛一世延续了前朝与清朝的朝贡关系，还给自己取了汉名——郑华。乾隆四十七年（1784）九月，郑华第一次遣使来华通报暹

4
346
17

奏

廣東巡撫臣孫士毅跪

奏為奏

聞事竊查乾隆四十七年八月間據暹羅國長鄭華

稟報伊父鄭昭生前囑其勿改舊制請俟貢期

虔修方物朝貢等因經前撫臣尚安恭摺具

奏欽奉

諭旨令軍機大臣繕發檄稿到粵所有該國封號諭

鄭華自行具表陳請并令前督臣巴延三等於

該國陳請到時代為馳

奏在案茲據鄭華備具

表文馴象等物差陪臣帕史滑里那突等懇求入

貢稟請將該國乞

恩請封等因代

奏前來臣查前次係檄令鄭華自行具表懇請封

號方可代為轉

奏今鄭華專遣陪臣入

貢欲求

广东巡抚孙士毅奏折（乾隆四十九年七月二十九日）

罗近况并朝贡。因郑华新近继位，涉及王位嬗递，清廷下旨令郑华自行具表请封。乾隆四十九年七月，郑华派遣的使臣帕史滑里那突等携带表文、驯象到达广东。因郑华未遵前旨“自行具表恳请封号”，而只称“照例纳贡输诚”,“其请封一事仍于禀内恳请代为转奏”，因此，广东巡抚孙士毅询问使臣何故。得到的回答是:“请封一事，督抚大臣尚不敢轻易代奏，该国长若自行越分干求，恐遭斥责，是以表内未敢冒昧声叙。”于是，孙士毅将此情形具奏。奉乾隆帝谕旨准许暹罗使臣前往京城进贡，“其恳请封号之处，俟该使臣至京后，再降谕旨”。乾隆四十九年九月，孙士毅派遣官员伴送暹罗使臣启程赴京，并将相关情况以满文题本具奏。

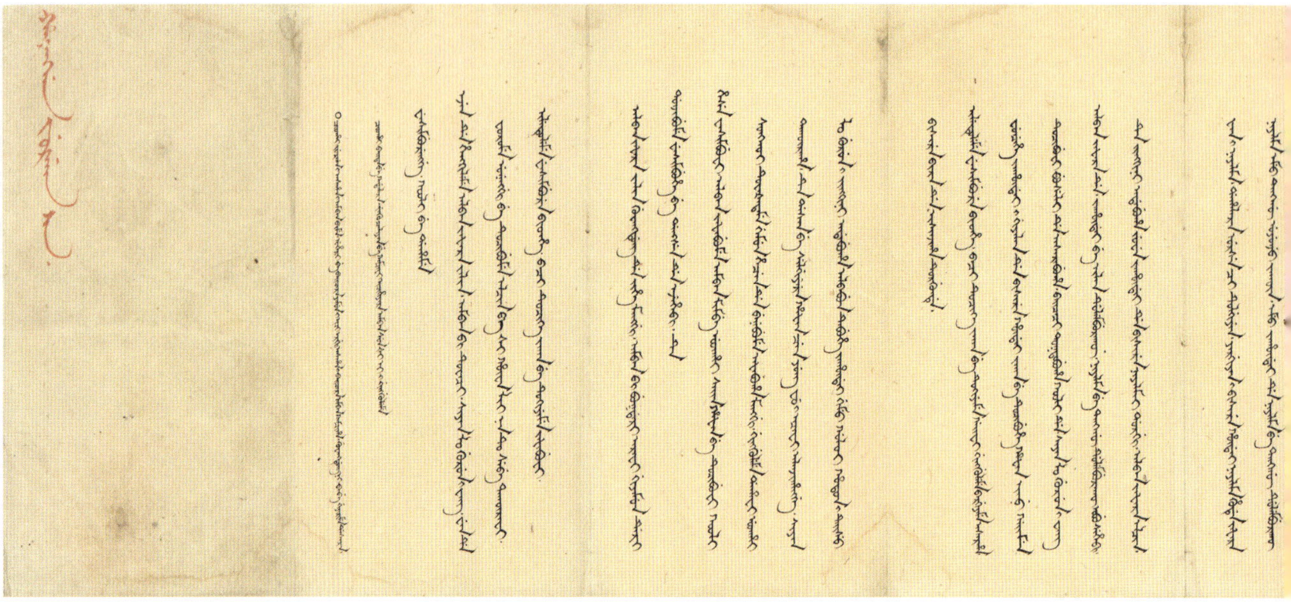

广东巡抚孙士毅题本（乾隆四十九年九月二十六日）

貢船到關蒙
皇上念切柔懷將壓艙貨物免其納稅迨日久弊生
遂有奸商依託夷使藉名影射隨同正副
貢船進口冀邀一例免稅此種弊竇斷所難免茲
據穆騰額具奏係慎重錢糧不使奸商借名偷
漏自屬實在情形此等私帶船隻誠如
聖諭無難一望而知其應徵應免原係監督及臣等
分內應辦之事臣等現飭大關守口員弁實力
稽查除暹羅正副
貢船外自應逐一按貨徵稅毋許影附商船夾帶
私貨並毋許藉探
貢名色希圖隱射偷漏永絕弊源至每次正副船
各一隻仍恪遵
諭旨免其納稅由巡撫衙門照例具
題仰副我
皇上慈惠遠夷之至意所有奉到
諭旨及遵辦緣由臣等謹合詞恭摺覆
奏伏乞
皇上睿鑒謹
奏
乾隆五十一年四月 十五 日

两广总督富勒浑等奏折：

为暹罗国每年到关除正副贡船免税外其他随带之船均应按货纳税事

乾隆五十一年四月十五日（1786 年 5 月 12 日）

乾隆五十一年（1786），拉玛一世遣使具表请封，清朝将其册封为暹罗国王。清朝与暹罗间再次建立了宗藩关系。这促进了暹罗与中国之间的朝贡贸易。据两广总督富勒浑奏折称，暹罗每次进贡时，除正副贡船外，“随带之船至十余只之多”，此外还有借称“探贡船”者，实系内地商船，携带货物甚多。清廷要求除正副贡船各一只照例免税外，其余船只必须按货征税，不得偷漏税款。

奏

兩廣總督臣富勒渾
廣東巡撫臣孫士毅跪

奏為欽奉

上諭事本年四月初八日承准協辦大學士尚書和

珅字寄內開三月二十一日奉

上諭穆騰額奏稱暹羅國每年正副貢船到關其隨帶之船至十餘隻之多又有藉名探貢船隻俱屬內地商船所帶貨物甚多該監督查明應徵稅銀若干報明督撫具題概行寬免殊非杜弊防奸之道請將正副貢船各一隻照例免其納稅其餘船隻俱按貨徵稅等語暹羅國修職輸誠遣使呈進方物其正副貢船自應免其徵納稅銀豈容內地商船藉名影射希圖免稅此等商船到關時該監督原可逐船履勘除貢物之外若有私帶船隻無難一望而知自應按貨徵稅該監督即當商之督撫分別辦理何得概予具題邀免除就近傳知穆騰額遵辦外著傳諭富勒渾孫士毅於該國貢船到關所有正副貢船各一隻仍照例具題免稅其餘若果查係夾帶客商私船俱逐一查明按貨納稅以杜奸商取巧通同弊混之計將此傳諭知之

欽此欽遵寄信到臣等仰見

两广总督富勒浑等奏折（乾隆五十一年四月十五日）

嘉庆帝谕旨：

着安抚遇风沉失银货之吕宋商船

嘉庆八年闰二月十五日（1803 年 4 月 6 日）

清政府对来华船只的管理，既有常态性的规定，又有应付突发情况的准备。这份上谕表明了嘉庆时期对外来船只的管理非常成熟，对地方上可能因吕宋（西属菲律宾）商船遇险而发生的紧急情况也十分熟悉。吕宋商人在“文武查讯”“在县呈报”和“后又报称”三个场合所说损失“多寡悬殊”，嘉庆帝认为未可尽信，说明当时对中外交涉已经积累了丰富经验；从中央到地方，对外来商人的管理完备，信息传递也通畅。

被難夷人量為撫恤並派委妥員稽查彈壓毋許
鄉民私行撈取仍當曉諭該夷人自僱船隻赶緊
打撈其貨銀多寡數目本可無庸過問也將此諭
令知之欽此遵
旨寄信前來

軍機大臣　字寄

廣東巡撫瑚　嘉慶八年閏二月十五日奉

上諭瑚圖禮奏夷船在洋遭風沉失銀貨一摺呂宋夷船一隻突於上年八月在洋面遭風撞碎船隻沉失貨物銀兩並淹斃水手三十名伊等係外國夷人突遭颶風沉溺情殊可憫瑚圖禮務當飭令文武員弁將現在被難番人酌給口糧妥為安撫至飄失本銀二十萬圓應聽該夷人僱船打撈如果內地土人乘機撈取自應如數交還該撫當一面將撈獲之銀給還夷人領取一面將該土人等照例審辦如有隱匿等弊更當治以應得之罪若土人寔無撈搶情事而遭風處所一片汪洋並無島嶼港汊間有遺失自所不免且該夷人先於文武查訊時止稱帶有本銀二十萬圓續在縣呈報又係八十六萬餘圓後又報稱番銀並金錢一百

嘉庆帝谕旨（嘉庆八年闰二月十五日）

撥配金萬利商船載運派員護送被風漂至內
地漳浦縣轄之虎頭山洋面該委員等帶同夷
人登岸報經該縣按名查點給予口糧由陸轉
護於十月二十四日到省茲據兼署布政使王
楚堂飭據福防同知王其福逐加譯訊與在臺
灣府所供相同詳請具
奏前來臣查該難夷在洋遭風漂流到閩船物損
失情殊可憫已飭司加意撫卹給予衣被口糧
惟閩省並無該國貿易船隻查呂宋與廣東相
近粵省時有外夷洋船到口應請將該難夷阿
牛食頂立務懶等十七名派撥員弁護至粵東
省交收再行由粵詢明遇有呂宋便船附搭回
國以昭
聖朝柔遠深仁除咨廣東督撫臣查照並行司委員
護送前進外臣謹恭摺具
奏伏乞
皇上聖鑒再閩浙總督篆務係臣兼署毋庸會銜合
并陳明謹
奏
知道了
道光二年十一月 二十二 日

福建巡抚叶世倬奏折：

为吕宋国难民抚恤遣发回国事

道光二年十一月二十二日（1823 年 1 月 3 日）

这份奏折是地方政府上报救助遇难吕宋（西属菲律宾）船的缘由及细节。福建地方政府将“夷船损坏桅舵等物，估变番银”，给予遇难商民作为补偿，并派船护送，等候回吕宋的船只，以便搭乘回国。道光皇帝朱批“知道了”。

4 353 23

奏

福建巡撫臣葉世倬跪

奏為呂宋國難夷遭風來閩照例撫卹送至粵東

省遣發回國緣由恭摺奏

聞事竊本年八月二十三日據臺灣府知府蓋方泌

詳稱准署淡水同知劉耀林牒開四月二十三

日淡轄三貂港口漂到小夷船一隻詣勘船已

破壞内有難夷十七名並米荳數藍餘無別物

當將該難夷解送到府飭據臺灣縣查傳粗曉

夷語之商民王慶生譯訊據難夷阿牛食頂立

務懶等十七名同供俱係呂宋人居住該國萬

里臘地方夷俗十六歲以後不記年紀每七日

禮拜一次本年三月十二日由萬里臘駕船出

洋往該國内罵恍買賣穀食貨物在洋遭風約

有四次禮拜日子漂至臺灣洋面因船隻擱淺

損壞不能行駛就近收泊三貂港口船内一共

十八人内有旹于丹落貓末一名在洋病故屍

身丢棄海邊被浪漂失今蒙訊明求送回本國

等語該府隨移准該同知劉耀林將夷船損壞

桅舵等物估變番銀四十元傳到夷人照數給

領一面配船護送内渡等由並准據臺灣鎮道

福建巡抚叶世倬奏折（道光二年十一月二十二日）

船戶王廣雲及水梢黃棟等二十四名搭客曾
維堅等十八名遇救登岸得生餘俱不知下落
公文貨物多已漂失王廣雲曾維堅林賓三人
各被船釘插傷內王廣雲曾維堅旋各因傷身
故經該縣等捐給棺木殮埋並將水梢黃棟等
安頓驛館妥為撫恤其籍隸本省難民即分別
飭令回籍至漂失公文貨物據在粵京旋貢使
呸雅梭挖里巡殷呵排臘車突具稟以船隻係
壓在洋邊沙灘尚可撈挖請令親丁出洋打撈
業經臣阮元給發護照並飭該處文武選派兵
役幫同照料彈壓俟有無撈獲分別辦理茲據
藩臬兩司具詳請
奏前來除飭沿海州縣及飛咨閩浙等省一體挨
查有無前項遭風水梢漂流到境外所有暹羅
國遺接貢使船隻遭風擊碎緣由臣等謹會摺
奏
聞再該國接取貢使之副船業經平安進口合併陳
明伏乞
皇上聖鑒謹
奏
另有旨
道光三年九月　初七　日

两广总督阮元等奏折：

为暹罗国来使船只回国遇难照例抚恤奏闻事

道光三年九月初七日（1823 年 10 月 10 日）

南海诸国的使臣输贡中国，往来海上，冒着极大风险，不仅船只可能毁坏、文件遭到损失，甚至生命也无法保障。阮元、陈中孚的这份奏折，向清廷奏报了有暹罗国船在接回道光二年（1822）来华的暹罗国使臣途中遇难之事，船上 99 人中有 42 名获救，且获救之后又有人因伤身故。为此，广东地方政府加以抚恤，对死者“捐给棺木”，生者“安顿驿馆，妥为抚恤”。

4
341
11

奏

兩廣總督臣阮　元
廣東巡撫臣陳中孚跪

奏為暹羅國遣來接載使臣回國船隻在洋遭風
擊碎照例撫恤辦理恭摺奏
聞事竊照上年暹羅國遣使乘坐正副二船來粵恭
進例貢並請令船隻先回以便本年來接貢使
經臣阮元具摺
奏明嗣據報於十二月內開行回國在案茲據香
山縣文武稟報本年七月三十日夜有暹羅國
遣接上年貢使回國之正船一隻在洋遭風擊
碎並有該船戶王廣雲水稍黃棟等共二十五
名又搭客曾維堅等十八名經礮臺弁兵撈救
及自扶板片登岸先後遞送到省臣等當即飛
飭挨查漂失人貨下落上緊打撈一面先提現
到船戶人等逐一查訊隨據南海番禺二縣詳
覆訊明王廣雲即陳榮順係暹羅國正貢船戶
上年載送貢使到粵轉回後本年七月該國王
復遣令來粵接取貢使並順帶國王移咨臣阮
元衙門及雲貴總督公文各一角又有廣東海
陽等縣客民曾維堅等搭船回籍於是月初一
日在暹羅同副貢船開行三十日夜船至新安

两广总督阮元等奏折（道光三年九月初七日）

上年九月據暹羅國貢使披耶唆呓哩巡叚啞
派拿車突等具稟以向來接貢之期所接皆係
大皇帝頒賞物件乞爲轉
奏俾例貢接貢概行免餉等由即經督臣祁𡎴以
暹羅國向來遣使來粵進貢其貢船壓艙貨物

隻所帶貨物則仍照例徵輸歷辦有案今該貢
使懇求接貢之船免輸關稅係與向例不符惟
念暹羅與琉球並列藩封該貢使航海遠來與
琉球國同一抒誠效順向辦琉球進貢成案其
接貢之船既准免輸一隻船貨稅餉似暹羅亦
可傚照辦理所有暹羅國接載貢使京旋之正
貢船一隻隨帶貨物應請免其納稅其餘副貢
船隻或此外另有貨船均照向例收納不准一
概免其徵輸庶於遠人既足以示懷柔而貨餉
免徵仍不至漫無限制臣與前督臣祁𡎴面商
意見相同並據藩臬二司會議詳請具
奏前來臣謹會同粵海關監督臣文豐遵
旨酌議恭摺覆
奏是否有當伏乞
皇上聖鑒訓示遵行又廣東巡撫係臣本任毋庸會
銜合併陳明謹
奏
另有旨
道光二十四年三月 初八 日

护理两广总督广东巡抚程矞采奏折（道光二十四年三月初八日）

奏

護理兩廣總督廣東巡撫臣程矞采跪

奏為遵

旨查明暹羅國接貢船隻請倣照琉球國成案辦理

恭摺覆

奏仰祈

聖鑒事竊臣於道光二十四年二月十二日承准軍

機大臣字寄奉

上諭禮部奏暹羅貢使遞稟內稱該國王面諭該使

臣等懇求接貢之年免輸關税等語向來琉球國

進貢回國時接貢船一隻隨帶貨物由閩海關奏

明免税暹羅向無此例此次該貢使所請免税之

處未據祁𡊮等奏明所有該國接貢船隻應否照

琉球一律辦理著該督撫等酌覈具奏如應照琉

球辦過成案辦理亦祇准免一隻船所帶之貨概

不准多帶船隻冀圖免税該部原奏著鈔録並原

遞稟帖一併發給閲看將此諭知祁𡊮程矞采並

傳諭文豐知之欽此時祁𡊮業經因病交卸臣程

係屬免税惟該貢使由京旋粵時該國備船到

粵接載貢使回國所帶貨物向係照例報驗輸

税不能與例貢船隻一律免餉據稟核與向辦

章程不符難以准行札飭傳諭遵照向章辦理

在案緣此事業經駁飭是以不復奏

护理两广总督广东巡抚程矞采奏折：

为查明暹罗国接贡船只请仿照琉球国成案事

道光二十四年三月初八日（1844年4月25日）

清朝对来华进贡船只所携带货物，有明确的免税标准。向来琉球进贡、接贡船只所带货物皆准免税，而暹罗则只免除正副贡船二只的关税。道光二十四年（1844），暹罗贡使禀请礼部转奏，请按照琉球例，免除本国接贡船所带货物关税。道光帝下谕令广东督抚议复。护理两广总督程矞采奏称，因“该贡使航海远来，与琉球国同一抒诚效顺”，请仿照琉球国成案，将暹罗接贡船一艘随带货物免其纳税，但其余船只则不免税。

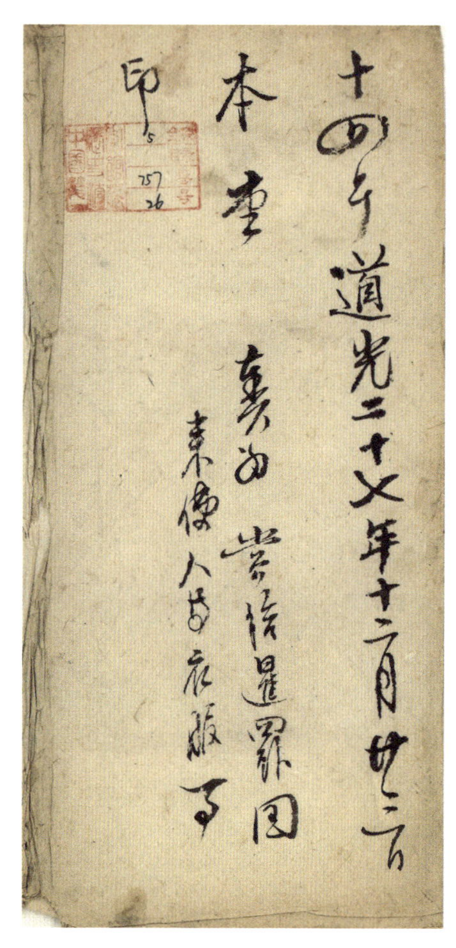

总管内务府奏折：

为暹罗国贡使到京安置事

道光二十七年十二月二十三日（1848 年 1 月 28 日）

道光二十七年（1847）冬季，暹罗贡使到京，因天气严寒，总管内务府奏请依照前例，对到京的 26 名暹罗国贡使进行安置。奉旨，“照例赏”。

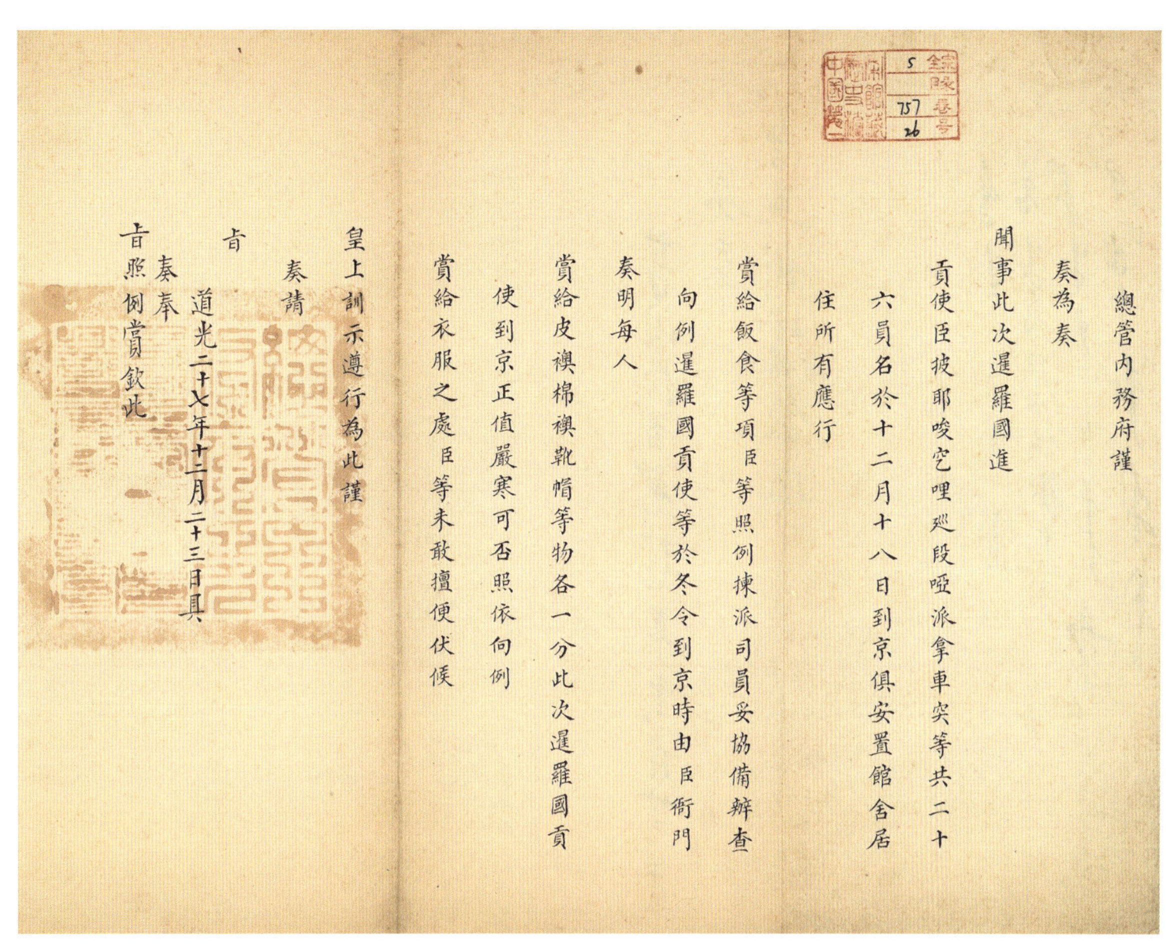

總管内務府謹
奏為奏
聞事此次暹羅國進
貢使臣披耶唆岦哩𨕖段啞派拏車突等共二十
六員名於十二月十八日到京俱安置館舍居
住所有應行
賞給飯食等項臣等照例揀派司員妥協備辦查
向例暹羅國貢使等於冬令到京時由臣衙門
奏明每人
賞給皮襖棉襖靴帽等物各一分此次暹羅國貢
使到京正值嚴寒可否照依向例
賞給衣服之處臣等未敢擅便伏候
皇上訓示遵行為此謹
奏請
旨
道光二十七年十二月二十三日具
奏奉
旨照例賞欽此

总管内务府奏折（道光二十七年十二月二十三日）

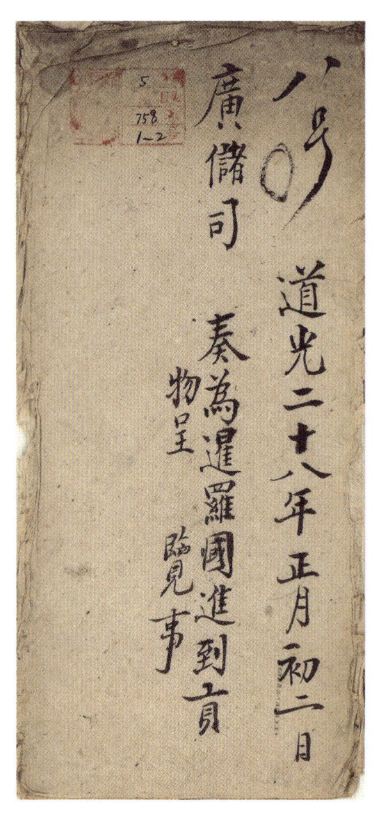
八号
道光二十八年正月初二日
奏為暹羅國進到貢物呈
臨覽事
廣儲司

总管内务府奏折：

为暹罗国进到贡物呈览事

道光二十八年正月初二日（1848年2月6日）

总管内务府清单：

暹罗国进到贡物清单

道光二十八年正月初二日（1848年2月6日）

各国进贡诸物，到京之后收贮于总管内务府。然后，总管内务府将收到的贡物进呈御览。这是总管内务府奏上暹罗贡物呈览折及相应清单。道光帝下旨“龙涎香、沉香、降真香、檀香、冰片、金刚钻、犀角、樟脑、豆蔻、荷兰毯”等珍稀方物留用，其余交外库存贮。

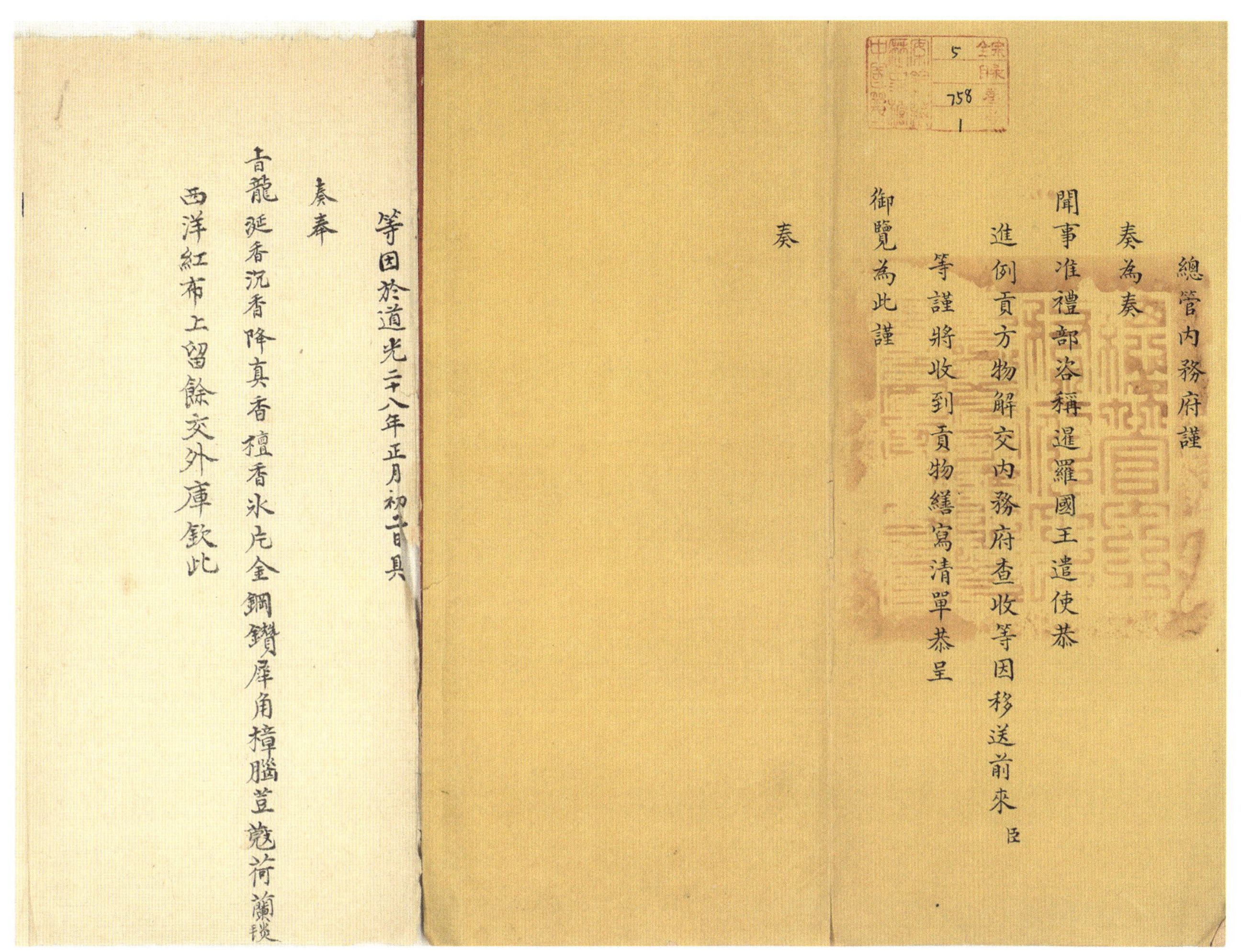

總管內務府謹
奏為奏
聞事准禮部咨稱暹羅國王遣使恭
進例貢方物解交內務府查收等因移送前來臣
等謹將收到貢物繕寫清單恭呈
御覽為此謹
奏

等因於道光二十八年正月初二日具
奏奉
旨龍涎香沉香降真香檀香冰片金鋼鑽犀角樟腦荳蔻荷蘭毯
西洋紅布上留餘交外庫欽此

总管内务府奏折（道光二十八年正月初二日）

中宮前方物

龍涎香八兩

沉香一斤

降真香一百五十斤

檀香五十斤

白膠香五十斤

冰片一斤八兩

金鋼鑽六兩

犀角三個

樟腦五十斤

大楓子一百五十斤

蓽撥五十斤

甘蜜皮五十斤

桂皮五十斤

孔雀屏五屏

翠毛三百張

象牙一百五十斤

藤黄一百五十斤

硫磺五十斤

荳蔻一百五十斤

荷蘭毯一張

西洋紅布五匹

蘇木一千五百斤

烏木一百五十斤

暹羅國王恭

進

皇上前方物

龍涎香一斤

沉香二斤

降真香三百斤

檀香一百斤

白膠香一百斤

冰片三斤

金鋼鑽十兩

犀角六個

樟腦一百斤

大楓子三百斤

蓽撥一百斤

甘蜜皮一百斤

桂皮一百斤

孔雀屏十屏

翠毛六百張

象牙三百斤

藤黃三百斤

硫磺一百斤

荳蔻三百斤

荷蘭毯二張

西洋紅布十匹

蘇木三千斤

烏木三百斤

总管内务府清单（道光二十八年正月初二日）

入款以每年注册及进出口船牌之费最为名
正言顺诚使事机顺利不致别有阻碍似开该
埠此两项所入不少除抵支领事公费外尚可
通融积存一款以备护送商民船只之用一
切收拨章程应候设官之后再行[illegible]令核拟
外所收册照船牌等费不敷[illegible]
恩准由粤省劝谕各该埠商董力捐资斧以
虚衔封典翎枝等项奏充领事经费永不提用各埠旺淡
不等[illegible]所有查通南洋各
埠华民商务情形并请设小吕宋总领事
暨筹计经费各缘由除将该委员原呈分
咨总理衙门暨北洋大臣外理合恭折具
奏伏祈
皇太后
皇上圣鉴谨
奏 光绪十三年十二月十一日奉
硃批该衙门议奏钦此
十月二十四日

两广总督张之洞奏折：

为派员访查南洋华民商务情形并拟在小吕宋设立总领事等事

光绪十三年十月二十四日（1887年12月8日）

庆亲王奕劻等奏折：

为遵议在小吕宋设立总领事及筹计经费各情通筹利病事

光绪十四年二月初二日（1888年3月14日）

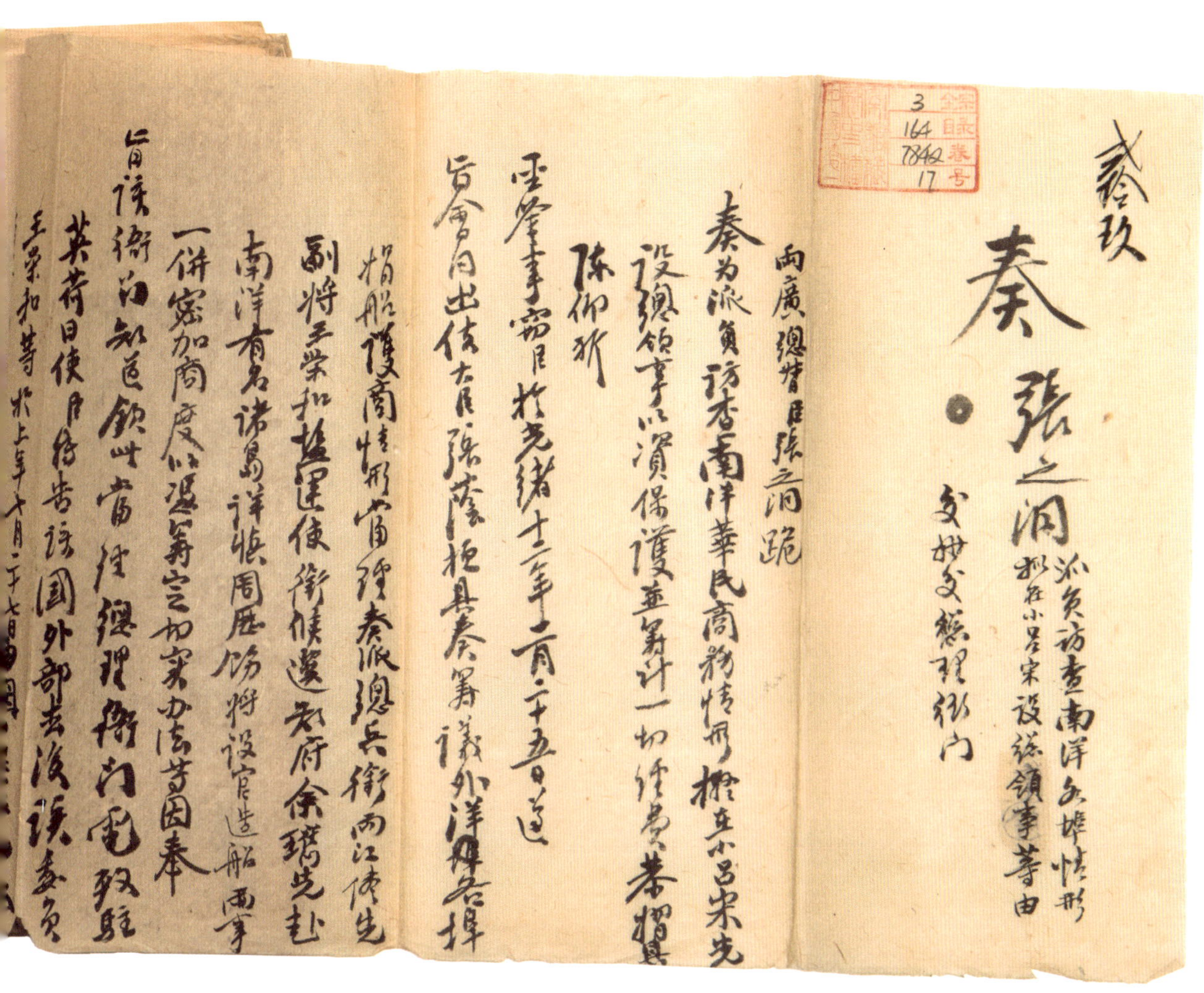
叁玖

奏

張之洞

派員訪查南洋各埠情形擬在小呂宋設總領事等由

交冊交總理衙門

兩廣總督臣張之洞跪

奏為派員訪查南洋華民商務情形擬在小呂宋先設總領事以資保護並籌計一切經費恭摺

陳仰祈

聖鑒事竊臣於光緒十二年六月二十五日進

臣會同出使大臣張蔭桓具奏籌議外洋各埠

捐船護商情形當經奏派總兵銜兩江候先

副將王榮和選候補知府余瓗先赴

南洋有名諸島詳悉周歷飭將設官造船兩事

一併密加商度以憑籌定切實辦法等因奉

旨該衙門知道欽此當經總理衙門電致駐

英荷日使臣轉告該國外部去後該委員

王榮和等於上年十月二十七日

两广总督张之洞奏折（光绪十三年十月二十四日）

光绪十二年（1886），两广总督张之洞等奏派记名总兵王荣和、候选知府余瓗前往南洋诸岛考察。他们历经了小吕宋、新加坡、马来亚、缅甸、爪哇、苏门答腊，甚至远至澳洲，于光绪十三年夏返回广东复命。张之洞向清廷奏报了王荣和等考察情形，并称各埠华侨“恳求保护之情，极为迫切”。因小吕宋“距中国最近，华民望切倒悬”，张之洞建议先在该地设立总领事，以保护华侨。然后再逐步推广到商务较繁盛的其他各埠。

张之洞的建议，清廷交由总理衙门议奏。总理衙门对此秉持谨慎态度，担忧荷兰、西班牙对中国在南洋各岛设立领事心怀猜忌，从中掣肘。即使成功设立领事，相关经费也难以筹措。而且南洋距离中国路途遥远，对领事难以进行管辖稽查。最终，总理衙门认为：“目前事势似不宜发之太急，收束为难。”建议令出使大臣张荫桓与西班牙外交部妥善商议，如果确有把握，再行设立。

外海為衣食散在各國屬埠古巴新舊金山新
加坡西貢暹羅緬甸海口等處經商傭工何止
百萬節經臣衙門與南北洋大臣出使大臣商
度累年舌敝脣焦擇其尤為緊要之區次第奏
設領事於古巴舊金山新加坡等埠以資保護
華民免為他族淩虐該領事等均就近歸出使
大臣管轄以專責成此次該督所奏自係為廣
樹藩籬結聯眾志起見惟其中商埠形勢設官
樞紐實與歷辦已設領事之成案有不能概論
者通籌利病約有數難何以言之該委員王榮
和等之赴荷國屬島也該國以係彼久轄之境
不允訪查經前出使大臣許景澄向荷外部再
三緩頰以游歷為名彼始允行上年五月接許景
澄密函稱加拉巴議設領事一節查兵艦鉅款
非商力所能湊辦設官之說揆彼族猜忌為心
難保不從中掣肘且勢必先與荷外部訂立保
護專條並建駐荷使館否則筆舌空言終歸無補
云云又上年秋間臺准東使日國大臣張蔭桓
密稱小呂宋議設領事一節面商日國外部始
而慨允既而以藩部齮齕不允為辭該大臣責
其苛虐濫征該國頗允革除而設官一層絕不
鬆口臣等維此議剏始於張蔭桓乃該大臣亦

難況緬暹古掌西貢等處腹內之地已屬他人
鼾睡而我轉圖羈縻其腹外寥星之小島竊恐
未獲實濟先啟嫌疑該督於此事規畫經年此
次奏稱先行試辦一處餘俟次第推廣請由臣
衙門轉商日使催發憑照誠欲力為其難而不
肯遽寢其議惟是日廷既未允從而該國駐京
使臣向無遙制外部之權縱令日與磋磨亦屬
於事無濟臣等公同商酌應仍請
旨飭下出使大臣張蔭桓再與日國外部申理前議
切實妥商如能確有把握再行酌覈開辦以免
窒礙而慎事機至各埠華人動招佁儜現仍應由
出使大臣力持定約隨時商之外部嚴禁土人
滋擾保護商民並就各處本有會館公舉紳董
隨事稟商該大臣覈辦以資聯絡其原奏所陳
設官一年以後就地籌款興辦各節究竟能否
經久源源接濟懸俟議辦有期再由該督會同
出使大臣詳為區畫妥定章程奏明辦理所有
臣等遵
旨議覆緣由理合恭摺奏請
聖裁伏乞
皇太后
皇上訓示遵行謹
奏
依議
光緒十四年二月　初二　日
臣奕劻
臣閻敬銘　假

庆亲王奕劻等奏折（光绪十四年二月初二日）

4
350
1

奏

臣奕劻等跪

奏為遵議南洋各國商埠議先在小呂宋設立總
領事及籌計經費各情通籌利病據實恭摺覆
陳仰祈
聖鑒事竊上年十二月十二日准軍機處鈔交兩廣督
臣張之洞奏派員訪查南洋華民商務情形擬
在小呂宋先設總領事以資保護並籌計經費
一摺奉
硃批該衙門議奏欽此查籌計外洋各埠華民捐船
護商議設領事分駐十二年二月曾經該督會
同出使大臣張蔭桓遵
旨覆奏並遴派副將王榮和知府余瓗訪查南洋各
島情形又臣衙門於十二年五月議覆海軍衙
門摺內聲明俟該督查有端緒再由出使大臣
察看情形相機利導並由臣衙門分電駐英荷日
出使大臣轉告各該國外部以利遄行各在案
嗣後疊接各出使大臣與該督先後咨報情形
臣等隨時參稽博訪其中利害節目殊非一端
可盡茲據原奏內稱該委員等所歷南洋計二
十餘埠日斯巴尼亞國所屬之小呂宋埠英屬
之新加坡等四埠荷蘭屬之加拉巴等埠又遠
至英屬新金山之雪梨等埠皆擬分設總副領
事請先妥商日國公使准設小呂宋總領事其
餘各埠俟小呂宋辦有規模次第推廣並籌計

已心知其難疊次函牘未敢固執前說此發端
之難也又原奏內稱各島華商願自籌領事等
薪俸經費俟派定後請在出使經費項下將第
一年經費先行發給第二年後便可不費公帑
等語臣等查各埠苟設華官事事索之商民亦
易滋流弊且該埠可收之身格船費能否充裕
尚無把握若亦如古巴領事署之始而踴躍輸
納繼而羣情渙懈歲收日絀遂至不敷支用又
將奈何又查光緒四年新加坡請設領事時前
出使大臣郭嵩燾亦請祇給開辦經費以後一
切自籌嗣因入款不敷復請發給歷年出使銷
冊新加坡每年入款祇數百兩而支銷至七八
千兩之多今之所請亦恐難然設事已舉行勢
難中止現在使費支絀萬分何以應之此籌費
之難也小呂宋於閩粵較近然已遠隔重溟至
新金山地分三省雪梨等埠往返動須三四月
在他國荒遠之地治為人服役之民該國既非
情願照設將事事妬忌掣肘儻設官而權不我
操彼淩虐者如故該領事遠既不能呼籲出使
大臣近亦難以諮稟粵中大吏勢成孤立與不
設同此管轄稽查之難也尤可慮者華商屢訴
洋官甲必丹苛斂不恤商情然粵省鞭長莫及
既於領事一舉一動耳目難周儻有不肖人員
習染外洋服食居處之奢靡動以領事署經費
為名事事苛派無藝是使華民重受其困反為
國家斂怨轉不如
飭下使臣責問外部申明約束尚不失保護之意此

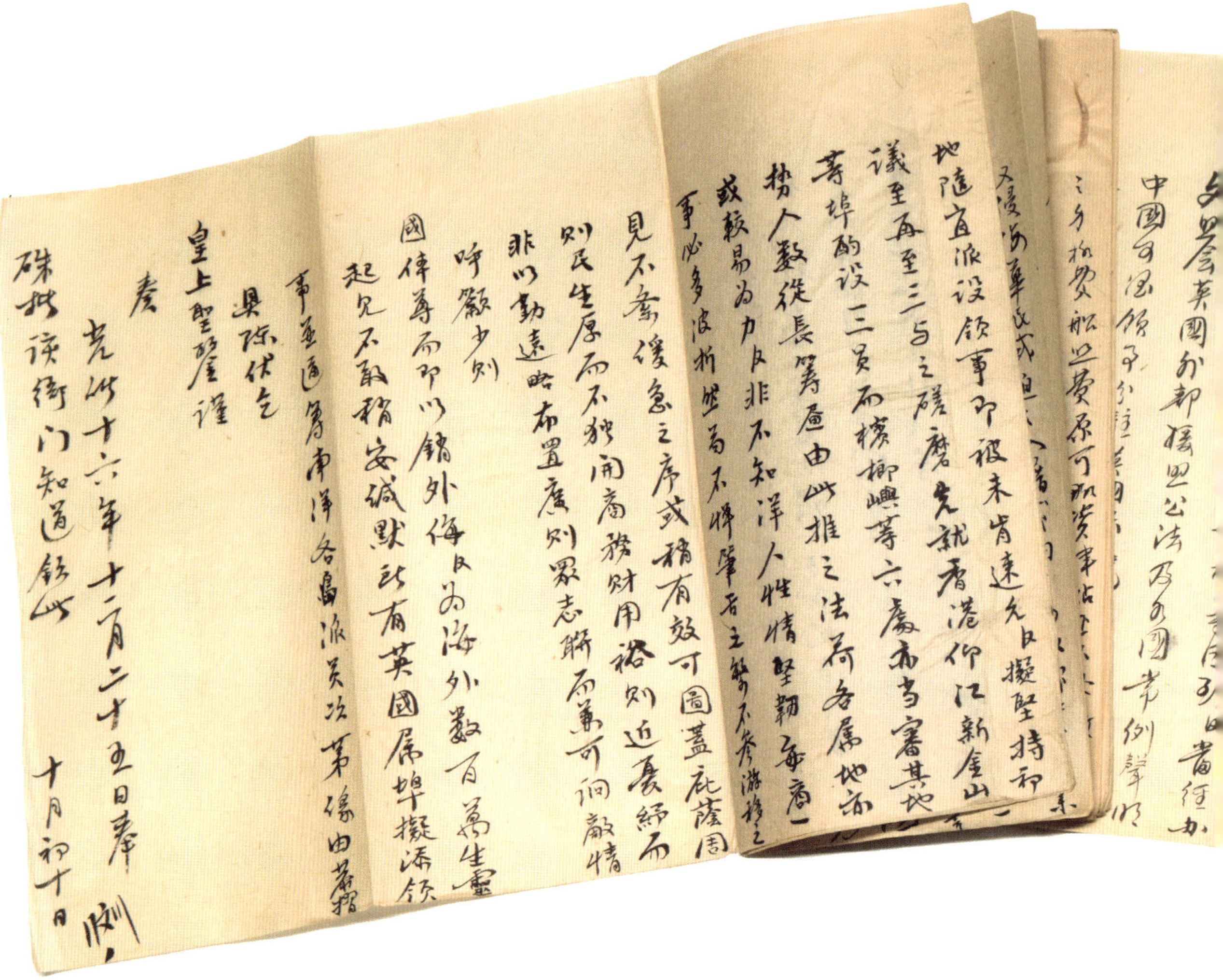

出使英法大臣薛福成奏折：

为拟在英属埠地派驻领事并通筹南洋各岛次第派员事

光绪十六年十月初十日（1890年11月21日）

光绪中期，清朝在东南亚只有新加坡一处设有领事。出使英法大臣薛福成认为，“商务为富强之本”，南洋各岛华侨不下300余万人，应该广设领事，加强与华侨联络，促进商贸发展。具体

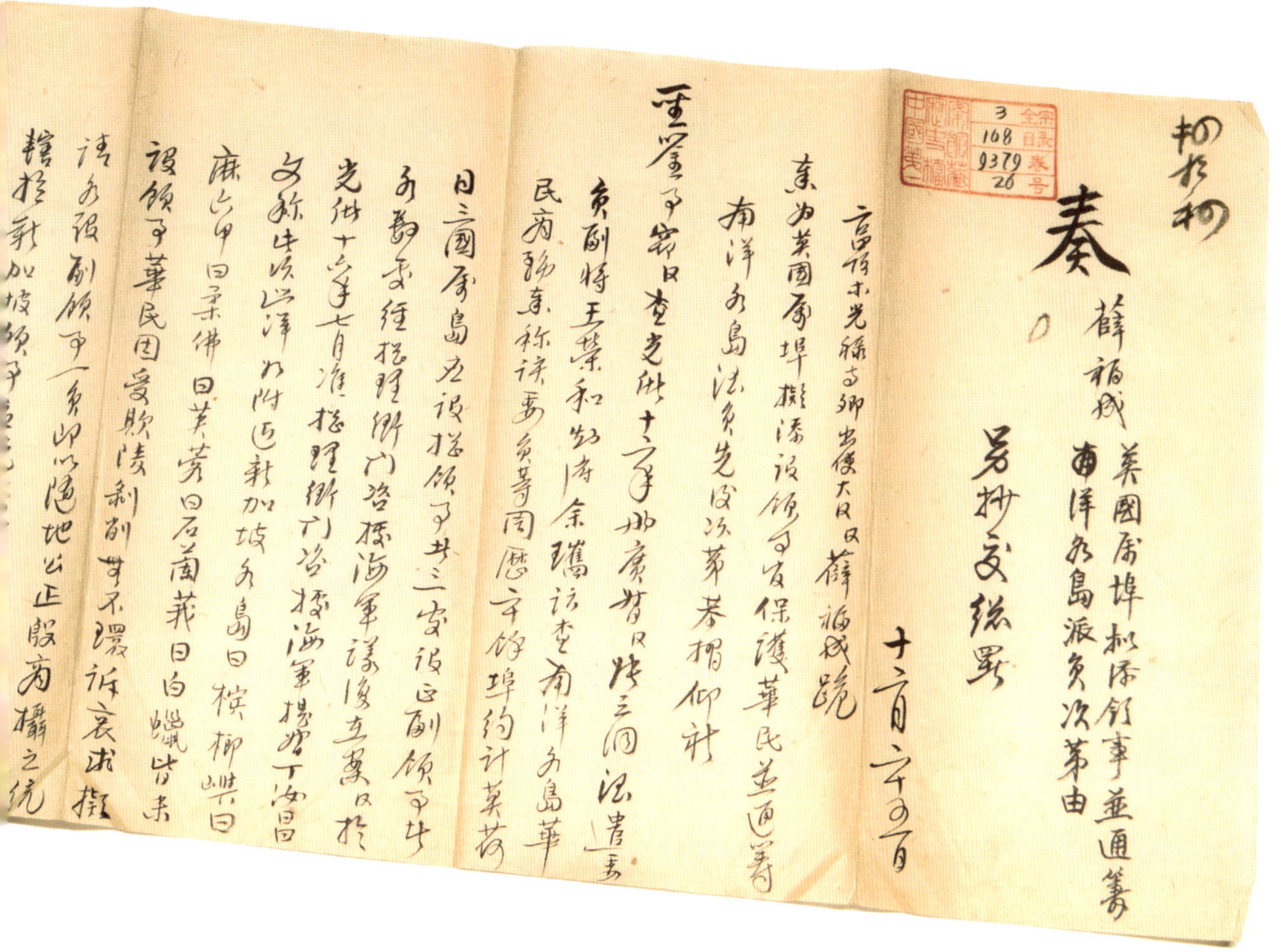

出使英法大臣薛福成奏折（光绪十六年十月初十日）

来说，薛福成认为，荷兰、西班牙两国所属地方应该在四处专设领事，即苏门答腊之日裹埠、三宝陇等埠、噶罗巴、小吕宋等；法国、英国两国所属应在五处专设领事，即西贡、北圻、香港、新金山、缅甸仰光。薛福成还认为，不要畏难，不要害怕与欧美各国磋商，只要“认定主见，中外一意，合力坚持”，“据理执言，因势利导”，“不惮笔舌之繁，不参游移之见，不紊缓急之序”，还是能够有所成效的。

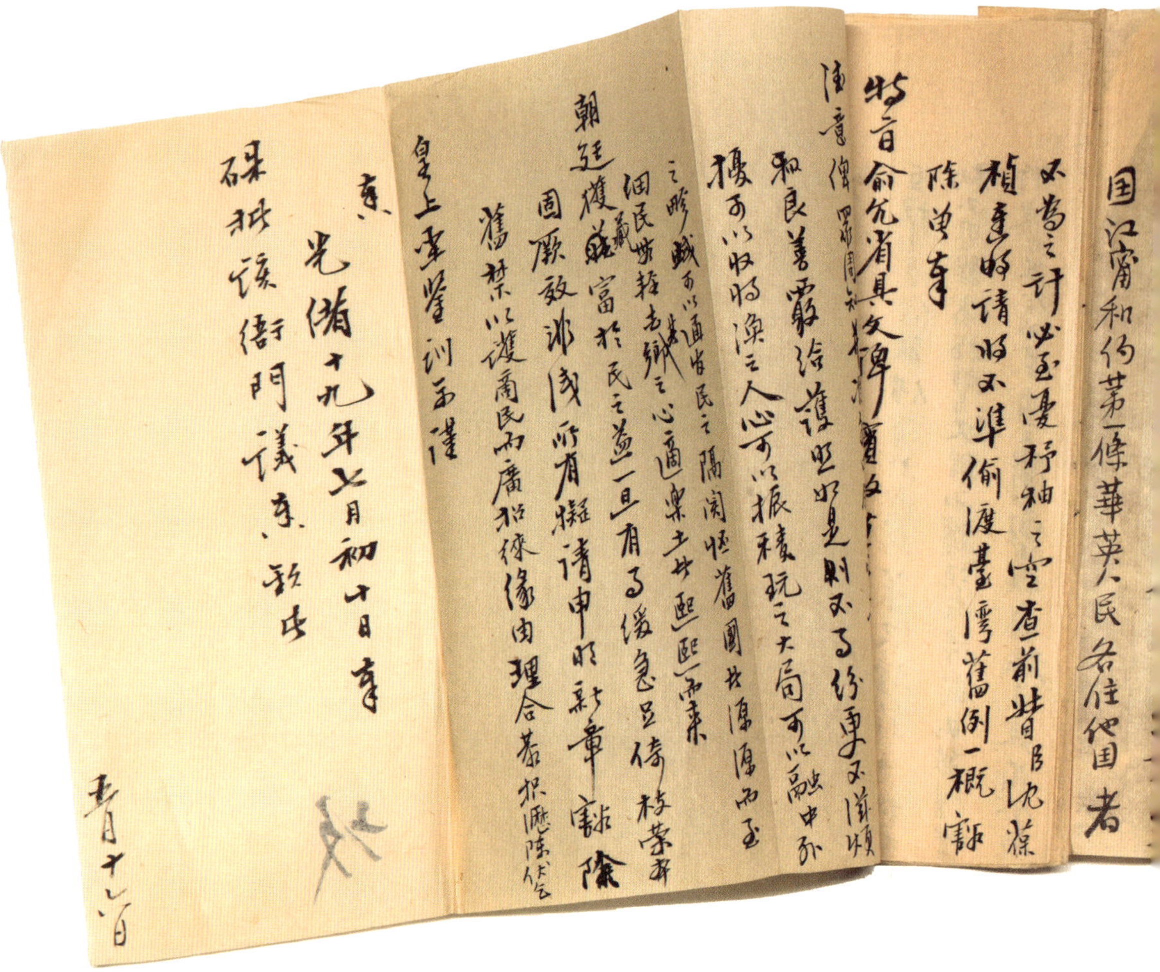

出使英法大臣薛福成奏折：

为拟请申明新章豁除海禁以护商民事

光绪十九年五月十六日（1893 年 6 月 28 日）

总理各国事务衙门大臣奕劻等奏折：

为遵旨议复薛福成奏请申明新章豁除海禁旧例一折事

光绪十九年八月初四日（1893 年 9 月 13 日）

出使英法大臣薛福成奏折（光绪十九年五月十六日）

清初，因与台湾郑氏的战事，清廷厉行海禁。台湾收复后，清廷未及时修改法令，仍是要求严惩出洋之人。

光绪十九年（1893），在驻新加坡总领事黄遵宪的建议下，出使英法大臣薛福成上奏清廷称，自道光末年以来，清政府陆续与东西洋各国立约通商，允许中外民众互相往来，给予保护。但是因旧例未明确废止，导致华侨回国时，官府查究、胥吏侵扰、邻里讹索，“种种贻累，不可胜言”，因此不愿回国。

薛福成建议敕下总理衙门申明新章、豁除旧禁，以护商民而广招徕。奉旨：该衙门议奏。最终，总理衙门奏定：“良善商民，无论在洋久暂，婚娶生息，一概准由出使大臣或领事官给与护照，任其回国谋生置业，与内地人民一律看待，并听其随时经商出洋，毋得仍前藉端需索，违者按律惩治。”接着，福建、广东等省纷纷表示要保护回国的华侨。这是清政府对海外华侨政策的一大转变。

外要區設領事官以保護之誠以今者火輪舟
車無遠弗屆瀛環諸國近若戶庭兼之中國生
齒日繁不得不導傭工以擴生計開商路以阜財
用海禁早弛風氣大開一視同仁無間遐邇茲
經據派駐新嘉坡總領事官道員黃遵憲查得
南洋各島商民華人十居其七數逾百萬閩人
又數倍於粵最稱殷富百餘年來正朔服色仍
守華風遇中國籌賑多捐鉅款以
封銜翎頂為榮惟籌及歸計則皆蹙額相告以為
官長之查究胥吏之侵擾宗黨鄰里之訛索或
指為通盜通番或斥為運械濟寇或謂其販賣
豬仔要結外匪甚至擄分其箱篋折毀其屋宇
偽造舊券追索其逋欠一遭誣陷控訴無門因
是憚於回國間有以商賈歸者反冒洋籍倚勢
挾威莫能窮詰今欲掃除積弊必當大張曉諭
申明舊例既停新章早定俾民間耳目一新庶
有裨益查同治十三年辦理臺灣開懇事宜兩
臀朝洽仁厚澤尚未遍被海隅女許繼續回籍所有各種種
積弊自係實在情形華民流寓各國人數滋多
若概禁其遄返故鄉不無觖望應請如該大臣
所奏
敕下刑部將私出外境之例酌擬刪改並由沿海各
直省督撫出示曉諭州縣鄉村申明新章既定
舊禁已除除偽冒洋商包攬貨稅及別有不法
重情者仍應查究外其餘良善商民無論在洋
久暫婚娶生息一概准由出使大臣或領事官
給與護照任其回國治生置業與內地人民一
律看待並聽其隨時經商出洋毋得仍前藉端
訛索違者按律懲治如此變通辦理庶幾上以廣
聖朝丕冒之仁下以慰羈旅懷歸之念誠為因時制
宜維持邦本之急務所有臣等遵議申明新章
豁除海禁各緣由是否有當理合恭摺具陳伏乞
皇上聖鑒訓示遵行謹
奏
依議
光緒十九年八月　　　　　　　　初四日
臣奕劻
臣宗室福錕　假

总理各国事务衙门大臣奕劻等奏折（光绪十九年八月初四日）

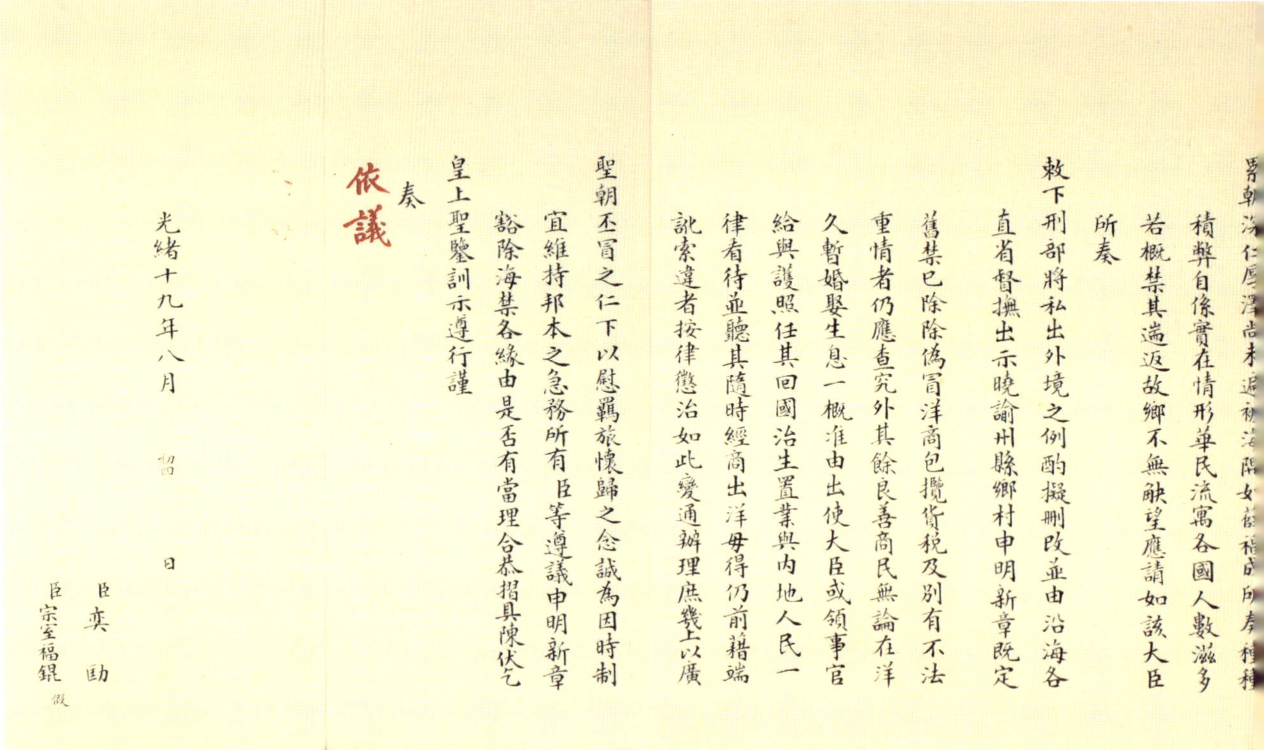

4
409
3

奏

臣奕劻等跪

奏為遵

旨議奏事軍機處鈔交出使英法義比大臣薛福成

奏請申明新章豁除海禁舊例一摺光緒十九

年七月初十日奉

硃批該衙門議奏欽此查原奏內稱

國初因臺灣寇黨滋蔓創立海禁厥後臺患既平

務在與民休息康熙五十六年蒙

聖祖仁皇帝特恩以前出洋之人俱准回籍雍正六年奉

諭出洋之人陸續返棹而彼地存留不歸者皆甘心異

域違禁偷往之人不准回籍欽此乾隆十四年復奉

高宗純皇帝特諭將私往噶羅巴充當甲必丹之陳怡

老嚴加懲治貨物入官欽遵在案大抵昔日鄰

交未訂屬禁宜嚴自道光二十二年以來與東

西洋諸國立約通商英國江甯約第一條華英

人民各住他國必受保佑身家安全美國續約第

五條中國與美國人民前往各國或願常住入

江督臣沈葆楨奏請將不准偷渡臺灣舊例一

概豁除曾奉

特旨俞允迄今海內稱便出洋華民事同一律懇

恩敕下總理各國事務衙門覈議保護良法並聲明

舊例已改以杜吏民詐擾由沿海督撫及出使

大臣曉諭並准各口領事官覈給護照等語臣

等查中外通商以來華民傭工既已任其出洋

豈轉禁其回國同治年間既有美秘各約載明

華洋人民前往各國或常住入籍或隨時來往

均聽自便之語是

國初舊禁早已不弛之弛特當時未及廣布明文

天后廟敬謹懸掛以酬
神貺等情前來臣等查該商民樂善遠重洋捐
助東賑不敢請獎自屬出於至誠除將賑款匯
解東省外合無仰懇
天恩俯准
頒賜匾額一方以順輿情是否有當臣等謹合詞
繕摺具陳伏乞
皇太后
皇上聖鑒訓示謹
奏。
光緒二十五年四月二十九日奉
硃批著南書房翰林繕寫匾額一方交譚鍾麟等
轉行給領懸掛欽此
四月十五日

两广总督谭钟麟等奏折：

为新加坡商民捐银助赈请颁赐匾额一方于天后庙悬挂事

光绪二十五年四月十五日（1899 年 5 月 24 日）

两广总督谭钟麟等奏折（光绪二十五年四月十五日）

清代前往南洋的华人华侨很多是来自广东潮汕地区，在南洋定居以后，华侨们依然心系桑梓，眷怀祖国。光绪二十五年（1899），在新加坡的潮州府属商民听闻山东爆发水灾，饥民众多，于是集资捐助6000两白银，用于赈济灾民。东南沿海地区流行天后信仰，向来相信“往来海上，恒赖天后默佑，风波无惊”，于是这些商民们通过两广总督谭钟麟转奏，请求皇帝御赐匾额在新加坡天后宫庙悬挂，并得到了清廷的同意。

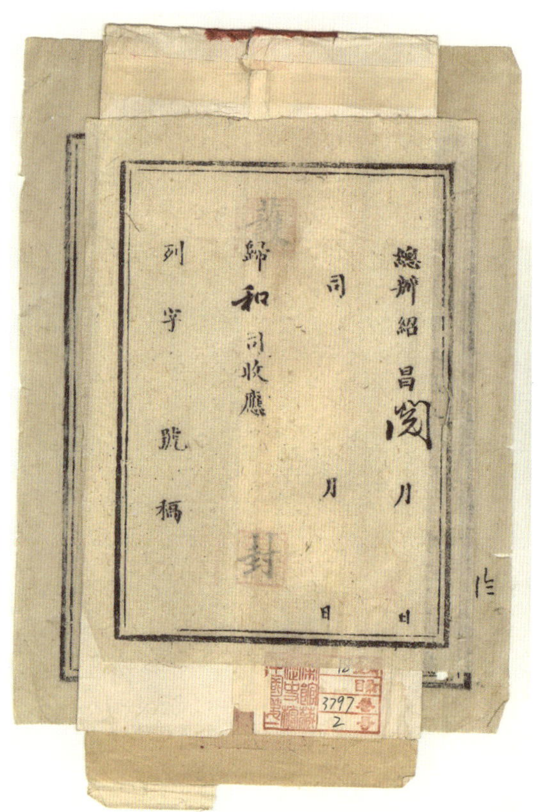
總辦紹昌閱 月 日
司 月 日
歸和司收應
列字 號稿
封

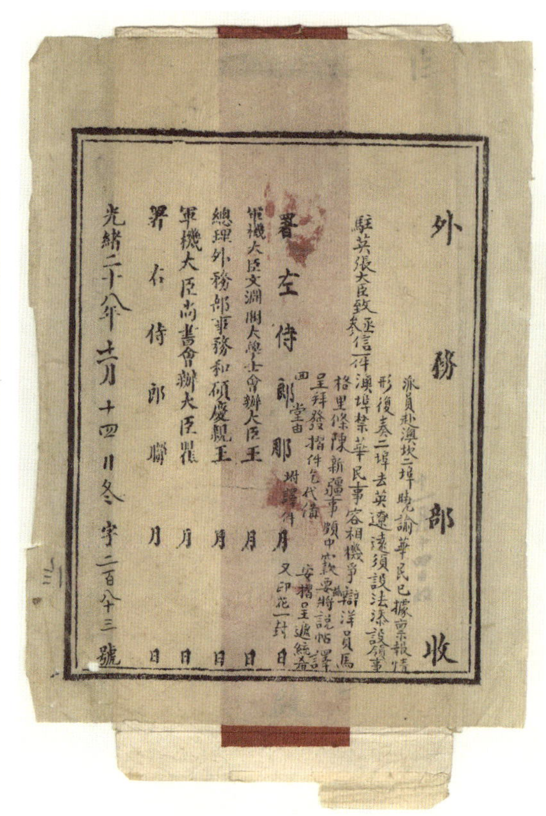
外務部收
駐英張大臣致丞信
署左侍郎那 月 日
軍機大臣文淵閣大學士會辦大臣王 月 日
總理外務部事務和碩慶親王 月 日
軍機大臣尚書會辦大臣瞿 月 日
署右侍郎聯 月 日
光緒二十八年十月十四日冬字二百八十三號

驻英大臣张德彝致外务部信函：

为在澳大利亚加拿大设领事事

光绪二十八年十月初一日（1902 年 10 月 31 日）

光绪二十八年（1902），驻英大臣张德彝致函外务部称：“澳、坎二埠去英辽远，侨黎困于虐政，使臣耳目无由周知，必须添设领事，方足以资保护。”派驻领事之事此前驻英大臣罗丰禄曾经提及，张德彝建议由外务部设法主持，再由驻英大臣商明英国政府办理。张德彝的提议得到外务部的重视。

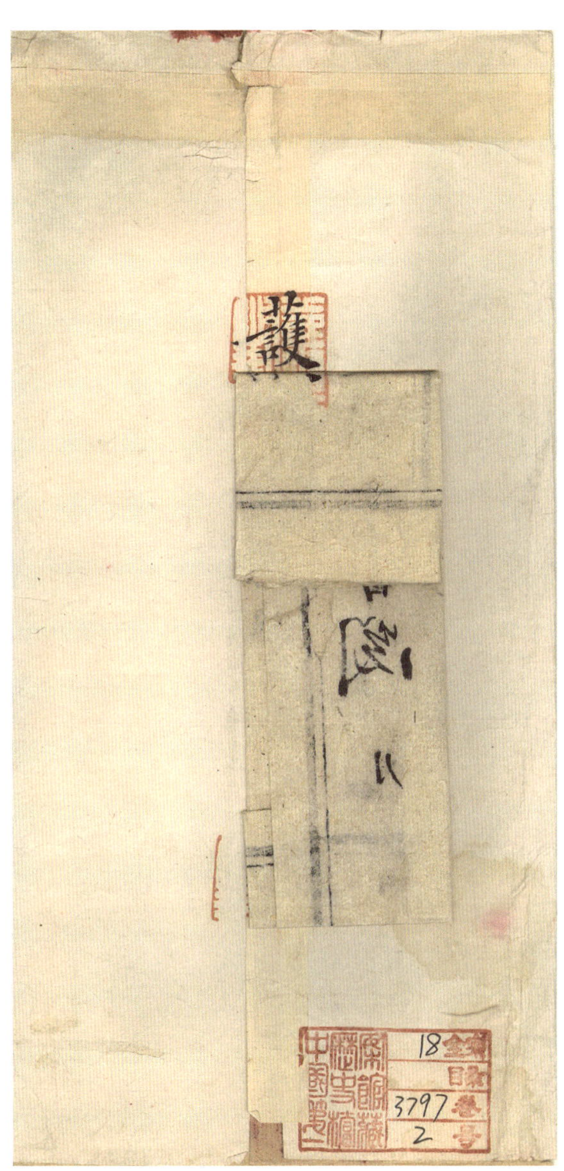

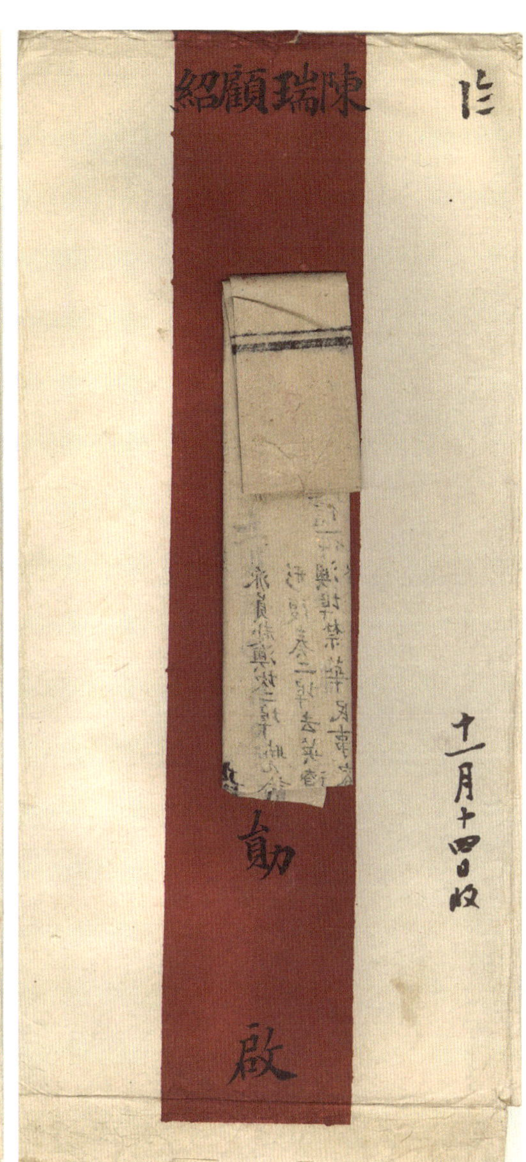

驻英大臣张德彝致外务部信函之一（光绪二十八年十月初一日）

會英政府均借查看商務為名去年羅委員到坎偶露真情致遭英廷詰責幾不克達後由羅使向英政府聲明確係考察商務與國政無涉始得蕆事而返及謝何二員起程弟甫接任當即戒以謹慎將事勿蹈前轍一面妥達英政府幸未被阻辦理尚為順手澳坎二埠去英遼遠僑黎困於虐政使臣耳目無由周知必須添設領事方足以資保護前次羅使覆奏曾經提及如能由

三

大部設法主持此舉再由敝處商明英政府辦理華民幸甚至澳大理亞嚴禁華民進口一事羅使于去年十二月接奉

大部箇電飭令設法爭辯當經羅使電飭羅委員順便詳查茲羅委員覆稱澳政府因華人商務礦務工作栽植技藝皆勝于英人且西澳密邇新嘉坡東澳密邇香港若華人可以任便前往恐全洲將來為所盤踞故設法嚴禁之前只禁華人今則並日

四

18
3797
2

夢陶 鼎臣 康民 任庭

仁兄大人鈞鑒九月十六日肅寄英字第二十一
號蕪函計登
鐵掌比維
槃敦宣勤
鼎祺駢祐為頌前任羅使于去年正月欽奉電
旨飭令派員前往各商埠曉諭華民當經分派新嘉坡領
事羅道忠堯檳榔嶼副領事謝守榮光先在所轄
各埠宣傳曉諭後分往澳大理亞坎乃大等埠察
一

看情形妥為辦理並經羅使先行覆奏錄稿咨呈
在案羅委員於十二月間由坡起程赴澳謝委員
因檳埠有經手未完事件不克前往坎埠復經羅
使改派謝牧延勳何令晉梯會同赴坎本年四月
間該二員甫行起程茲先後接據該委員等稟報
情形前來事關
特旨飭辦謹即據實覆陳以完接手要件查外國護庇政
事人犯成為錮習當羅使派員前往各商埠時照
二

驻英大臣张德彝致外务部信函之二（光绪二十八年十月初一日）

告嗣後西藏兩次遣使于俄俄人聲言係尋常來
往與國政無涉前次英議院中曾以此事詢英政
府英政府並未將宗旨宣示蓋英於藏事亦甚秘
七

密也容再乘便刺探隨時報
聞以資
籌畫茲于九月二十九日拜發派赴各商埠曉諭華
民委員稟報情形一摺附奏請獎二次期滿繙譯
官陳貽範一片附上印花一封到日敬乞
代備
安摺呈遞以上各節統希
回明
八

堂憲是所感禱專此祗請
勛安附譯件並印花一封
愚弟張德彝頓首 英字二十二號 十月初一日
九

本印度之人亦被嚴禁日本現時方與爭辯澳政
府尚未允許等因此事容即相機與英政府爭辯
惟事歸澳洲本埠議院主裁者往往英政府不能
遥制且日本印度俱在禁例以中國現時勢力恐
難以口舌空爭但當竭力圖維或冀得當耳參贊
洋員馬格里之子馬繼業係華婦所生現為英國
駐紮喀什噶爾華事顧問官因請假回英與其父
談及新疆情形據稱前任喀什噶爾道黄光道曾
五

允俄領事之請准俄人于色城地方派駐俄兵若
干名等因馬參贊關心中國每以西北俄患為憂
一聞此信謂俄人斯舉恐為規圖青海張本必須
急籌遏制遂具條陳保護新疆說帖稟請轉達
大部以效其塵露之忠查此事不知新疆地方官曾
否咨聞
大部如果屬實似不可不早為之計該參贊所陳各
節頗中窾要其劃分新疆邊界一層亦為急務茲
六

將其說帖譯呈伏乞
鈞酌確查採擇施行去年
大部曾以西藏遣使事函詢羅使茲探聞前年俄國

驻英大臣张德彝致外务部信函之三（光绪二十八年十月初一日）

承修工程大臣侍郎陈璧等致外务部咨呈：为承修惠陵两案工程厂商赴新加坡购木被骗呈送附件请知照驻英大臣严催事

光绪三十年六月十四日（1904年8月3日）

外务部致驻英大臣张德彝咨稿：为承修惠陵工程厂商赴新加坡购木被骗请电饬经手人速办事

光绪三十年六月二十日（1904年8月9日）

木厂商人承修惠陵（同治帝陵寝）隆恩殿、京城正阳门城楼工程，需要使用大木，但国内只有西南山区深山老林里还有满足要求的树木，也开采得差不多了，且路途遥远，砍伐以后再运送到北京，需时太长。于是，木商们决定公同选派商人乔意轩等前往新加坡购买木材。原拟定购黄梨木613件，价值达银11万余两。但其中经手人员颇有欺诈侵蚀情形，导致木材不能按时交付。因此，承修工程大臣侍郎陈璧等咨呈外务部行文驻英大臣、新加坡领事加以妥善办理。于是，外务部咨行驻英大臣张德彝查照办理。据查，新加坡领事馆翻译官余丹曙确实侵吞了部分公款。从中可见当时中新之间木材贸易的情况。

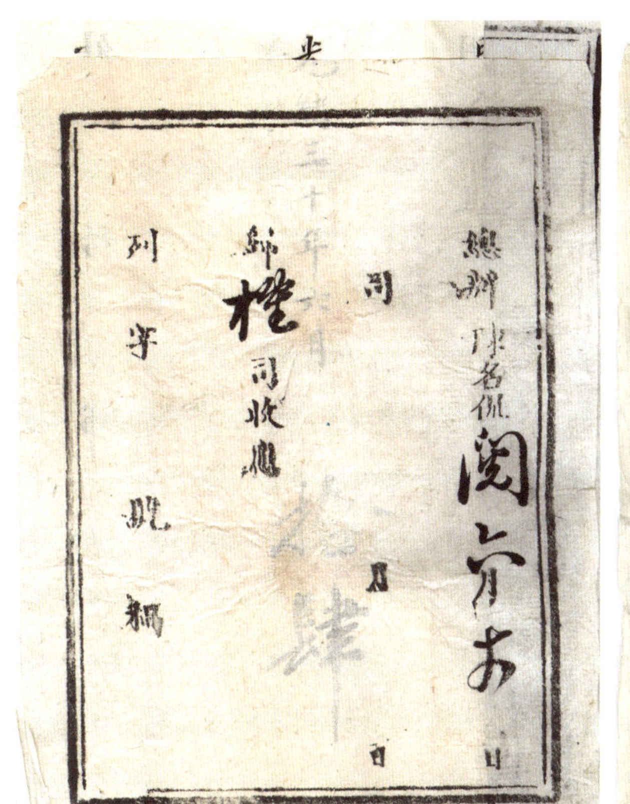
總辦陳名侃閱 六月 日
司 月 日
鄒權 司收
列字 號

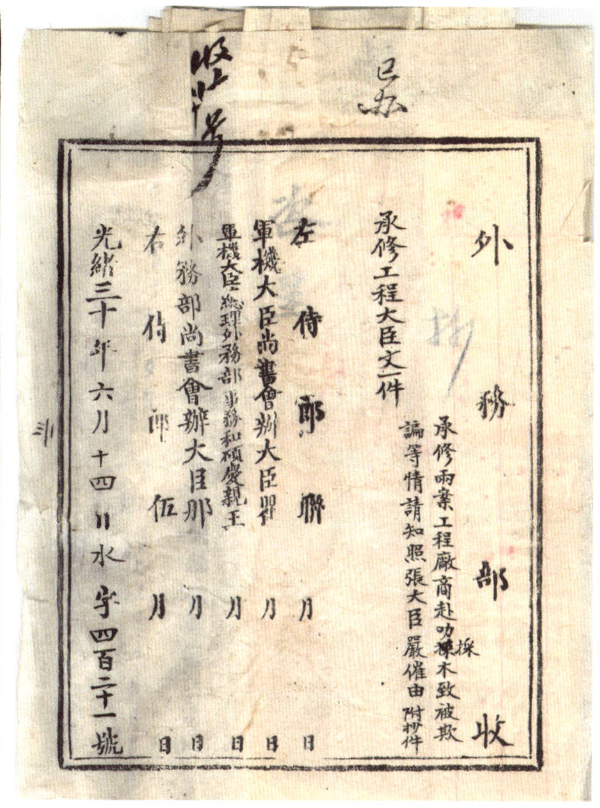
外務部收
承修工程大臣文一件
承修兩棄工程廠商赴叻採木致被欺論等情請知照張大臣嚴催由 附抄件
左侍郎 月 日
軍機大臣尚書會辦大臣瞿 月 日
軍機大臣總理外務部事務和碩慶親王 月 日
外務部尚書會辦大臣那 月 日
右侍郎伍 月 日
光緒三十年六月十四日 水字四百二十一號

承修工程大臣侍郎陈璧等致外务部咨呈之一（光绪三十年六月十四日）

屢改多方支飾情弊顯然謹將合同收条等件鈔呈叩懇查究
保護等情經本大臣電咨駐英張大臣飭叻埠鳳領事妥速者
究去後旋於六月初七日准駐英張大臣電稱已密電鳳領事確
查有無欺騙情事俟聲復再行電達初八日又准張大臣電稱
昨接鳳領事電稱余同喬所派四人赴山看料巨細已砍六成原
議六月繼因料大改訂七八月交齊等語龔以來文又嘶適接承
修大臣電當復電飭鳳領事切開詳覆茲接覆稱料准七月全交
假約等語因合春記被同業嫉誣各等因查兩案

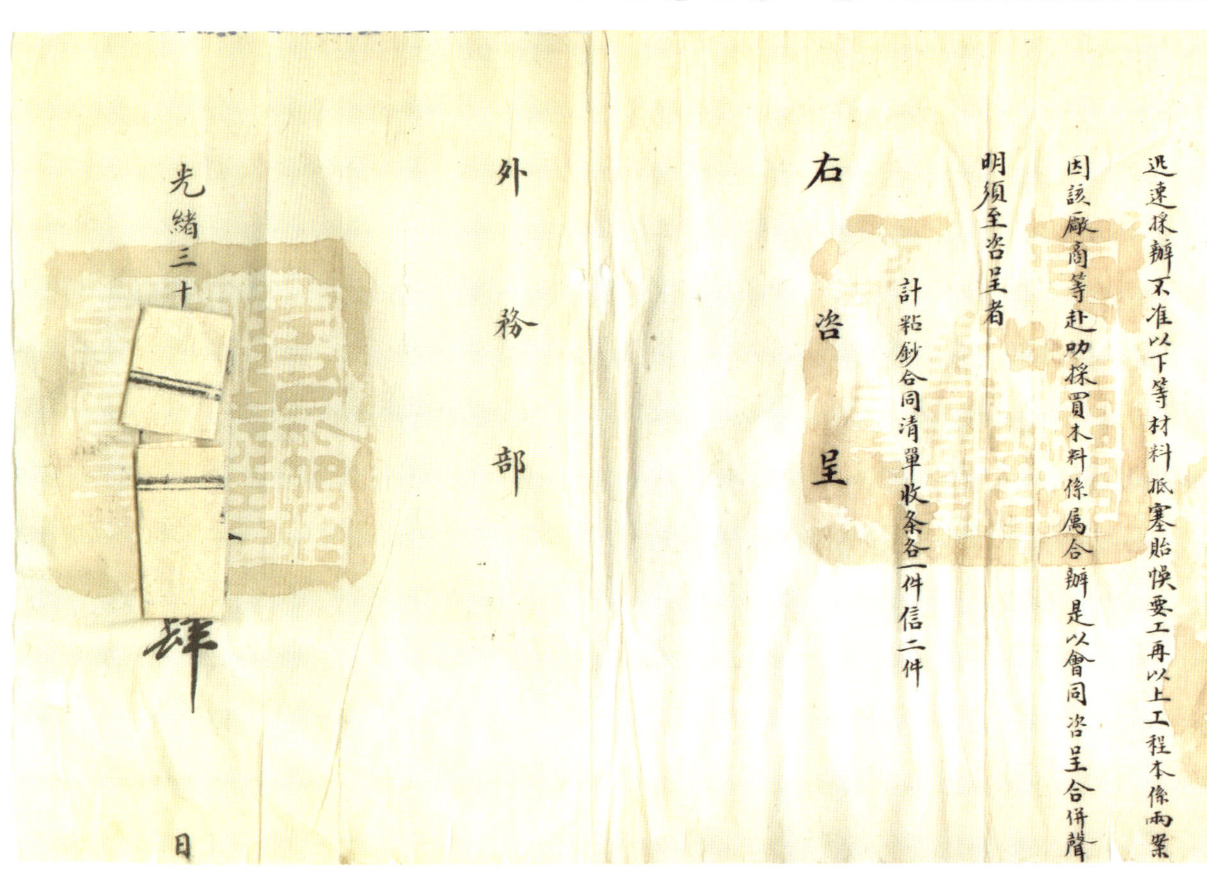

迅速採辦不准以下等材料抵塞貽悞要工再以上工程本係兩案
因該廠商等赴叻採買木料係屬合辦是以會同咨呈合併聲
明須至咨呈者
計粘鈔合同清單收条各一件信二件

右咨呈

外務部

光緒三十
肆
日

承修工程大臣侍郎陈璧等致外务部咨呈之二（光绪三十年六月十四日）

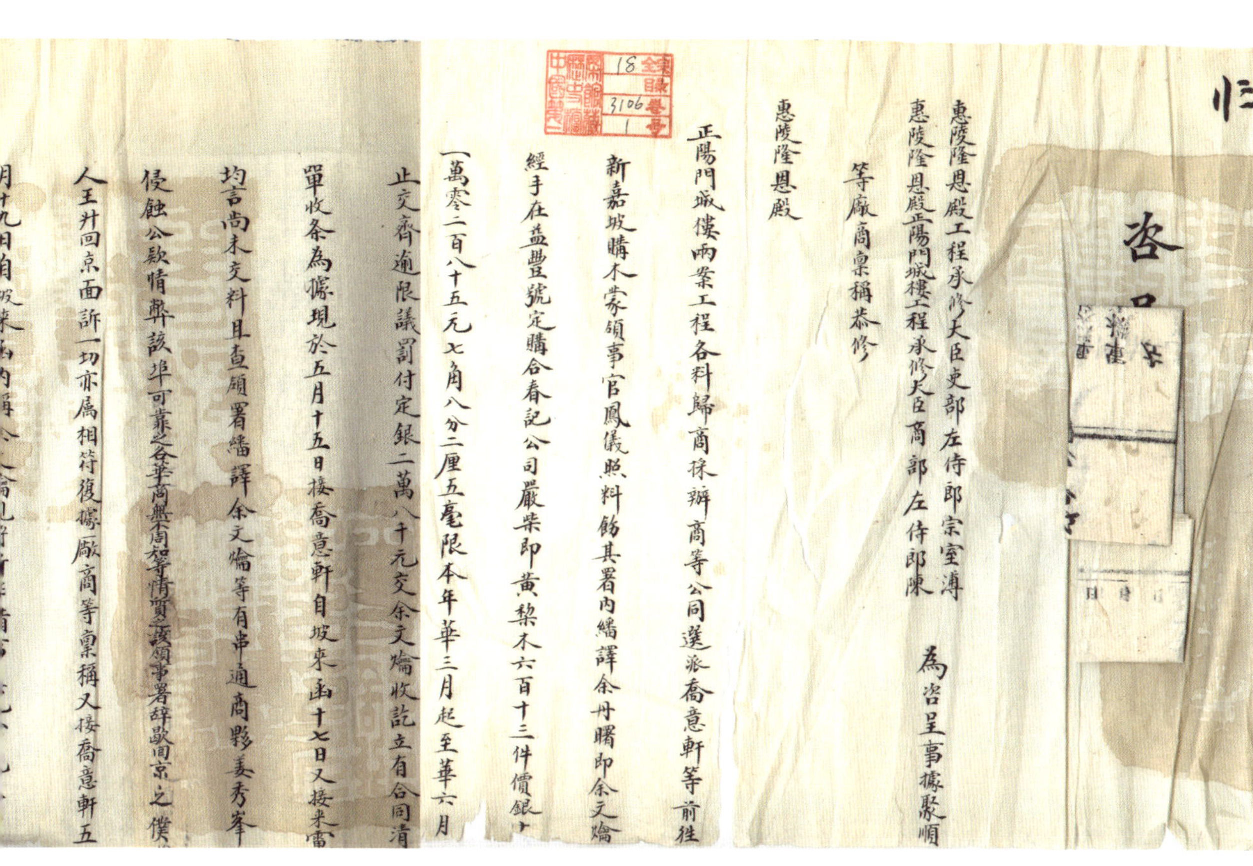

咨

恵陵隆恩殿工程承修大臣吏部左侍郎宗室溥
恵陵隆恩殿正陽門城樓工程承修大臣商部左侍郎陳　為咨呈事據聚順
等廠商稟稱恭修
恵陵隆恩殿
正陽門城樓兩案工程各料歸商採辦商等公同選派喬意軒等前往
新嘉坡購木蒙領事官鳳儀照料飭其署内繙譯佘丹暘即佘文輪
經手在益豐號定購合春記公司嚴柴即黄梨木六百十三件價銀十
萬零二百八十五元七角八分二厘五毫限本年華三月起至華六月
止交齊逾限議罰付定銀二萬八千元交佘文輪收訖立有合同清
單收条為據現於五月十五日接喬意軒自坡來函十七日又接來電
均言尚未交料且查領署繙譯佘文輪等有串通商夥姜秀峯
侵蝕公款情弊該埠可靠之各華商無不周知等情質之該領事署辭歇回京之僕
人王升回京面訴一切亦属相符復據廠商等稟稱又接喬意軒五
月十九日自坡來函內

欽工所有木料均經奏歸廠商採辦極關緊要現據該廠商所稟赴
坡商夥採辦木料被領署屬員欺騙等情如果属實不特延宕時
日深恐銀款侵蝕勢必以劣等材料抵塞貽誤要工除商夥姜秀
峯現已回京提案押究一面責成廠商正身赴坡會催認真驗收並電
駐英張大臣電飭領事官鳳儀嚴飭佘文輪迅速辦理不准託故
他往如期到不照合同交齊木料應照原約將所收定貨銀洋如數

咨駐英張大臣准承修工程大臣咨廠商派人赴新加坡購木有被騙侵蝕情事請電飭經手之繙譯迅速採辦由

行　行

左侍郎聯　六月十七日　行

右侍郎伍　六月　日

榷算司

呈為咨行事光緒三十年六月十四日准承修工程大臣咨稱聚順等廠商承修工程選派喬意軒等前往新嘉坡購木經領事官鳳儀飭繙譯余丹曙即余文綸經手在益豐號定購合春記公司黃梨木六百十三件價銀十一萬元零付定銀二萬八千元交余文綸收訖立有合同清單收條為據逾限尚未交料查該繙譯有串通商夥侵蝕公款情弊除將商夥姜秀峰提案押究並責成廠商正身前往督催驗收木料外請轉咨駐英大臣電飭鳳領事嚴飭余文綸迅速採辦不准以下等材料抵塞貽誤要工等因前來相應鈔錄原文並廠商合同清單收條信函各件咨行

貴大臣查照辦理可也須至咨者　粘鈔

出使英國大臣張

光緒三十年六月　日

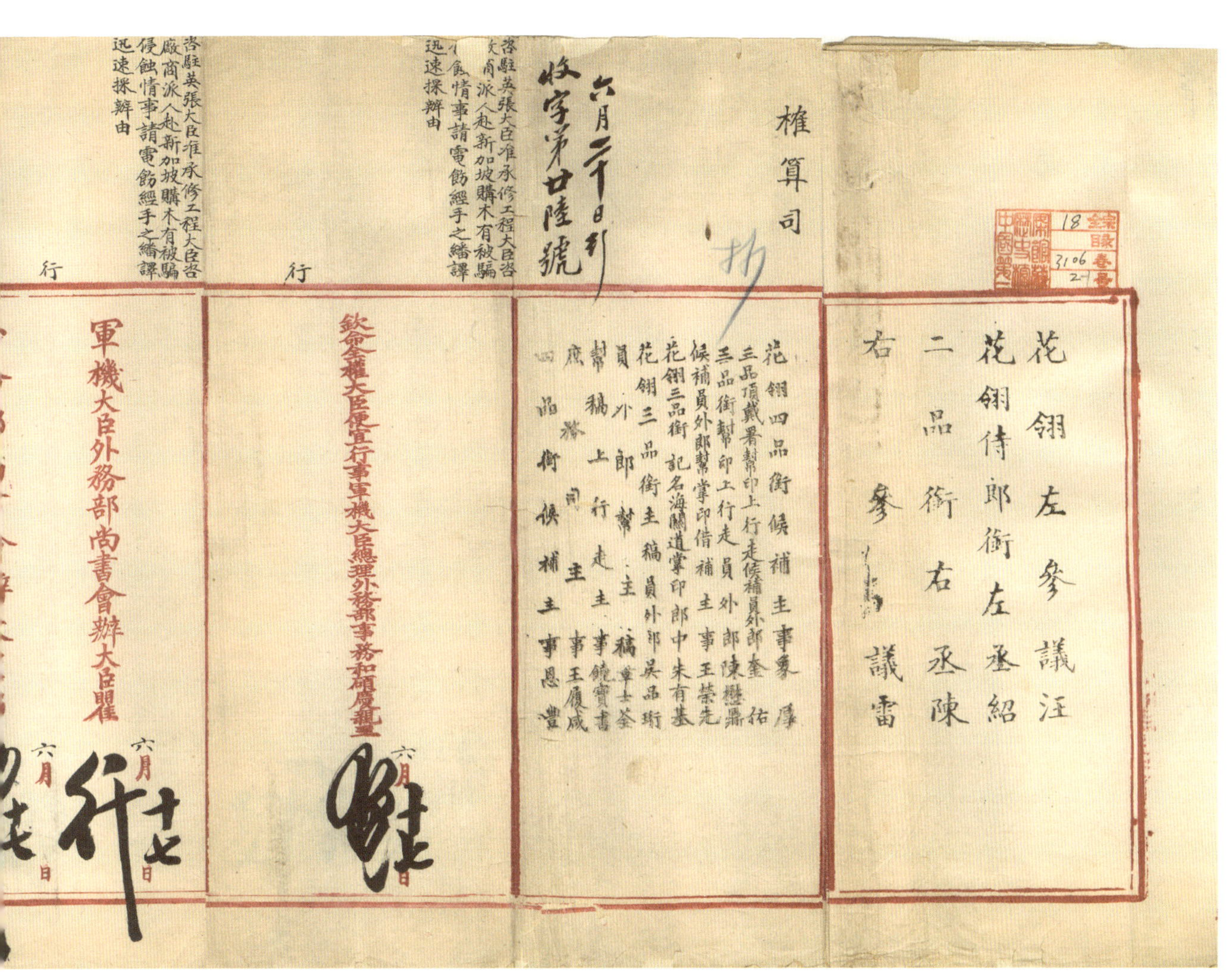
花翎左參議汪
花翎侍郎銜左丞紹
二品銜右丞陳
右參議雷

榷算司

六月二十日行
收字第廿陸號

花翎四品銜候補主事裘厚
三品頂戴署幫印上行走候補員外郎奎祐
三品銜幫印上行走員外郎陳懋鼎
候補員外郎幫掌印借補主事王榮先
花翎三品銜記名海關道掌印郎中朱有基
花翎三品銜主稿員外郎吳品珩
員外郎幫主稿章士荃
幫稿上行走主事饒寶書
庶務司主事王履咸
四品銜候補主事恩豐

咨駐英張大臣准承修工程大臣咨文商派人赴新加坡購木有被騙侵蝕情事請電飭經手之繙譯迅速採辦由

行

欽命全權大臣便宜行事軍機大臣總理外務部事務和碩慶親王
六月 日

咨駐英張大臣准承修工程大臣咨廠商派人赴新加坡購木有被騙侵蝕情事請電飭經手之繙譯迅速採辦由

行

軍機大臣外務部尚書會辦大臣瞿
六月十七日 行

外务部致驻英大臣张德彝咨稿（光绪三十年六月二十日）

爪哇岛华商致外务部侍郎伍廷芳信函：

为政府设红十字会甚愿资助请将会名设立处所示知以便速汇捐款事

光绪三十一年三月初七日（1905 年 4 月 11 日）

爪哇岛华侨商人听说清政府拟设立红十字会以救助东三省难民（因日俄战争导致），非常赞同“仁政”之举。但因不知道红十字会的确切名字，难以通过银行汇寄捐款。因此致信给外务部侍郎伍廷芳，希望告知红十字会名字及开设地，以便捐款。

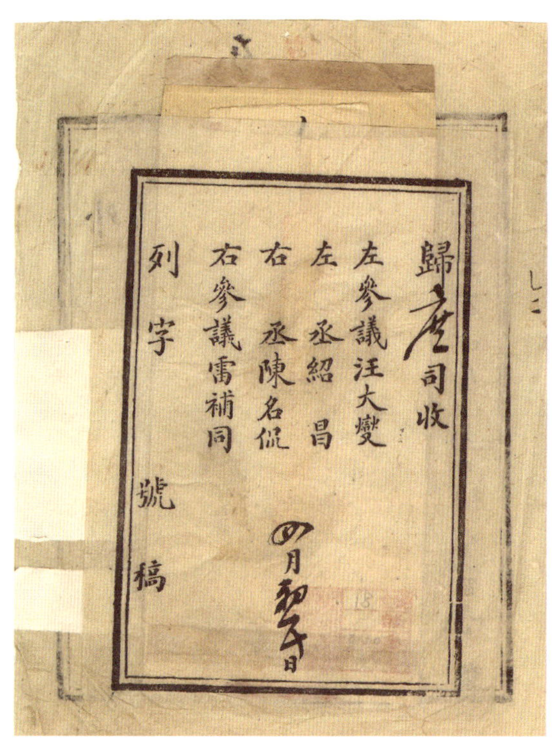

歸庶司收

左參議汪大燮

左丞紹昌

右丞陳名侃

右參議雷補同

列字　號稿

四月初五日

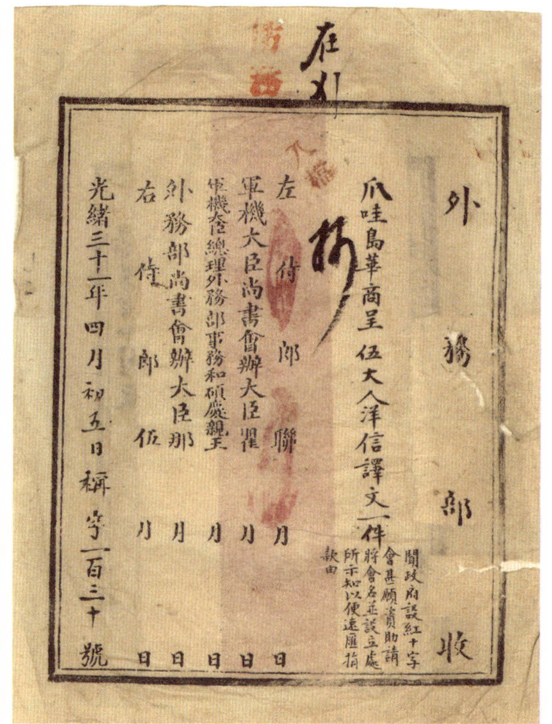

外務部收

爪哇島華商呈伍大人洋信譯文一件

關政府設紅十字會甚願資助請將會名並設立處所示知以便速匯捐款由

左侍郎聯　月　日

軍機大臣尚書會辦大臣瞿　月　日

軍機大臣總理外務部事務和碩慶親王　月　日

外務部尚書會辦大臣那　月　日

右侍郎伍　月　日

光緒三十一年四月初五日稱字一百三十號

全宗 18
目錄 3120
卷号 1

瓜哇島之華商印局上 伍大人書 西四月十日

今本國政府擬設紅十字会以救滿洲之難民凡僑寓瓜哇島之華民聞之無不欣悅華民等甚願捐資以助此本惟不知此会之名故難由銀行滙寄捐款為此仰懇

大人將此会之名并在何地設立一并示知俾得從速滙寄捐款華民等深望本國多行此類之仁政並祝此会得收美効也

爪哇岛华商致外务部侍郎伍廷芳信函（光绪三十一年三月初七日）

英国驻华公使萨道义致外务部照会：

为商部左参议王清穆前往新加坡等处考查商务已转饬保护事

光绪三十一年六月二十四日（1905 年 7 月 26 日）

商部拟派左参议王清穆等前往南洋新加坡等地考查商务。由外务部行文英国驻华公使萨道义转致英国在新加坡等驻地官员加以保护。于是，萨道义回复外务部照会称，新加坡总督保证“到时自应竭力照料保护”。照会文件还包括萨道义亲笔签名英文信函一份，内容与中文照会大致相同。

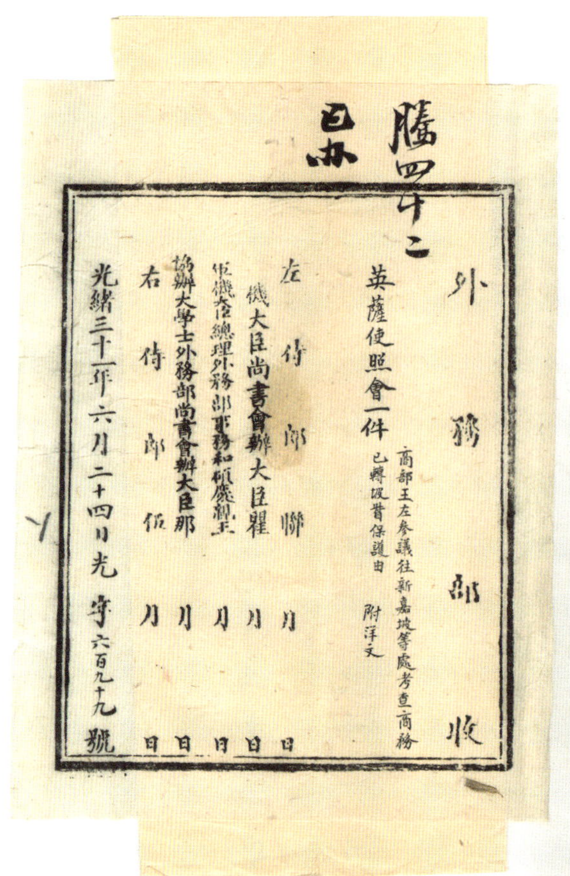

薩四十二

外務部收

英薩使照會一件 商部王左參議往新嘉坡等處考查商務已轉坡督保護由 附洋文

左侍郎聯 月 日

機大臣尚書會辦大臣瞿 月 日

軍機大臣總理外務部事務和碩慶親王 月 日

協辦大學士外務部尚書會辦大臣那 月 日

右侍郎伍 月 日

光緒三十一年六月二十四日光字六百九十九號

BRITISH LEGATION,

PEKING.

JULY 26TH, 1905.

Your Highness,

With reference to Your Highness' Note of June 12th requesting that the Colonial Authorities at Singapore, Penang, etc., might be informed of the mission of Mr. Wang Ch'ing Mu and other representatives of the Board of Commerce who are proceeding to the East Indies to study the conditions of trade in those parts, I have the honour to inform Your Highness that I have now received a reply from the Governor of the Straits Settlements stating that he will afford all facilities in his power to Mr Wang and the members of his mission.

I avail myself of this opportunity to renew to Your Highness the assurance of my highest consideration.

(for H. M. Minister)

Lancelot D. Carnegie

英国驻华公使萨道义致外务部照会之一（光绪三十一年六月二十四日）

本國駐新加坡總督文稱所有該參

議等到時自應竭力照料保護等

語本大臣准此合行備文照會即希

貴部查照可也須至照會者

右　照　會

大清欽差全權大臣便宜行事軍機大臣總理外務部事務和碩慶親王

HER BRITANNICK MAJESTY'S LEGATION IN CHINA

一千九百五年　七月　二十六日

乙巳年　六月　二十四日

照會

HER BRITANNICK MAJESTY'S LEGATION IN CHINA

中國第一歷史檔案館藏 全宗號 18 目錄號 3105 卷號 22

大英欽差駐劄中華便宜行事全權大臣薩　爲

照會事本年五月初十日接准

来文以商部現派左參議王清穆等

前往南洋新加坡等處考查商務

請轉致各該地方官照料保護等因

在案兹准

英国驻华公使萨道义致外务部照会之二（光绪三十一年六月二十四日）

福州将军兼管闽海关印务崇善致外务部咨呈：为闽海关印发商民林默照等赴小吕宋贸易经商护照事

光绪三十二年三月十七日（1906 年 4 月 10 日）

因 1884 年美国议会颁布的《限制华工新例》中具有歧视性的规定："凡华人非属佣工，必先由中国政府所准授权发照之官查明应将来美之人确有证据者给予执照，将其姓名年岁身材相貌事业等项逐一填注明晰，本官亲签汉洋文名字并交驻扎该处之美国领事签押作为来美确据。"护照须由中国当地海关道盖印确认（如无海关道则由海关监督办理），转送美国领事签字返回再发还给商人，并由当地督抚咨呈外务部备案。当时小吕宋是美国殖民地，因此亦适用这一办法。

不过，繁琐的程序并未阻止中国商人前往小吕宋经商贸易。商人林默照、丁金俊等就禀请前赴小吕宋经商，请给发护照，得到福建地方政府的批准。

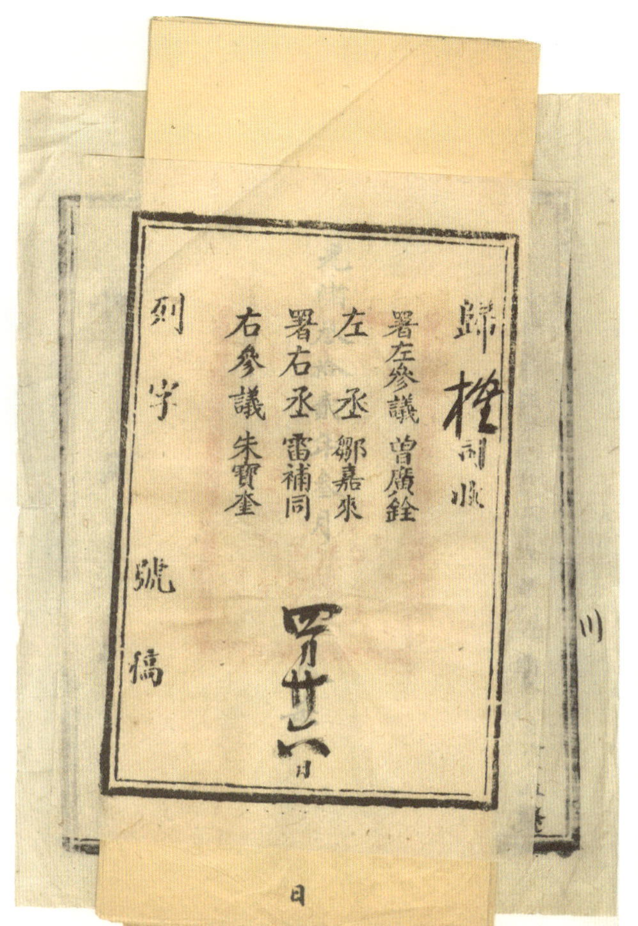
歸檔

署左參議 曾廣銓
左丞 鄒嘉來
署右丞 雷補同
右參議 朱寶奎

列字 號

四月廿六日

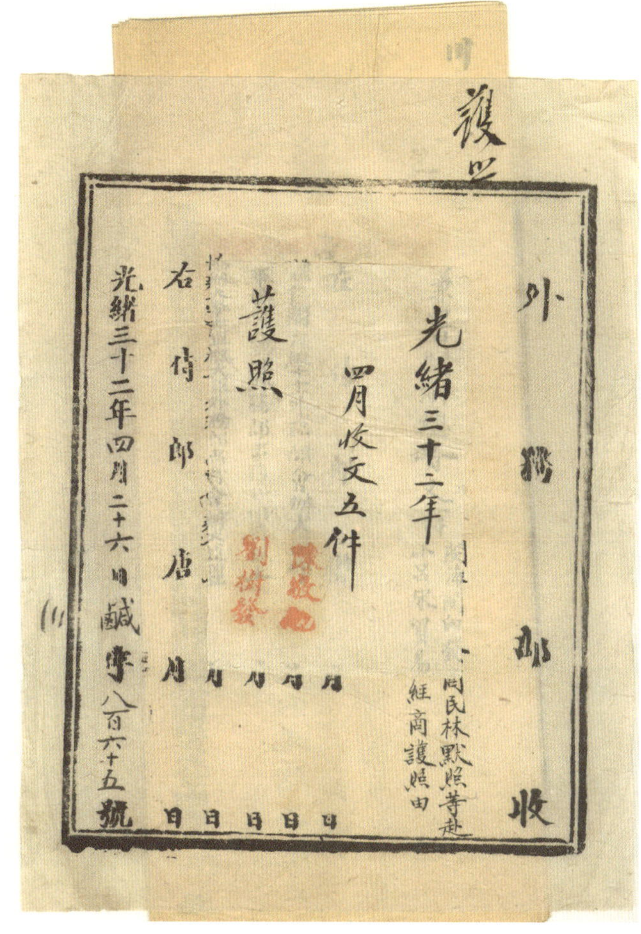
外務部收

光緒三十二年四月收文五件

閩民林默照等赴……經商護照由

護照

右侍郎唐

光緒三十二年四月二十六日

鹹字八百六十五號

福州将军兼管闽海关印务崇善致外务部咨呈之一（光绪三十二年三月十七日）

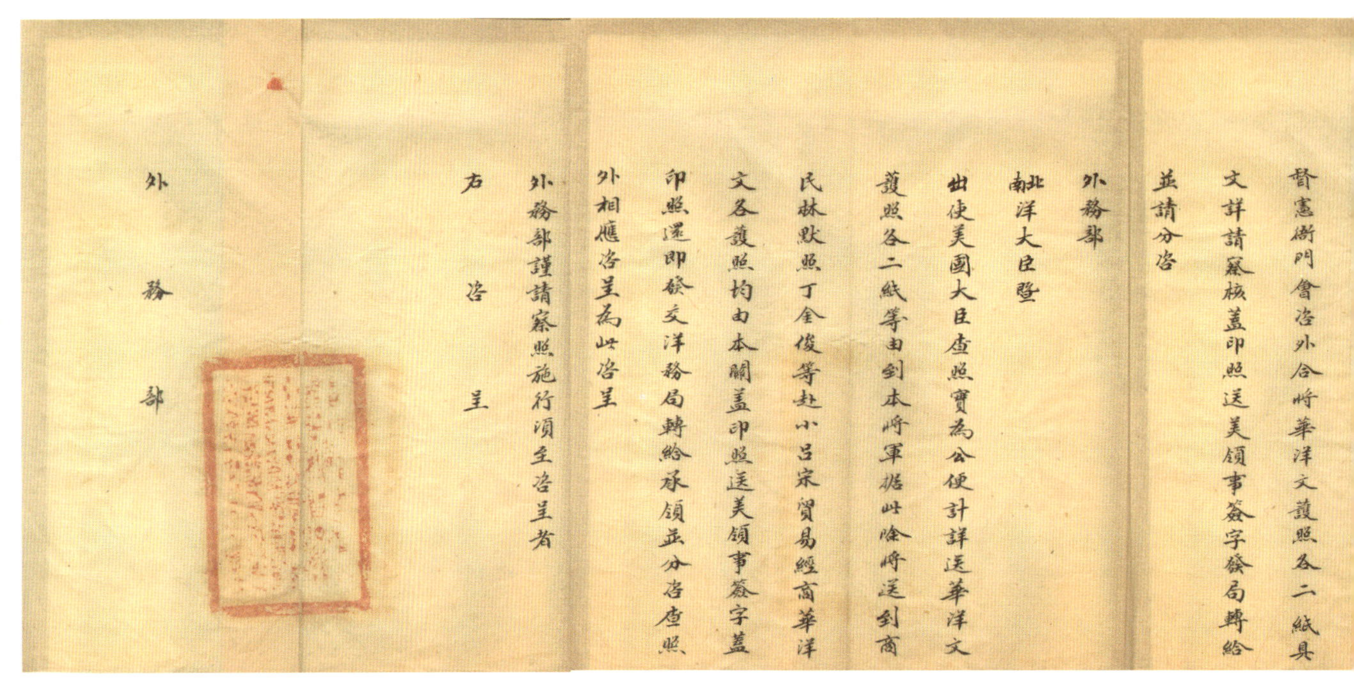

督憲衙門會咨外合將華洋文護照各二紙具
文詳請察核蓋印照送美領事簽字發局轉給
並請分咨
外務部
南北洋大臣暨
出使美國大臣查照實為公便計詳送華洋文
護照各二紙等由到本將軍據此除將送到商
民林默照丁全俊等赴小呂宋貿易經商華洋
文各護照均由本關蓋印照送美領事簽字蓋
印照還即發交洋務局轉給承領並分咨查照
外相應咨呈為此咨呈
外務部謹請察照施行須至咨呈者
右咨呈
外務部

咨呈事據洋務局詳稱案奉憲行光緒二十三
年五月十九日承准
欽命總理各國事務衙門咨准出使美日秘國楊大
臣咨稱案查西一千八百八十四年七月五號
美國議院增修一千八百八十二年五月六號
限制華工新例第六款内開凡華人非屬傭工
必先由中國政府所准授權發照之官查明應
將來美之人確有證據者給予執照將其姓名
年歲身材相貌事業等項逐一填註明晰本官
親簽漢洋文名字並交駐紮該處之美國領事
簽押作為來美確據等語咨請此後專歸出口
處海關道發照如無海關道即由海關監督經
理擬定華洋文護照程式送請核奪分咨仿辦
等因應准如請辦理將該大臣所擬護照呈式
咨行一體仿辦等因到院行局奉經遵式編號
刊印存局並妥議辦法詳奉批准分咨照會各
在案茲據商民林默照丁金俊等稟擬前赴小
呂宋經商請給護照等情並據保人吳春芳帶
同該商民到局請驗當經查詢確實照章掣真

18
3061.
2

福州将军兼管闽海关印务崇善致外务部咨呈之二（光绪三十二年三月十七日）

署理荷兰驻华公使欧登科致外务部照会：为闽绅陈宝琛赴荷埠爪哇考察学务已达荷印度总督饬属照料事

光绪三十二年十月十六日（1906年12月1日）

南洋华侨多来自福建、广东二省。20世纪初，居住在荷属东印度爪哇等岛的福建华侨商人建立华人学堂，吁请家乡福建派德高望重的绅士前往视察指导。福建方面商请致仕高官陈宝琛前往。由闽浙总督行文外务部转行荷兰驻华公使请当地爪哇等岛官员加以照料。署理荷兰驻华公使欧登科照会外务部称已经转达荷属东印度总督妥善安排。

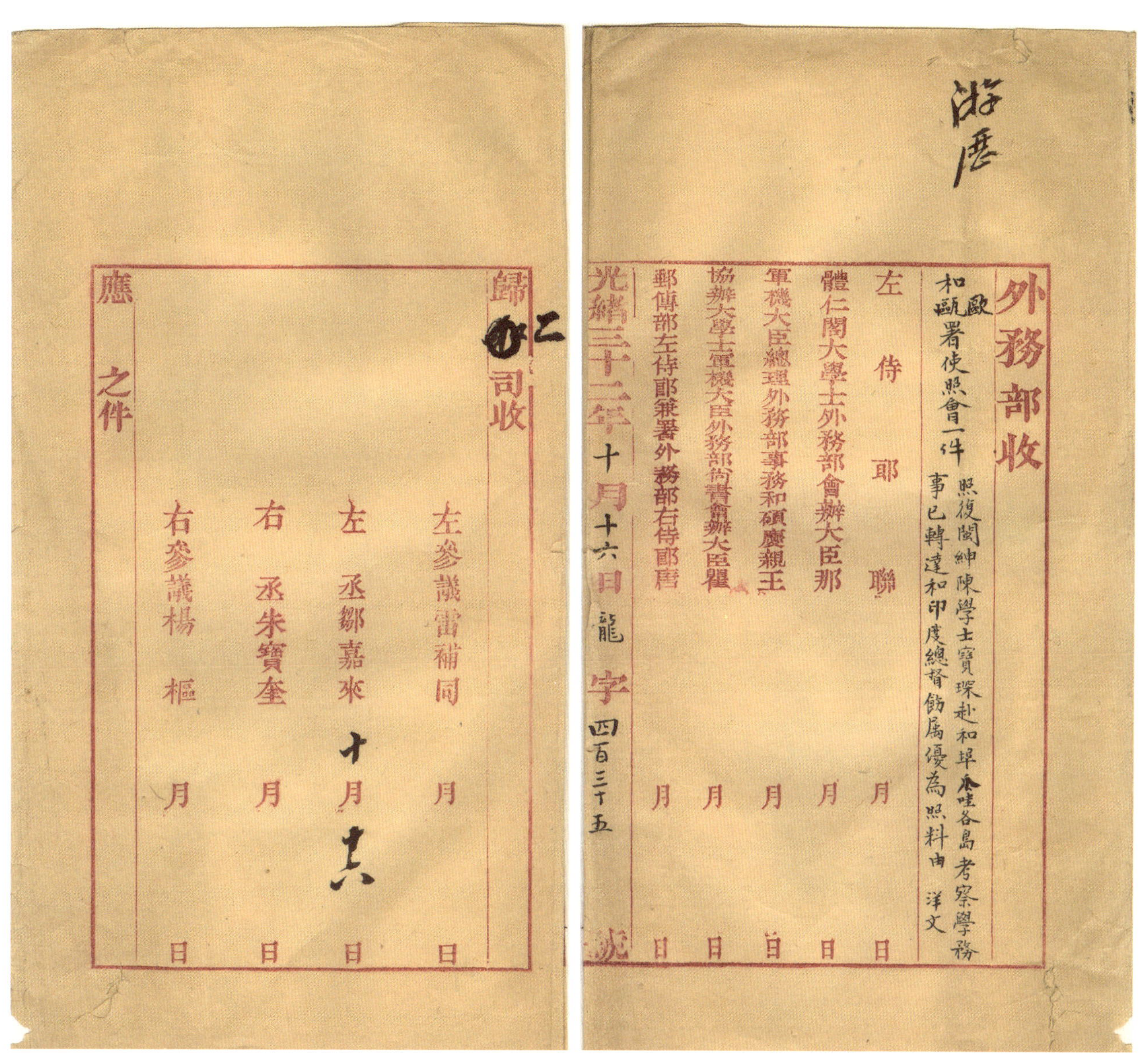

游歷

外務部收

和歐署使照會一件 照復閩紳陳學士寶琛赴和埠爪哇各島考察學務事已轉達和印度總督飭屬優為照料由 洋文

左侍郎聯 月 日

體仁閣大學士外務部會辦大臣那 月 日

軍機大臣總理外務部事務和碩慶親王 月 日

協辦大學士軍機大臣外務部尚書會辦大臣瞿 月 日

郵傳部左侍郎兼署外務部右侍郎唐 月 日

光緒三十二年十月十六日 龍字四百三十五號

歸和二司收

左參議雷補同 月 日

左丞鄒嘉來 十月十六日

右丞朱寶奎 月 日

右參議楊樞 月 日

應 之件

署理荷兰驻华公使欧登科致外务部照会之一（光绪三十二年十月十六日）

悉除轉達和印度總督電飭該埠官員俟陳紀寶瑒到時

優為照料外相應照復

貴親王查照可也須至照復者

右　照　復

大清欽命軍機大臣總理外務部事務和碩慶親王

光緒三十二年十月十六

和歷一千九百六年十二月初一 日

LEGATION DES PAYS BAS EN CHINE.

照會

大和國欽差駐劄中華便宜行事署理全權大臣歐　為

照復事接准

照稱准署閩浙總督咨稱寓和闈商組織學堂必須德望

素著品學兼優之本籍臣紳親歷視察始足以資感奮查

前内閣學士陳紳寶琛久為閩省人士所欽服由司移請前

赴和埠公埠各島考察閩僑學務等因本署大臣茲已閱

署理荷兰驻华公使欧登科致外务部照会之二（光绪三十二年十月十六日）

北洋大臣袁世凯致外务部信函：

为陈述中暹缔约妥筹保护华侨请派员调查酌办事

光绪三十二年十月二十二日（1906 年 12 月 7 日）

自李鸿章开始，直隶总督、北洋大臣向来深度介入清朝外交事务。光绪三十二年（1906）十月，北洋大臣袁世凯致函外务部称，暹罗有中国侨民约 250 万人，但因清朝与暹罗尚未订立近代条约关系，未设立公使、领事，致使当地华侨“保护无人，不能与他国侨民享同等待遇”，甚至遭到歧视。袁世凯认为暹罗“与中国西南接壤，自宜订约遣使，以资联络”，建议外务部派遣人员调查实际情形，审度时势，研究利害，妥善办理。但直至清亡，清朝与暹罗间也未建立近代外交关系。

尚無他法則利用入籍者以干涉暹政人每歧視華僑而法則既用之而又棄華僑之在該地益復進退維谷伊為代立東亞商務公所聘律師二名一英人本人為辯護權利之助目前較為相安非久長之計伊曾謁暹之外務大臣說亞獨立國惟中日與暹宜互相聯結以勢該大臣頗為感動甚願中國與結條

為各國公認中國亦宜與之締約以表同情此事於中國有兩大利益一可派駐公使領事保護僑民推廣商務一可監察法人對於中國南方之舉動（法人以越南暹羅為南侵根據地）中暹若果締約則東亞之勢日以壯自可永保和平此在日本亦望之綦切倘中國需日本為介紹彼外務省必樂從命等語以上柏原所言雖未可據為典要然暹羅獨立已為各國公認暹與中國西南接壤自宜訂約遣使以資聯絡且該國華僑衆多亦應妥籌保護之策似可由大部派員調查實在情形審度時勢研究利害再行酌奪辦理是否有當統候

蓋裁耑此密肅祇請

鈞安

袁世凱謹肅 十月廿二日

18 3093 1

中堂王爺大人鈞鑒敬密肅者日本東亞同文會幹事員柏原文太郎來見據稱伊曾在暹羅考察該地中國僑民約二百五十萬占暹羅人口三分之一暹羅有貴族與平民而無中產之家其中產者均係中國僑民是以中國人在暹羅頗占重要地位惜中暹尚無條約未設公使領事致該地華僑保護無人不能與他國僑民享同等待遇輒投入英法籍以冀保護英尚無他法則利用入籍者以干涉暹政故暹人每歧視華僑而法則既用之而又棄之現華僑之在該地益復進退維谷伊為代籌設立東亞商務公所聘律師二名一英人一日本人為辯護權利之助目前較為相安但終非久長之計伊曾謁暹之外務大臣說以東亞獨立國惟中日與暹宜互相聯結以壯聲勢該大臣頗為感動甚願中國與結條約惟稱各國於暹均有領事裁判權中國僑民散處全國與各國僑民聚居一方者情形不同若中國亦欲得領事裁判權於暹羅行政殊

北洋大臣袁世凯致外务部信函（光绪三十二年十月二十二日）

农工商部致外务部咨呈：

为具奏槟榔屿创设商务总会请予立案一折录旨抄奏钦遵查照事

光绪三十二年十二月二十三日（1907年2月5日）

清末新政时期，清廷鼓励国内外商人华侨建立商会、大力发展商业贸易，得到了热烈响应。光绪三十二年（1906），槟榔屿（今属马来西亚）绅商禀称，此前新加坡已奏准设立中华商会，槟榔屿闽粤商贾聚集，也应该成立商务总会。槟榔屿各帮商绅投票公举林克全、梁家耀为正、副总理，请清廷颁发槟榔屿中华商务总会关防。农工商部认为，“南洋各岛商务繁盛，侨商聚处最多者首推新加坡，次即槟榔屿”，奏请照准立案并刊发关防，公举总理各员并予札委，以收劳徕鼓舞之效。奉旨依议。

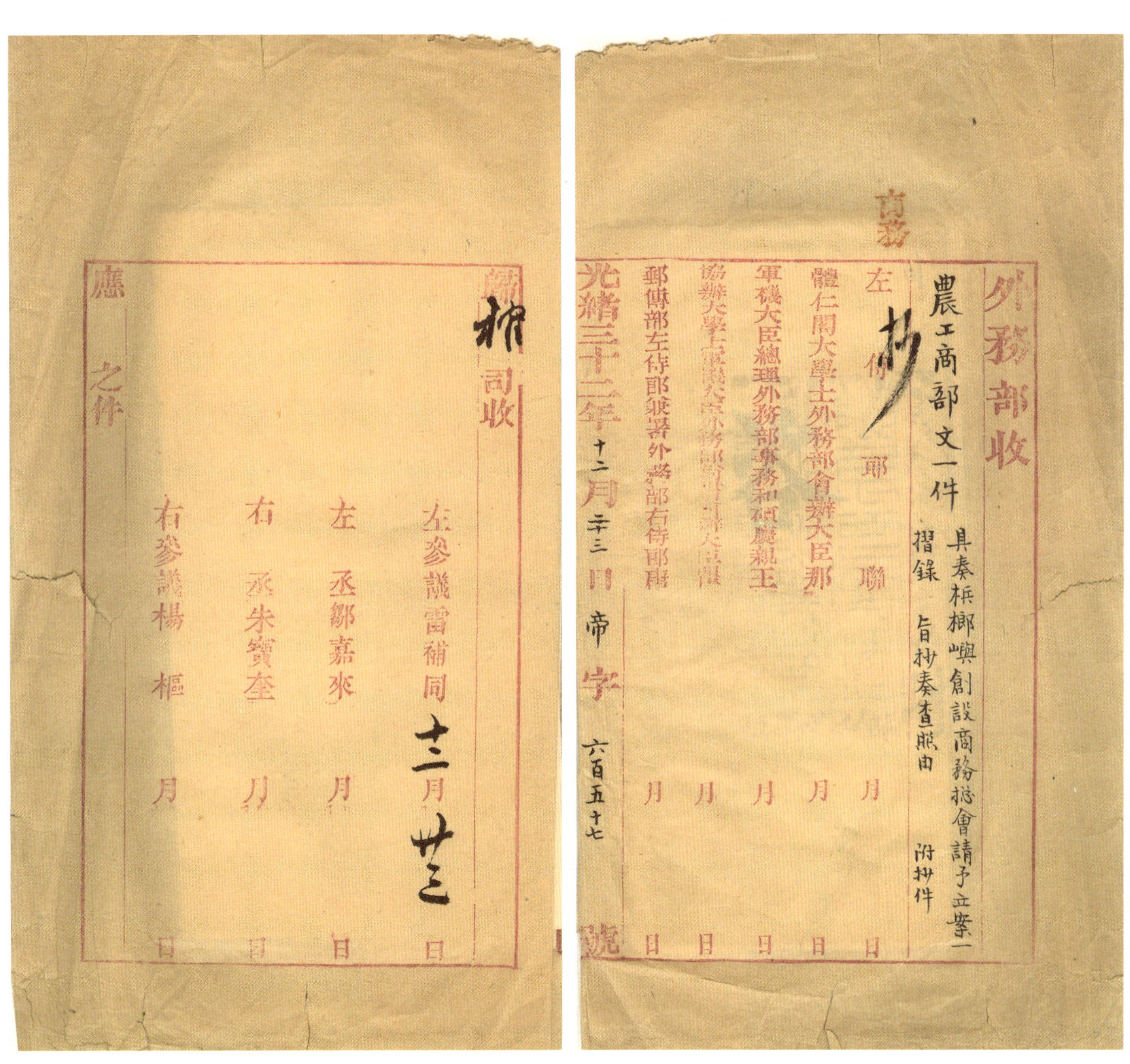

农工商部致外务部咨呈之一（光绪三十二年十二月二十三日）

部章頒給檳榔嶼中華商務總會關防一顆
俾昭信守所舉會員並懇一體給予札委藉
資鼓舞等情並附呈該會試辦章程前來臣等伏
思商會之設其宗旨在因結團體商一心志以期
進步日臻前臣部奏定商會章程亦經奏明因時
推廣由內地而及於洋之條本年新加坡長崎
等處均經臣部奏設華商總會先後奉
旨允
准在案查南洋各島商務繁盛僑商聚處
最多其首推新加坡次即檳榔嶼茲據該商
林克全等稟稱仿照新加坡章程辦法設立商會
請發關防核與臣部前次成案相符應請照准
立案並刊發關防以資信守其公舉總理各員
亦擬援照新加坡辦法概予札委由臣部隨
時督飭該會總理等認真籌辦以收勞來鼓
舞之效所有檳榔嶼擬設中華商務總會請予
立案並頒給關防緣由理合恭摺具陳伏乞
皇太后
皇上聖鑒謹
奏

光緒叁拾貳年拾貳月貳拾叁日

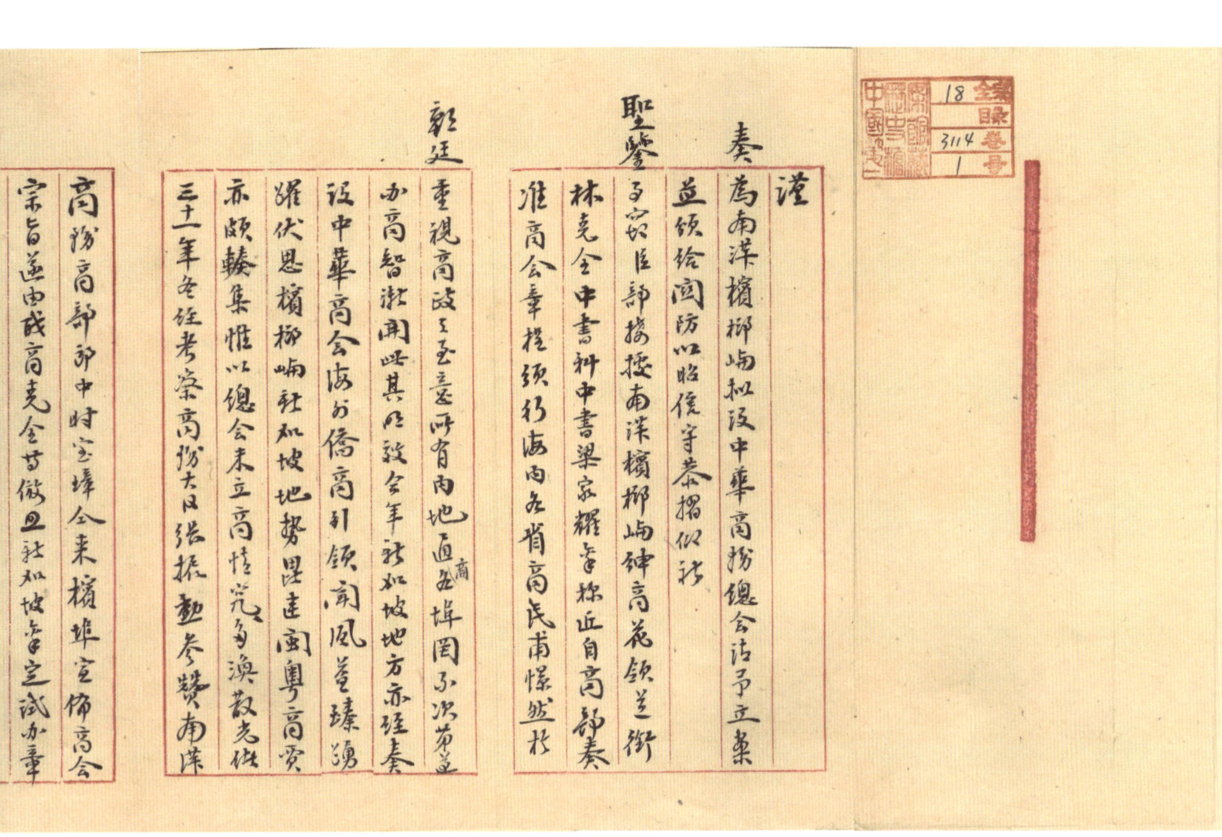
謹
奏為南洋檳榔嶼擬設中華商務總會請予立案
並頒給關防以昭信守恭摺仰祈
聖鑒事竊臣部據南洋檳榔嶼紳商花翎道銜
林克全中書科中書梁家耀等稟稱近自商部奏
准商會章程頒行海内各埠商民甫慷然於
朝廷重視商政之至意所有内地通商各埠罔不次第並
辦商智漸開以其足致今年新加坡地方亦經奏
設中華商會海外僑商引頸聞風並臻踴
躍伏思檳榔嶼新加坡地勢毘連閩粵商賈
亦頗輳集惟以總會未立商情究多涣散光緒
三十一年冬經考察商務大臣張振勳奏贊南洋
商務商部郎中時寶璋會來檳埠宣佈商會
宗旨並由職商克全等倣照新加坡章定試辦章

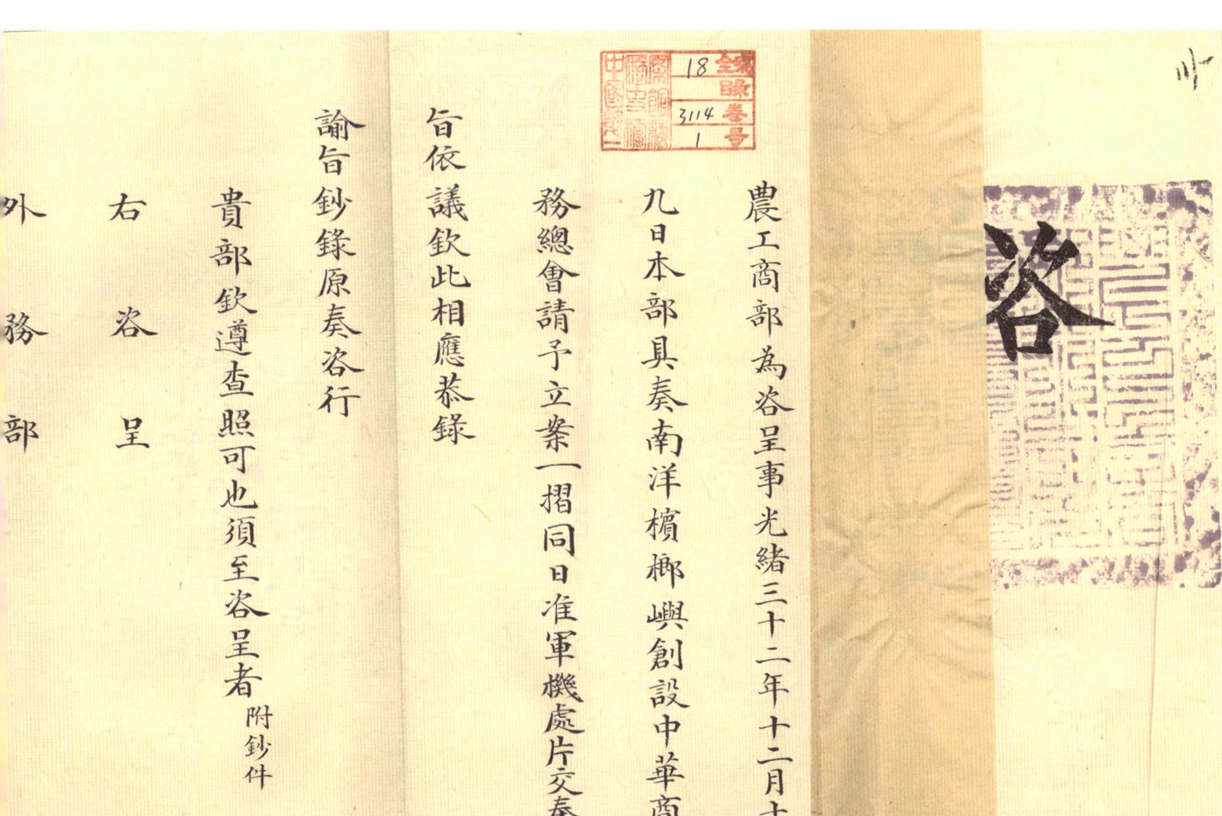
咨
農工商部為咨呈事光緒三十二年十二月十
九日本部具奏南洋檳榔嶼創設中華商
務總會請予立案一摺同日准軍機處片交奉
旨依議欽此相應恭錄
諭旨鈔錄原奏咨行
貴部欽遵查照可也須至咨呈者 附鈔件
右咨呈
外務部

农工商部致外务部咨呈之二（光绪三十二年十二月二十三日）

英国驻华公使朱迩典致外务部信函：

为英国属地澳大利亚本年秋在梅勒本地方开办女工赛会能否寄送中华女工数品事

光绪三十三年二月十三日（1907 年 3 月 26 日）

外务部致英国公使朱迩典信函稿：

为农工商部已知照各省商会及女工厂送女工数品事致英国公使朱迩典信函稿

光绪三十三年三月初一日（1907 年 4 月 13 日）

光绪三十三年（1907）英国驻华公使朱迩典致函外务部称，澳大利亚拟于本年秋天在梅勒本开办女工赛会，询问中国能否寄送中华女工物品参会。于是，外务部转行农工商部办理。最终挑选刺绣多件、绘画数幅寄去参加赛会。

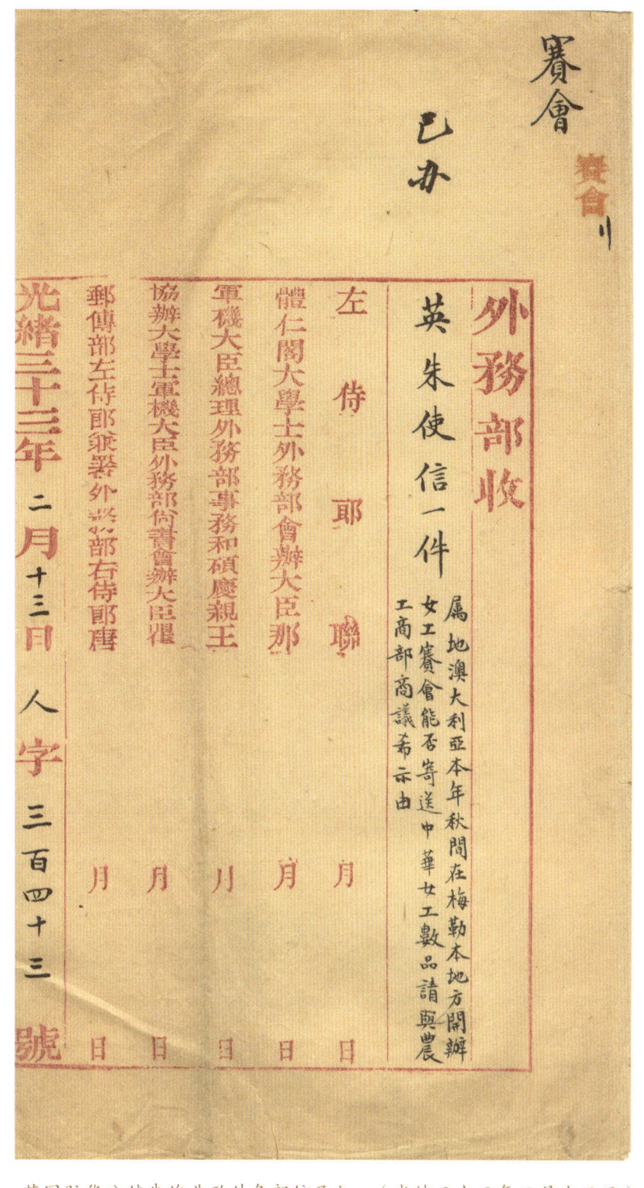

賽會

已办

賽會

外務部收

英朱使信一件

屬地澳大利亞本年秋間在梅勒本地方開辦女工賽會能否寄送中華女工數品請與農工商部商議希示由

左侍郎聯 月 日

體仁閣大學士外務部會辦大臣那 月 日

軍機大臣總理外務部事務和碩慶親王 月 日

協辦大學士軍機大臣外務部尚書會辦大臣瞿 月 日

郵傳部左侍郎兼署外務部右侍郎唐 月 日

光緒三十三年二月十三日人字三百四十三號

英国驻华公使朱迩典致外务部信函之一（光绪三十三年二月十三日）

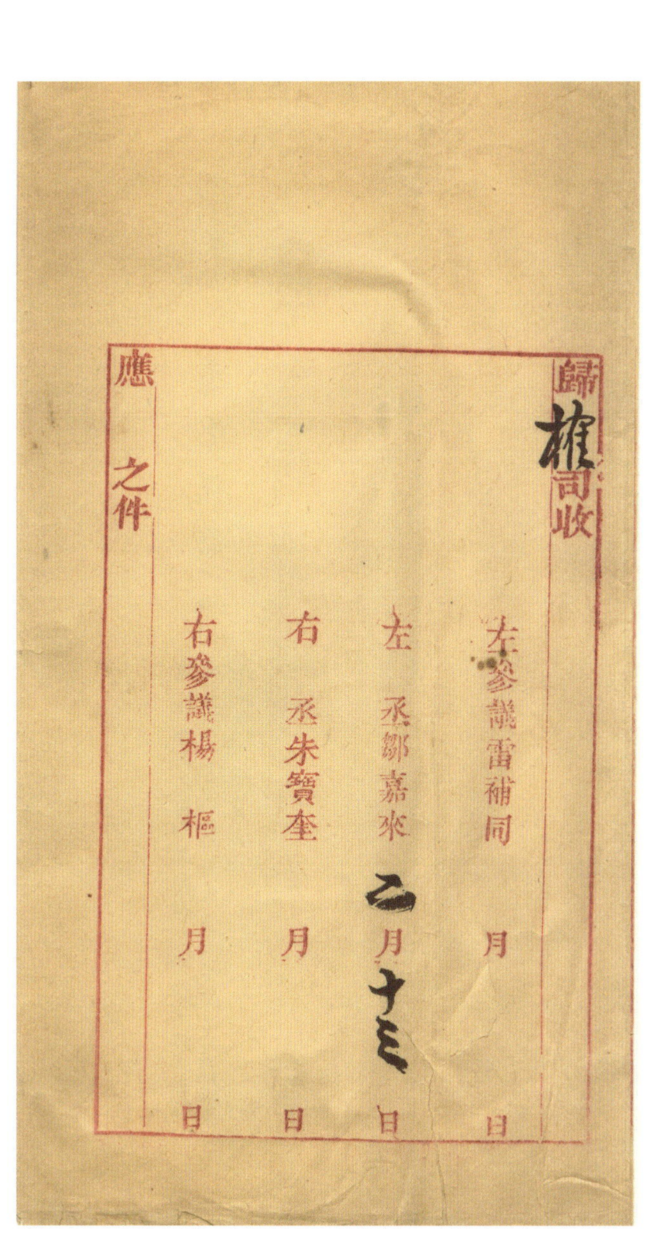

歸榷司收

左參議雷補同 月 日

左丞鄒嘉來 二月十三日

右丞朱寶奎 月 日

右參議楊樞 月 日

應 之件

朱邇典啟 丁未二月十三日

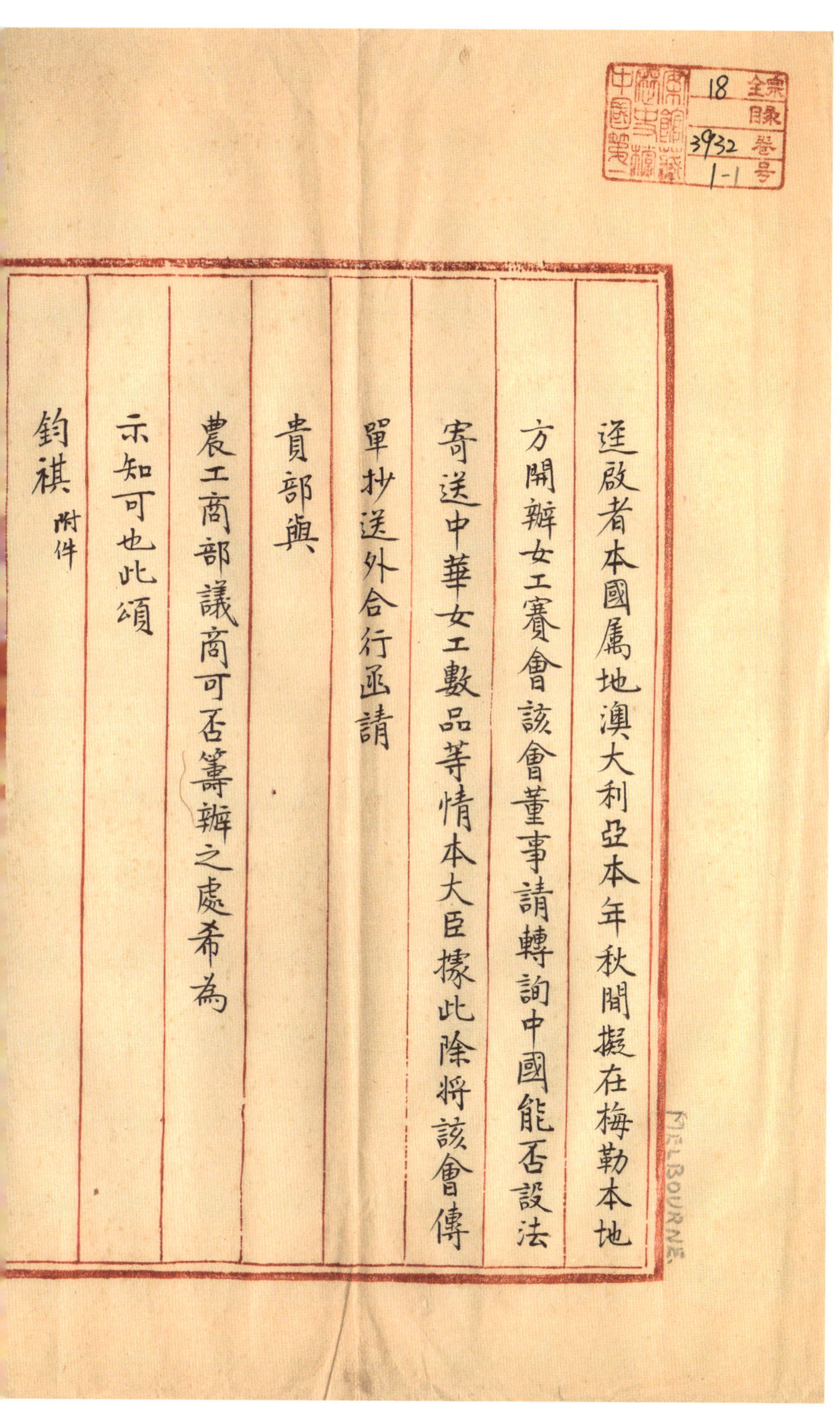

逕啟者本國屬地澳大利亞本年秋間擬在梅勒本地方開辦女工賽會該會董事請轉詢中國能否設法寄送中華女工數品等情本大臣據此除將該會傳單抄送外合行函請

貴部與

農工商部議商可否籌辦之處希為

示知可也此頌

鈞祺 附件

全宗 18 案卷號 3932 1-1

MELBOURNE.

英国驻华公使朱迩典致外务部信函之二（光绪三十三年二月十三日）

Copy.

AUSTRALIAN EXHIBITION of WOMEN'S WORK.

SPECIAL CIRCULAR FOR EXHIBITORS ABROAD.

The Prospectus enclosed explains the scope of the Exhibition of Women's Work, so far as Australia is concerned.

Its conductors are, however, anxious to obtain specimens of the work of women of other countries, NOT FOR COMPETITION, but as illustrations of the varied activities of women in different parts of the world. The work forwarded may be that of any women or girls, PROFESSIONAL or AMATEUR. Specimens, whether ANTIQUE or MODERN, from Schools of Art, or from PRIVATE sources will be most acceptable, and samples of girls' work from Village Schools in various countries would be very interesting.

The Exhibition will remain open for about six weeks, and the Executive Committee will be glad to learn whether the exhibits forwarded are to be regarded as DONATIONS, as LOANS, or for SALE for the benefit of the Exhibitors.

The Executive Committee will be grateful for any trouble taken in the despatch of exhibits, and will do their best to make the transit as simple as possible. All exhibits sent direct to Melbourne should be most carefully packed, and labelled, "Women's Work Exhibition, Melbourne, Victoria, Australia, 1907," and should reach Melbourne by the MIDDLE OF SEPTEMBER. Addresses of firms in different parts of the world who will kindly attend to Shipment, Insurance, etc., will be furnished in due course. Small parcels might be sent by post.

On exhibits which are donations or on loan, all charges connected with transit and insurance will be paid by the Exhibition. Articles loaned will be carefully repacked and returned, carriage paid.

Carriage and Insurance on Exhibits intended for Sale are at the cost of the Sender.

The Cards and Labels sent herewith should be used when forwarding Exhibits.

The telegraphic address of the President of the Exhibition is "Australienne," Melbourne. Code used – A B C 5th Edition.

Melbourne, 14th November, 1907. (sic). (?1906?).

Copy. (SPECIMEN OF CARD TO BE USED WHEN FORWARDING EXHIBITS.)

FOR the

AUSTRALIAN EXHIBITION OF WOMEN'S WORK,

MELBOURNE.

From . . . .

ADDRESS . . . .

. . . .

Kind of Exhibit (Title if any). . . . .

Is it Donated . . . .

On Loan . . . .

or For Sale . . . .

If for Sale state price – £ : :

Division to which Exhibit belongs

PLEASE NOTE. – Two of these Cards should be filled in and attached to each Exhibit.

Copy. (SPECIMEN OF LABEL TO BE USED WHEN FORWARDING EXHIBITS.)

AUSTRALIAN EXHIBITION of WOMEN'S WORK

M E L B O U R N E,

V I C T O R I A,

A U S T R A L I A.

Copy.

EXTRACTS fr

FIRST AUS

Their Excellenc
take a deep interest
Arts and Crafts in A
Northcote that the i
devoted to Women's W
undertakings of this
an Exhibition would
whether Professional
carried out with man
esting to note the
of the exhibits show
plain, fancy, and a
enamels, book bindi
jams, dried fruits,

It is, therefo
hibition of Women's
or November, 1907.

Her Majesty th
Patroness.

Her Excellency

THEO. W.

All Communica

ITION of WOMEN'S WORK.

7.

ooo---

or-General and Lady Northcote
ts for the development of the
it has occurred to Lady
' a separate Exhibition, solely
a fitting complement to the
ave already been held. Such
or of women of all classes,
. similar scheme has been
. Paris recently. It is inter-
ad extremely varied character
They comprised paintings,
millinery, dresses, laces,
iture, painting on china,

at a First Australian Ex-
held in Melbourne in October

aciously consented to become

hcote is the President.

lins Street, Melbourne.
e 3936.

ressed to the Manager.

Exhibits.

Exhibits.

The President of the Exhibition and the Executive Committee will be pleased to receive exhibits **from any part of the World,** which are the work of Women or Girls. Such exhibits are strictly limited to Sections "A," "B" and "D" referred to hereunder.

Exhibits will be separated into Three Divisions:-

(1) The individual work of exhibitors over 18 years of age

(2) The individual work of exhibitors over 15 and under 18 years of age.

(3) The individual work of exhibitors under 15 years of age.

The Division to which each Exhibit belongs should be stated by the sender.

GROUP 1.

SECTION "A." FINE ARTS.

Oil paintings and water colors (landscape, seascape, still life, flowers, portrait or figure study, &c.), Miniatures, Sculpture, Drawing, Black and White, Caricature, Crayon, &c. (Copies will not be admitted).

SECTION "B." APPLIED ARTS.

Enamels, painting on China, modelling in clay or wax, wood carving, painting in oils or water colors on silk, satin, &c., poker work, &c.

GROUP 2.

SECTION "D." PLAIN, FANCY, & ART NEEDLEWORK.

Every variety of Lace, such as-- Binche, Brussels, Buckinghamshire,

Buckinghamshire, Carrickmacross, Devonshire, Guipure, Honiton, Irish Crochet, Limerick, Mantilla, Mechlin, Maltese, Peasant, Pillow, Point, Torchon, Valenciennes, and Venetian Point, etc., applique work, hand-made dress trimmings, silk embroidery, Mount Mellick work, crochet, bead, white, lettering, arrasene, chenille, ribbon, daisy, canvas wool, drawn thread, shadow, crazy, Oriental, leather, ivory, knitting, netting, tatting, crewel, and paper work, darning, best single article (such as tea cosy, afternoon tea cloth, hand-made quilt, pillow shams, table centres, &c.), fish scale, hair pin, and seed work, smocking, dressed dolls, wax flowers, &c.

THEO. E. HEIDE.

MANAGER.

237 Collins Street, Melbourne, Victoria, Australia.

(Telephone 3936).

-----oooooooooo-----

英国驻华公使朱迩典致外务部信函之三（光绪三十三年二月十三日）

郵傳部左侍郎兼署外務部右侍郎唐

行

函復英朱使

逕復者光緒三十三年二月十三日接准

函稱本國屬地澳大利亞本年秋間擬在梅勒本地方開

辦女工賽會該會董事請詢中國能否設法寄送中華

女工數品等情相應抄送傳單請與農工商部議商

等因當經本部咨行農工商部去後兹准復稱除由本

部知照各省商會及女工廠外咨請查照等因前來為此

函復

貴大臣查照可也順頌

日祉

全堂銜

光緒三十三年三月　日

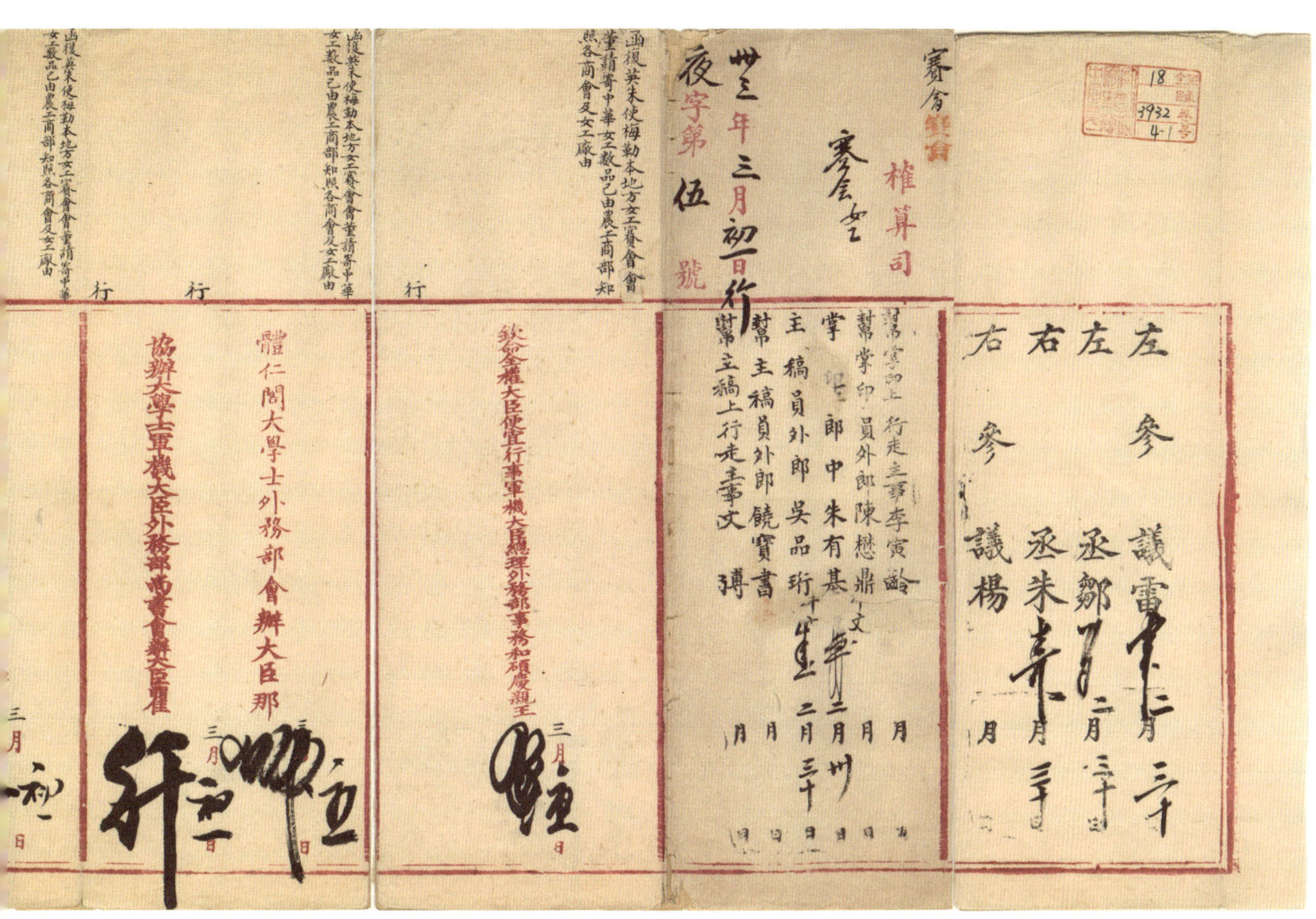

函復英朱使梅勒本地方女工賽會會董請寄中華女工數品已由農工商部知照各商會及女工廠由

榷算司

夜字第伍號

欽命全權大臣便宜行事軍機大臣總理外務部事務和碩慶親王

體仁閣大學士外務部會辦大臣那

協辦大學士軍機大臣外務部尚書會辦大臣瞿

左參議雷

右參議楊

左丞鄒

右丞朱

外务部致英国公使朱迩典信函稿（光绪三十三年三月初一日）

北洋大臣袁世凯致外务部咨呈：

为饬派海筹海容两舰先往新加坡等处巡历请查照事

光绪三十三年三月十六日（1907 年 4 月 28 日）

直隶总督袁世凯奏片：

为派遣舰船前往南洋各埠巡视先抵西贡事

光绪三十三年七月初三日（1907 年 8 月 11 日）

北洋大臣、直隶总督袁世凯会同两江、两广、闽浙总督奏请派遣军舰二艘前往南洋新加坡等处巡历察看，宣布清朝“德意”、慰问华侨，并筹备将来设立领事事宜，得到清廷允准。光绪三十三年（1907）三月，袁世凯选派北洋海军海筹、海容号军舰出发，由管带何品璋率领前往南洋，并发放银 50000 两以备路途使用，又发给密码本以备随时发电报告。

第一站是越南西贡。该处华侨见到祖国派来的军舰，“欢声雷动”，“观者如堵”，称为盛事。委员蔡廷干也登陆向华侨迭次演说，“慰其爱国之诚，勉以同舟之义”。因时值盛夏，南海海面飓风大作，不宜冒险再向南航行，于是，海筹、海容两舰从西贡返回。

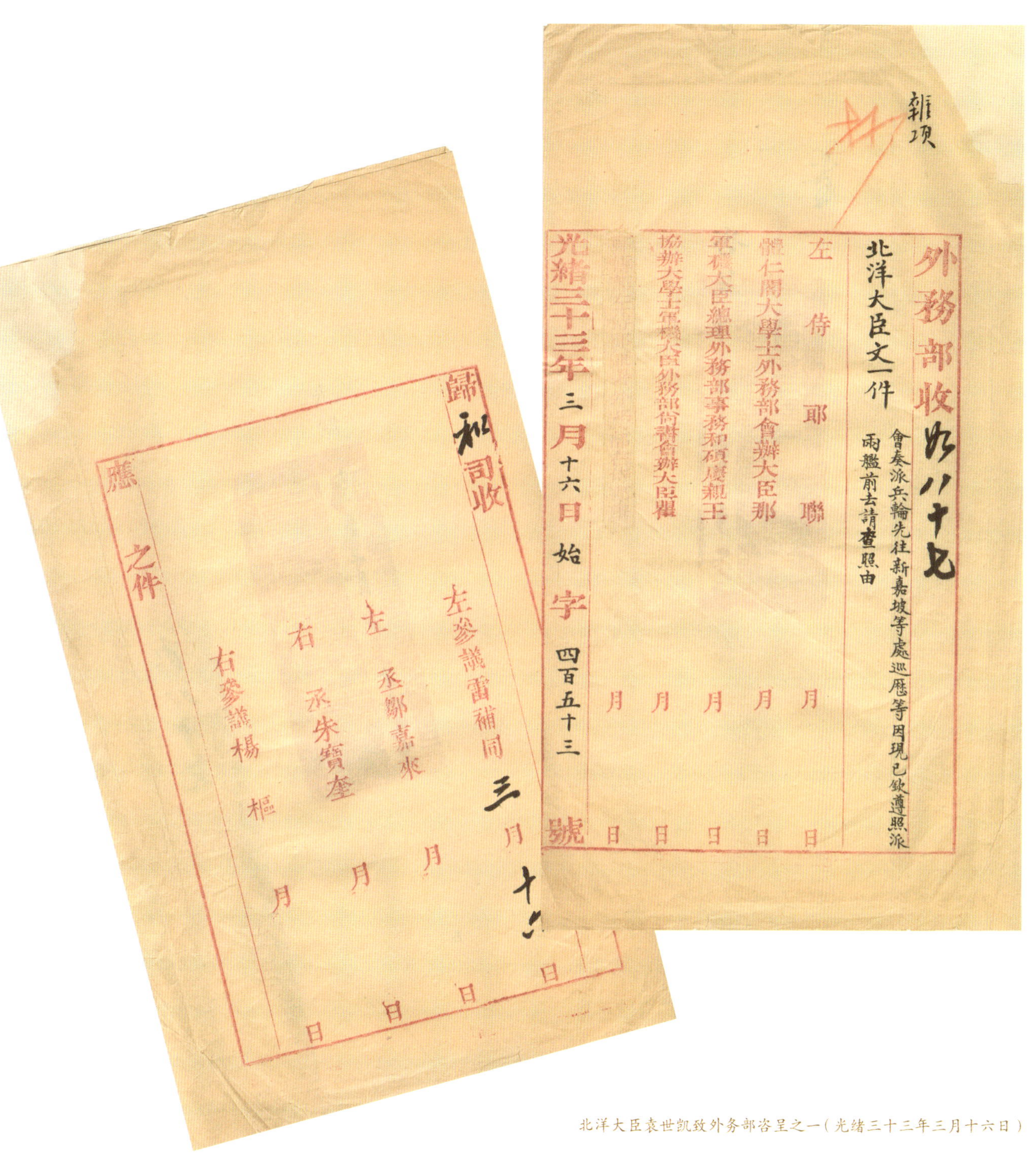

雜項

外務部收八十七

北洋大臣文一件

會奏派兵輪先往新嘉坡等處巡歷等因現已欽遵照派兩艦前去請查照由

左侍郎聯 月 日

體仁閣大學士外務部會辦大臣那 月 日

軍機大臣總理外務部事務和碩慶親王 月 日

協辦大學士軍機大臣外務部尚書會辦大臣瞿 月 日

光緒三十三年三月十六日始 字四百五十三號

歸和司收

左參議雷補同 三月十六 月 日

左丞鄒嘉來 月 日

右丞朱寶奎 月 日

右參議楊樞 月 日

應 之件

北洋大臣袁世凯致外务部咨呈之一（光绪三十三年三月十六日）

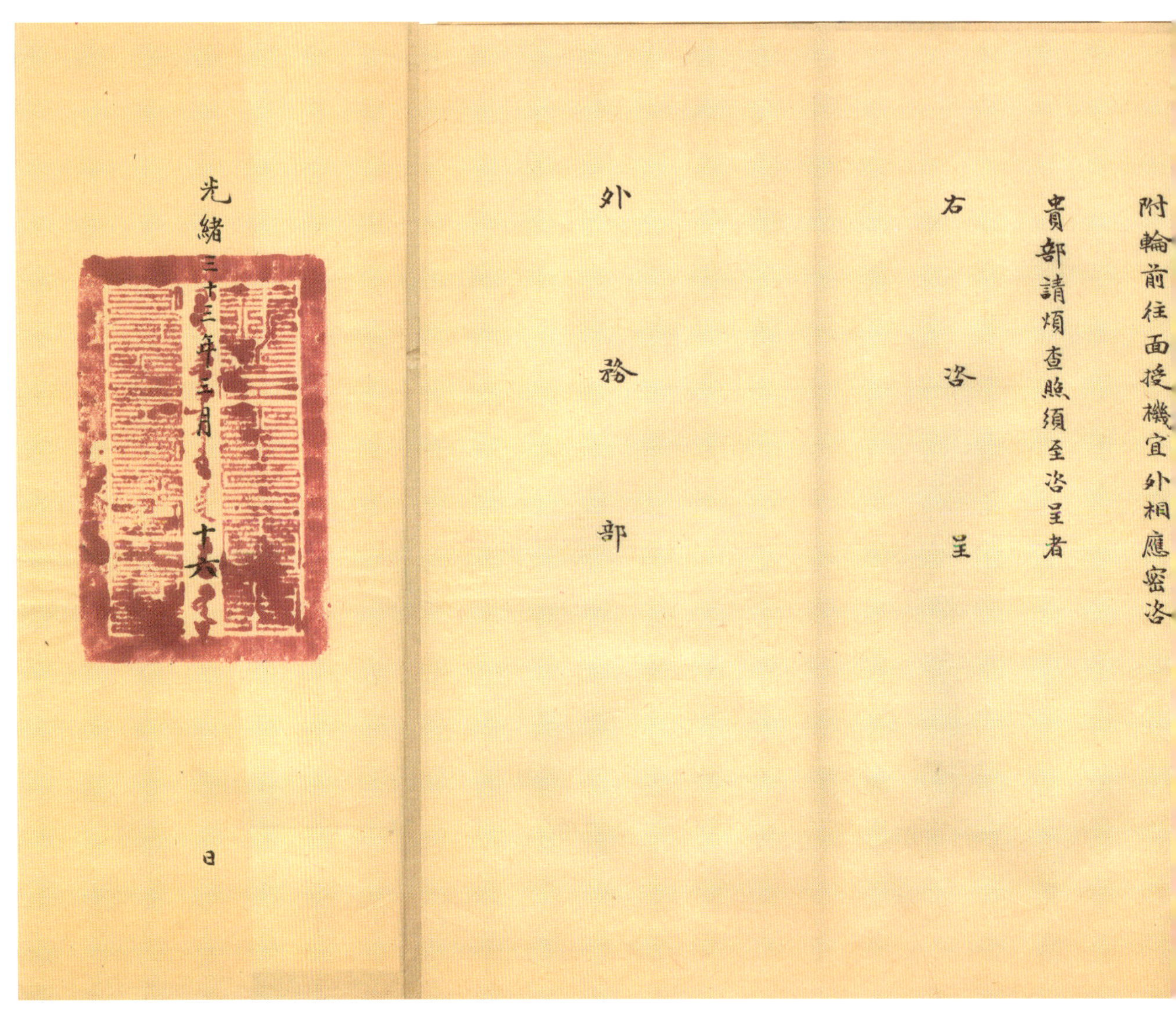

附輪前往面授機宜外相應密咨

貴部請煩查照須至咨呈者

右咨呈

外務部

光緒三十三年三月十六日

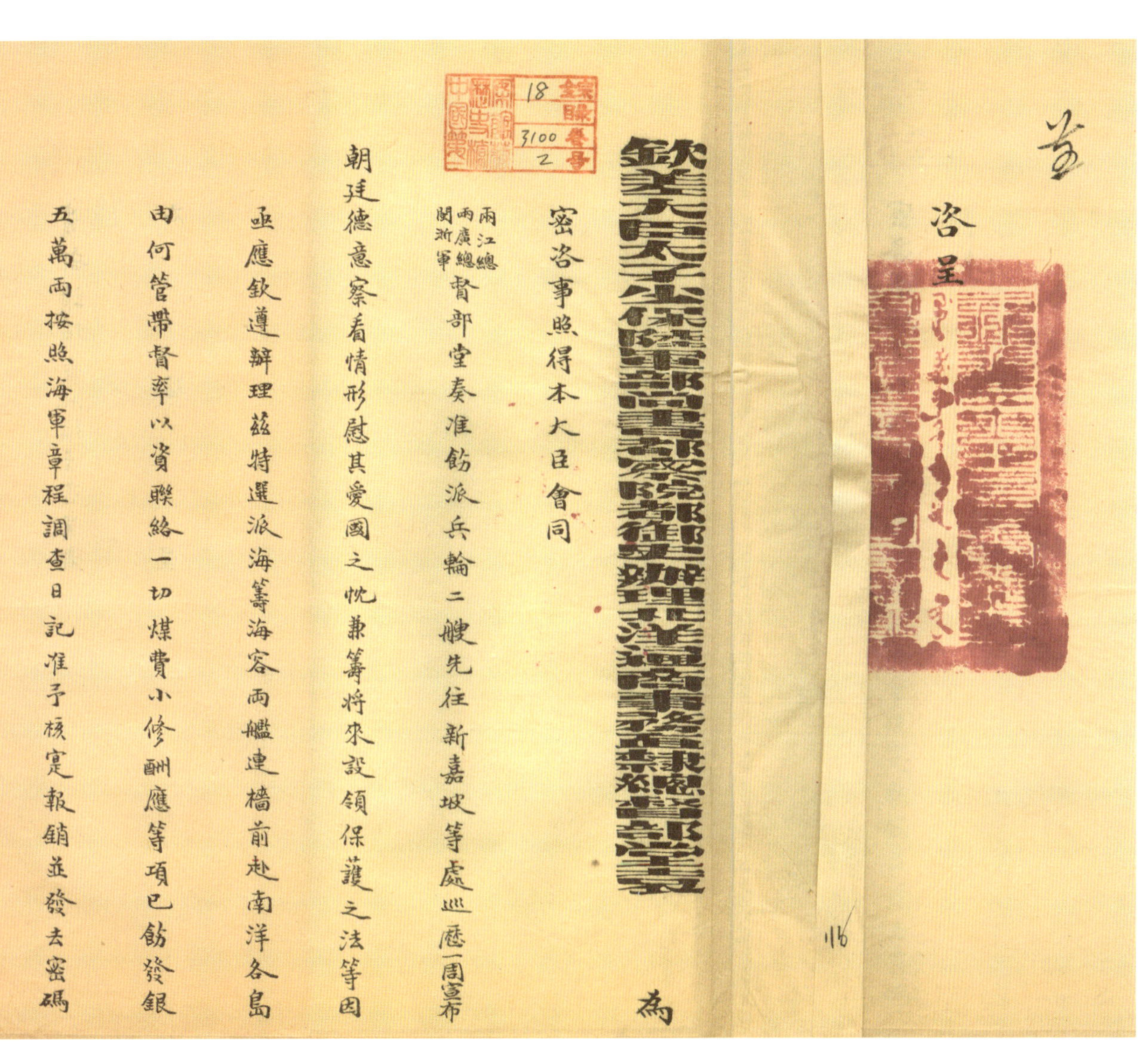

咨呈

欽差大臣太子少保[illegible]總督部堂袁 為

密咨事照得本大臣會同

兩江總督、兩廣總督、閩浙總督部堂奏准飭派兵輪二艘先往新嘉坡等處巡歷一周宣布

朝廷德意察看情形慰其愛國之忱兼籌將來設領保護之法等因

亟應欽遵辦理茲特選派海籌海容兩艦連檣前赴南洋各島

由何管帶督率以資聯絡一切煤費小修酬應等項已飭發銀

五萬兩按照海軍章程調查日記准予核寔報銷並發去密碼

電一本如有申報事宜隨時電達藉昭妥速除密飭蔡丞廷幹

錄號 18 卷号 3100 之

北洋大臣袁世凯致外务部咨呈之二（光绪三十三年三月十六日）

[illegible]

送迎宴會，冬敬竭誠，並由委員蔡廷幹先後

演說，宣布

朝廷德意，懋其愛國之誠，勉以同舟共濟之義。該華

僑民欣感交集，且詳詢中國立憲之事，莫不

額手稱慶，共祝

聖明，同呼

萬歲。察其鄉國情殷、忠愛之色露於言表，尚不致

邪說所惑。現因盛暑，南洋海面颶風大作，該兩

船已駛回上海，俟秋後察看情形，再行續巡

各埠。除將此次兩船前往西貢一切詳情咨報

外務部查核外，理合附片具陳，伏乞

聖鑒訓示。謹

奏。光緒三十三年七月初八日奉

硃批：知道了。欽此。

直隸總督

七月初三

全宗号 3 目录号 111 5745 49

〇又

袁世凱片

再前以南洋各島僑寓華民宜派兵船巡視經臣會同兩江閩浙兩廣督臣電奏由臣飭派兵艦二艘先往新嘉坡等處巡歷一周冀籌保護奉

旨照准當經欽遵選派海籌海容兩快艦出洋巡閱並密派已革游擊蔡廷幹面授機宜附輪前往會同商該艦管帶拟集僑民相機演說均經

奏明在案旋於四月初間該兩船先後由滬啟程先抵香港嗣因粵省黃岡匪亂經前督臣周馥電商臣轉飭該兩船前往汕頭廈門一帶巡察洋面迨粵事平靖約計其時已距颶風期近即飭該兩船於五月間先赴法屬之西貢一埠該處華僑久棲異域覩中國兵艦之南來遙望

龍旂歡聲雷動中外觀者皆咸稱為中國自開海禁以來僅見之盛事矣[illegible]

直隶总督袁世凯奏片（光绪三十三年七月初三日）

前驻德参赞吴寿全致外务部禀文：
为德属萨摩岛有华工请电达闽粤两总督派员前往以资保护事

光绪三十三年十月二十三日（1907年11月28日）

前任驻德参赞吴寿全禀称，德国在福建厦门、广东汕头等地招募华工，前往德国在南太平洋殖民地萨摩岛务工，但遭到虐待，工期满后仍被滞留，不能返回家乡。吴寿全又在路过檀香山（即夏威夷）时，就近访查萨摩岛华工情形，得知当地华工数量不下千人，境况没有改善。因此，吴寿全吁请外务部重视此事，迅速处置。

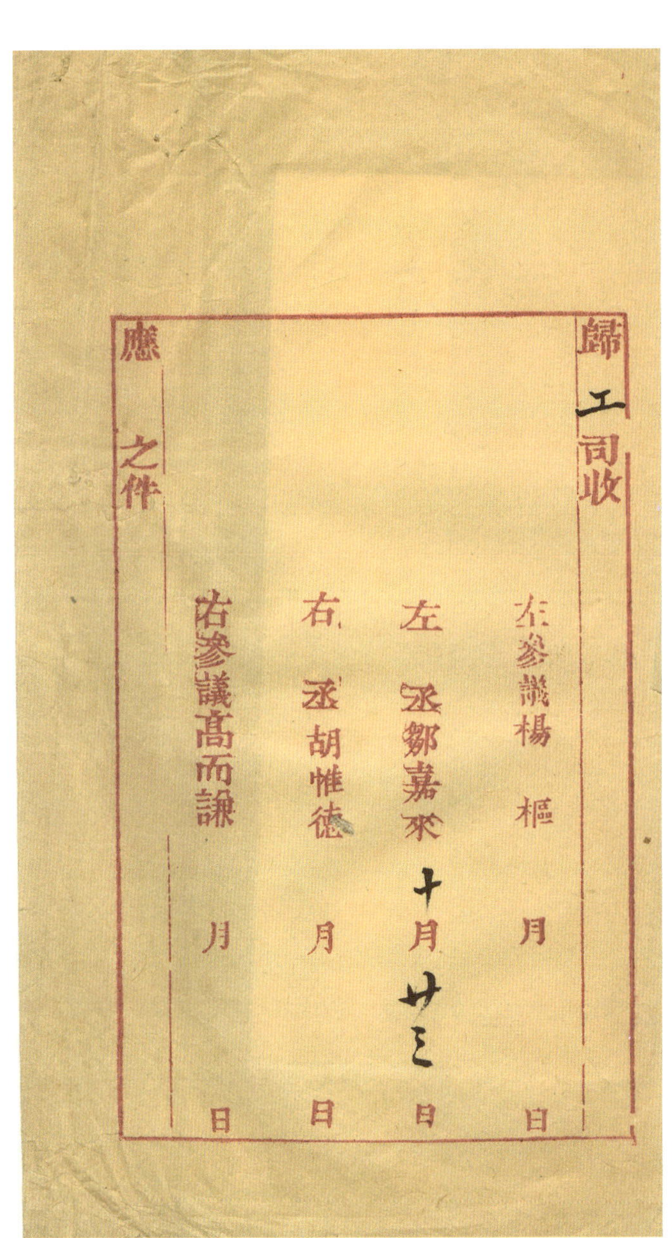

歸工司收

應之件

左參議楊樞 月 日

左丞鄒嘉來 十月廿三日

右丞胡惟德 月 日

右參議高而謙 月 日

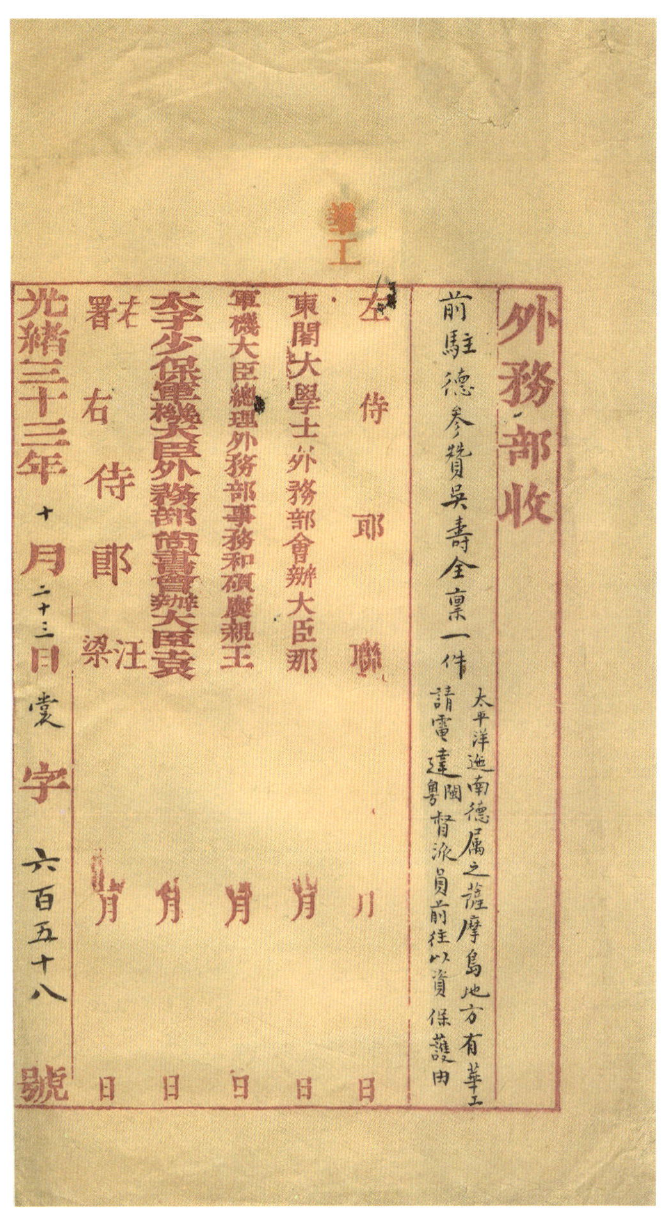

華工

外務部收

前駐德參贊吳壽全稟一件

太平洋迤南德屬之薩摩島地方有華工請電達閩粵督派員前往以資保護由

左侍郎聯 月 日

東閣大學士外務部會辦大臣那 月 日

軍機大臣總理外務部事務和碩慶親王 月 日

太子少保軍機大臣外務部尚書會辦大臣袁 月 日

右侍郎汪 月 日

署右侍郎梁 月 日

光緒三十三年十月二十三日棠字六百五十八號

前驻德参赞吴寿全致外务部禀文之一（光绪三十三年十月二十三日）

代回

中堂王爺宮保大人列憲電達閩粵督憲迅速派委諳通德文人員前往

以資保護而示體恤伏祈

察核 前代理使事駐德二等參贊官 吳壽全謹呈

18
3817
7

竊查太平洋迤南德國所屬之薩摩島地方迭經德
人在福建廈門廣東汕頭等處招工前往該華工等
到工後屢被苛虐期滿仍不准回華參贊前在德國
代理使事任內業經照會德外部轉飭該島地方官
嚴飭德公司不得違約苛待並一面稟請
大部電飭閩粵兩總督迅速遵照
大部訓條派員前往保護在案上月間參贊道出檀香
山面詢駐檀領事就近訪查該島華工情形據稱迭
接華人函稟呼號迫切急盼拯援等語忖思華人在
該島傭工不下千餘人閩粵兩省向未遵照
部示派員前往以致該工人等慘被苛虐良深憫惻可
否

前驻德参赞吴寿仝致外务部禀文之二（光绪二十二年十月二十三日）

外务部敕谕稿：

恭拟驻扎英国新加坡总领事官左秉隆敕谕

光绪三十三年（1907）

左秉隆是广州汉军驻防，肄业于京师同文馆，道员，光绪三十三年（1907）任驻新加坡总领事。这件敕谕稿是外务部呈拟光绪帝颁发给左秉隆的委任状。敕谕中称："现在新加坡侨寓华民人数甚众，稽查保护责任宜专。特派左秉隆充总领事官，以资照料。所有华商及内地人民自应随时保护，勿令失所。遇事秉承出使大臣，悉心筹画，务使在外商民各安生业。"要求驻新加坡总领事务必加强对华侨的保护。

外务部敕谕稿（光绪三十三年）

檢查

宗 3 目录 156 卷号 7601 23

恭擬駐紮英國新加坡總領事官左秉隆

敕諭

皇帝敕諭駐紮英國新加坡總領事官左秉隆現在新加坡僑寓華民人數甚衆稽查保護責任宜專特派左秉隆充總領事官以資照料所有華商及內地人民自應隨時保護勿令失所遇事秉承出使大臣悉心籌畫務使在外商民各安生業爾其彈竭智慮勉盡厥職毋負委任特諭

考察商务大臣杨士琦致外务部咨呈：

为具奏考察南洋华侨商业情形一折录旨刷奏钦遵查照事

光绪三十四年二月二十六日（1908 年 3 月 28 日）

光绪三十三年（1907）七月十三日，清廷下旨，令农工商部侍郎杨士琦前往南洋各埠考察情形，剀切宣布德意，优加抚慰。如果有愿集巨资回国振兴商务的华侨，将加以爵赏，并饬令地方官妥善保护，“以重实业而惠侨民”。杨士琦自光绪三十三年九月二十日由上海出发，历经南洋各国，考察商业、抚慰华侨，得到当地华侨的热烈欢迎。回国后，杨士琦向清廷奏报考察情形，概述了小吕宋、西贡、暹罗、爪哇、苏门答腊汶岛、新加坡、槟榔屿、大小霹雳等处的地理位置与物产情况，以及当地的华人数量与从事商业等情形。据称，南洋各地中，“商务以新加坡、槟榔屿为最繁，物产以小吕宋、爪哇、西贡、暹罗为最富，而经营垦辟全恃华人”。因此，南洋各岛，“西人虽握其政权，而华人实擅其利柄”。

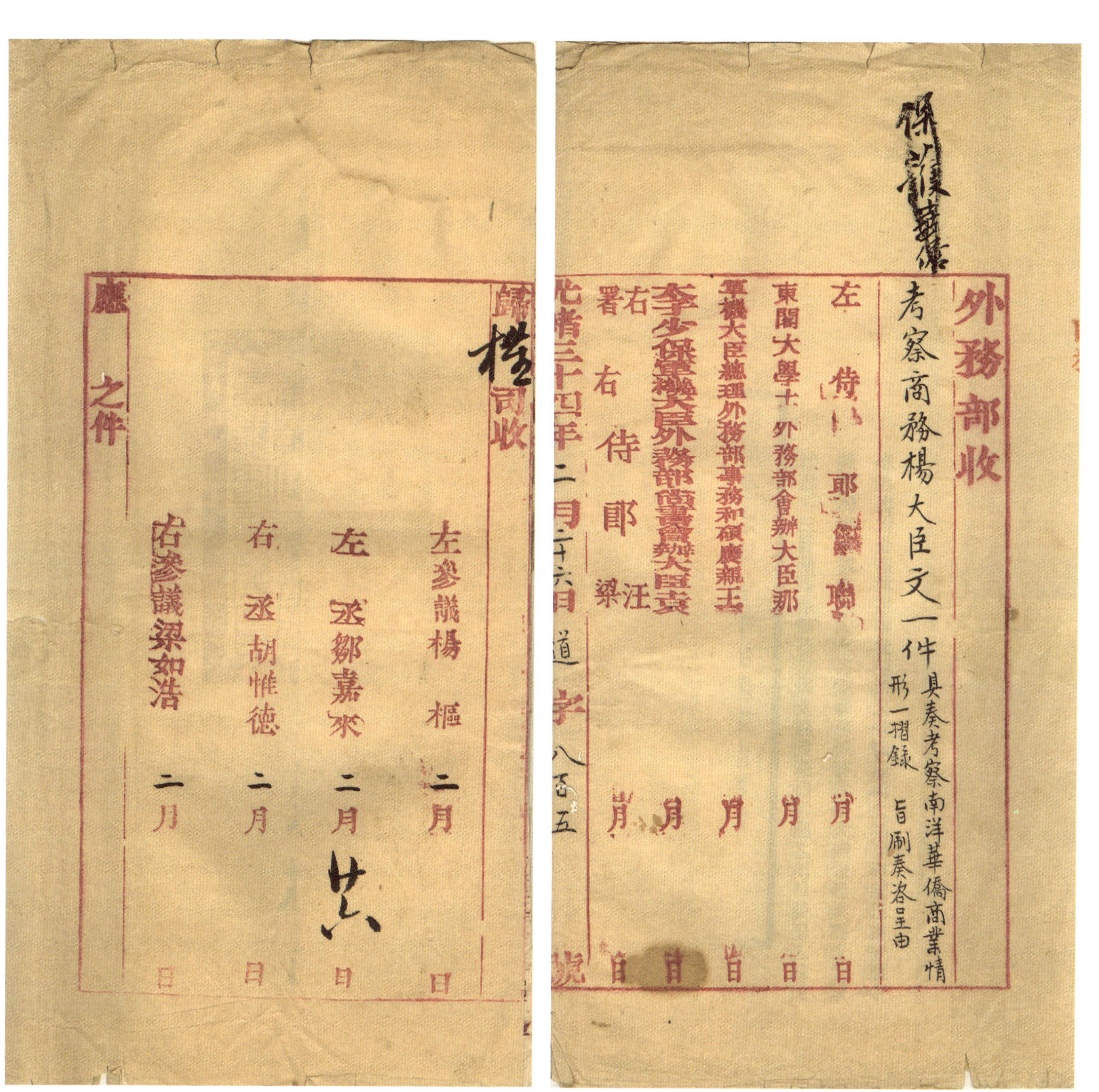
外務部收
考察商務楊大臣文一件 具奏考察南洋華僑商業情形一摺錄旨刷奏咨呈由
左侍郎聯 月 日
東閣大學士外務部會辦大臣那 月 日
軍機大臣總理外務部事務和碩慶親王 月 日
參預政務大臣軍機大臣外務部尚書會辦大臣袁 月 日
右侍郎梁
署右侍郎汪 月 日
光緒三十四年二月二十六日 道字八百五號
歸 司收
左參議楊樞 二月 日
左丞鄒嘉來 二月廿六日
右丞胡惟德 二月 日
右參議梁如浩 二月 日
應 之件

考察商务大臣杨士琦致外务部咨呈之一（光绪三十四年二月二十六日）

進口稅名爲賽會意在招商臣晤美督時亦彼此推誠商權以期互收
利益業經函知臣部商核辦理西貢爲越南沿海巨埠上通瀾滄江內
連南圻各省水陸輻輳商貨流通華僑約五六萬人其散處各省者共
二十餘萬距海口十二里有巨市曰隄岸係華人貿易舊街尤爲富商
所萃土沃宜稻播種於田不煩耘耔故產米之富甲於海南運銷出口
者歲約一千二百餘萬石未經舉辦者尚多碾米公司九家而華商居
其七米市利權幾盡歸掌握惟人心渙散因省縣之異分爲五幫曰閩
幫廣幫潮幫瓊幫客幫各立公所互分畛域經臣邀集各幫商人勸令
聯絡一氣迅設商會學堂並助法幣二千爲之提倡該商等咸感激樂
從不久可期成立暹羅爲南洋大國北接滇徼東西介越南緬甸之間
越蹶於法緬蹶於英獨暹羅尚能自立近歲採用西法外交內政均極
講求惟民貧財殫於海陸軍備尚未能擴充整頓其都城曰曼谷居湄
南河下游民物殷賑產米豐賤埒於越南象牙犀角玳瑁燕窩尤稱珍
品全國華僑約三百萬人氣誼團結過於西貢暹政府間歲課華民身
稅一次恃爲入款大宗此外尚無苛待情事現閩粵各商正在籌設商
會復經臣手札勸諭商情益形鼓舞俟訂定章程後即呈報臣部奏明
立案爪哇全島大於和蘭本國四倍分爲二十三府環海而治西部五
府以巴達維亞爲都會中部九府以三寶壟爲都會東部九府以泗水
爲都會日惹梭羅則爲內地著名都會其地在赤道以南與澳洲相近
氣候炎燠土脈膏腴物產最富東部以糖業爲大宗西部以米業爲大
宗瀕海則擅魚鹽近山則饒林礦華僑散居全島約六七十萬人和官
選其才者爲瑪腰甲必丹等官專理華民事務各埠現已設立商會七
處學堂四十餘所頗能講明大義愛戴
君親民氣最爲純樸惟和官視華事僅制華人不以平等相待殊違
公理汶島屬蘇門答臘在爪哇之西北地富錫礦礦工五萬餘人均係
粵籍華工入境後即受和人束縛食以粗糲居以茅茨驅策鞭箠視同
奴隸臣道經該島停輪撫慰並派員往視附近礦場華工數百人環求
拯拔情殊可憫亟宜設法保護以衛民生暹羅之西南海岸有地如股
斗入海中內多巫來由部落昔皆隸屬暹羅稱爲地股今歸英人保護
統名曰海門屬部地股之極南有島曰新加坡幅員甚小農產亦稀自
英人開埠後免稅以廣招徠由此商舶雲集百貨匯輸遂爲海南第一
巨埠華僑二十餘萬人工商而外擅陂沼園林之利商會成立最早勞
力甚雄英官頗假以事權而海外各商會亦以此爲樞紐學堂四所課
程規則悉遵學部定章宗旨純正英人法令較爲寬簡商民尚得自由
惟五方雜處良莠不齊奸宄之萌尚難盡絕地股之西岸有島曰檳榔
嶼商務亞於新加坡而農產過之果品海產尤爲出口大宗華僑二十
餘萬人自商會成立以來公訂規條自相約束游惰者資之回籍貧窶
者救以營生英官頒行新例有不便商民者商會得援律駁阻故華人
權限以此埠爲最寬中華學校一所爲前太僕寺卿張振勳等所設經

奏

光緒三十四年二月十六日奉

旨知道了欽此

18 3119 31

咨呈

欽差出洋考察商務大臣農工商部右侍郎楊　爲
咨呈事光緒三十四年二月十六日本大臣具
奏考察南洋華僑商業情形一摺奉
旨知道了欽此欽遵由軍機處傳知前來相應恭錄
諭旨刷印原奏咨呈
貴部欽遵查照可也須至咨呈者　附原奏一件
右咨呈
外務部
光緒叁拾肆年貳月貳拾陸日

考察商务大臣杨士琦致外务部咨呈之二（光绪三十四年二月二十六日）

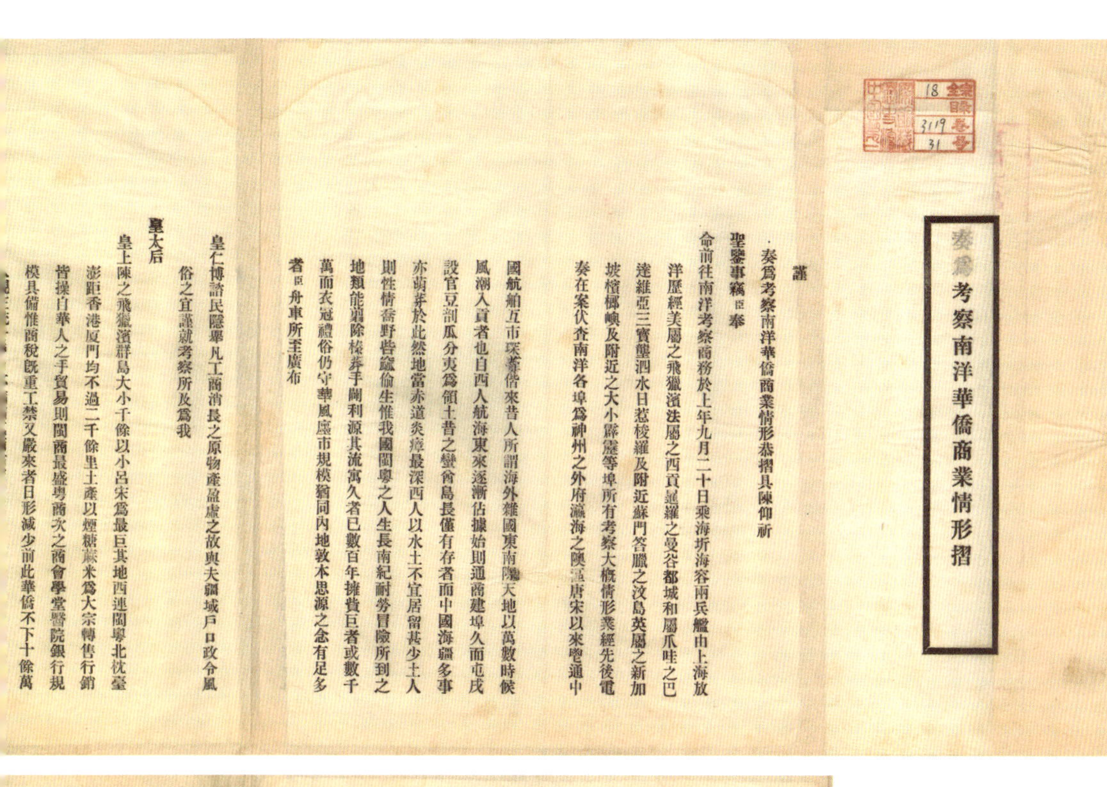

奏爲考察南洋華僑商業情形摺

謹
奏爲考察南洋華僑商業情形恭摺具陳仰祈
聖鑒事竊臣奉
命前往南洋考察商務於上年九月二十日乘海圻海容兩兵艦由上海放
洋歷經美屬之飛獵濱法屬之西貢暹羅之曼谷都城和屬爪哇之巴
達維亞三寶壟泗水日惹梭羅及附近蘇門答臘之汶島英屬之新加
坡檳榔嶼及附近之大小霹靂等埠所有考察大概情形業經先後電
奏在案伏查南洋各埠爲神州之外府瀛海之隩區唐宋以來嘗通中
國航舶互市琛賮偕來昔人所謂海外雜國東南隅天地以萬數時候
風潮入貢者也自西人航海東來逐漸佔據始則通商建埠久而屯戍
設官豆剖瓜分夷爲領土昔之蠻酋島長僅有存者而中國海疆多事
亦萌蘖於此然地當赤道炎瘴最深西人以水土不宜居留甚少土人
則性情喬野皆窳偷生惟我國閩粵之人生長南紀耐勞冒險所到之
地類能翦除榛莽手闢利源其流寓久者已數百年擁貲巨者或數千
萬而衣冠禮俗仍守華風廛市規模猶同內地敦本思源之念有足多
者臣舟車所至廣布
皇仁博諮民隱舉凡工商消長之原物產盈虛之故與夫疆域戶口政令風
俗之宜謹就考察所及爲我
皇太后
皇上陳之飛獵濱群島大小千餘以小呂宋爲最巨其地西連閩粵北枕臺
澎距香港厦門均不過二千餘里土產以煙糖蔴米爲大宗轉售行銷
皆操自華人之手貿易則閩商最盛粵商次之商會學堂醫院銀行規
模具備惟商稅既重工禁又嚴來者日形減少前此華僑不下十餘萬

臣部奏明立案蒙
恩賞給扁額一方圖書集成一部
宸翰褒題規模遂爲各校冠從前商人子弟肄業英校者僅以律師醫士起
家今則講求政學研究中文商智漸形發達由檳榔嶼東渡海峽登大
陸逾山南行而至大小霹靂亦海門屬部之一四山皆礦產錫最饒華
人來此往往以赤手致富所產之錫歲值九千餘萬元由檳榔嶼出口
運銷東西洋近歲錫價低賤年甚一年業此者頗多折閱若礦業一停
則華工二十萬人皆慮失所而新檳兩埠商務亦視此爲盛衰關繫至
爲鉅要以上所歷皆係通都大埠華僑薈萃之區商務以新加坡檳榔
嶼爲最繁物產以小呂宋爪哇西貢暹羅爲最富而經營墾闢全恃華
人故志南洋者輒謂西人雖握其政權而華人實擅其利柄其中不乏
開敏通達豪傑有志之士徒以懸隔海外不覩中國禮樂衣冠之盛者
幾數百年忠愛之忱末由自達此次蒙
朝廷特派專使撫慰商民以爲奇榮使車所至衢市闐溢家設香案戶懸國
徽結綵張燈恭迎
恩命臣每抵一埠即赴商會學堂公所等處演說敬謹宣布
皇太后
皇上德意萬衆圍聽額手嵩呼歡聲雷動外人旁觀亦爲改容觀民心愛戴
之深可知
聖化涵濡之遠所到各學堂均酌給獎賞以資鼓勵總期爲
朝廷多布一分膏澤即爲僑氓多添一分感情除獎勵保護及一切應辦事
宜另摺陸續奏明辦理外所有考察南洋華僑商業情形理合恭摺具
陳伏乞

南洋大臣端方致外务部信函：为荷属南洋各岛请商荷外部添设领事事

光绪三十四年四月二十二日（1908年5月21日）

清末，荷属东印度各岛有华侨达60万人以上，但因未设领事保护，备受歧视。光绪二十七年（1901）时，出使德国大臣吕海寰就吁请在荷属东印度设置领事，以保护侨民生计。但因故未能施行。南洋大臣端方曾于光绪三十一年奉命出洋考察宪政，听闻华侨受歧视之事。后来，端方出任两江总督、南洋大臣，多次会见当地华侨商董，更是意识到在荷属东印度设领一事之迫切。于是，端方致函外务部，建议饬令驻荷兰大臣与荷兰政府磋商此事，同时外务部也与荷兰驻华公使商议，以求在荷属东印度设立领事，保护华侨。

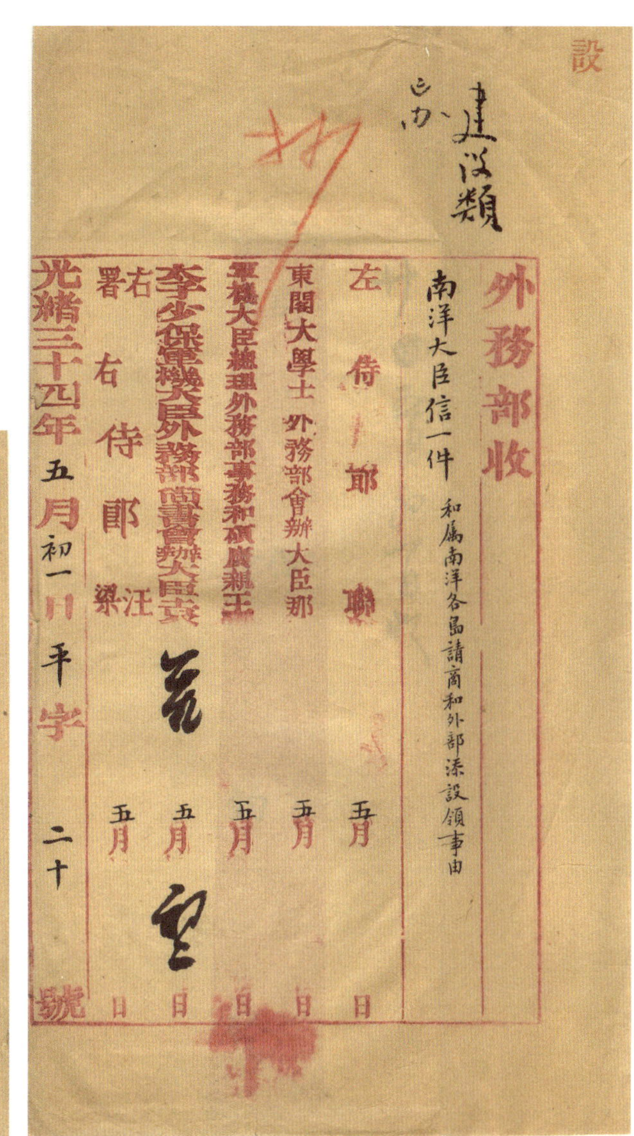

設

建設類

外務部收

南洋大臣信一件 和屬南洋各島請商和外部添設領事由

左侍郎聯 五月 日

東閣大學士外務部會辦大臣那 五月 日

軍機大臣總理外務部事務和碩慶親王 五月 日

李少保軍機大臣外務部尚書會辦大臣袁 五月 日

右侍郎汪 五月 日

署右侍郎梁 五月 日

光緒三十四年五月初一日平字二十號

南洋大臣端方致外务部信函之一（光绪三十四年四月二十二日）

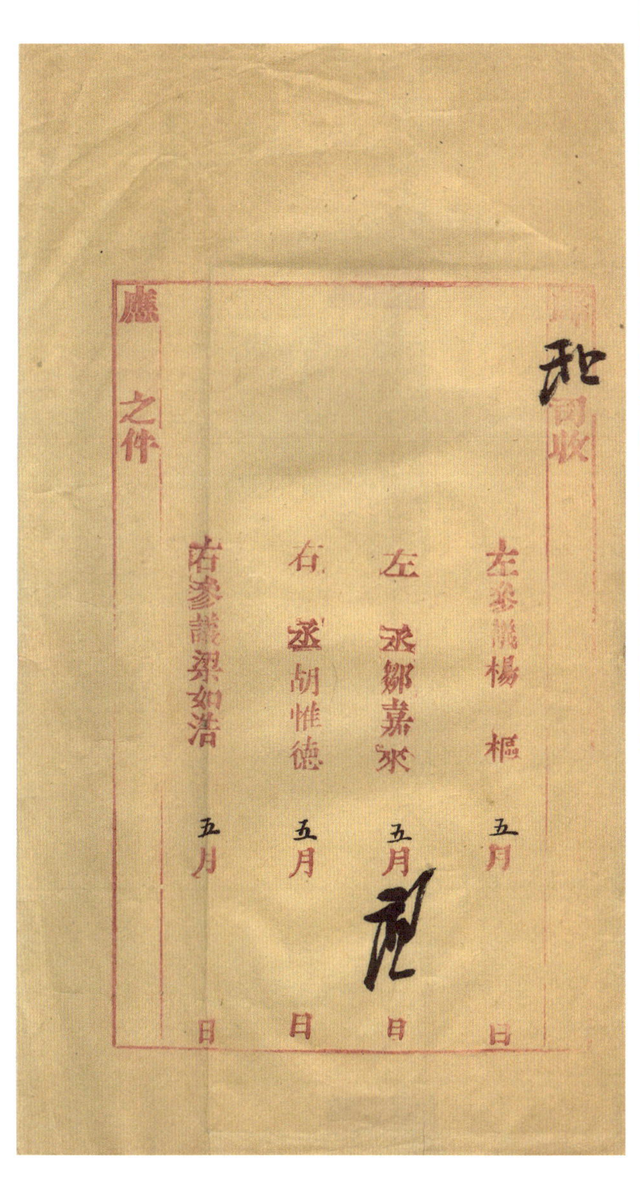

和

司收

應之件

左參議楊樞 五月 日

左丞鄒嘉來 五月 日

右丞胡惟德 五月 日

右參議梁如浩 五月 日

委曲磋商期於就緒應否一面由
鈞部電飭駐和使臣援照呂大臣前議與和蘭外
部切實商辦一面
鈞部與駐京和使從長計議總冀曲達宗旨用慰
僑民內嚮之忱伏維
蓋慮宏深痌瘝在抱必已俯鑒僑情早為籌度方
以僑民商董屢來控愬不敢不代達下情冒昧之
愆當蒙
涵諒耑緘肅達敬敂
鈞綏
端方謹肅 四月二十一日

18
3117
13

敬肅者竊照和蘭屬境南洋各島為中國僑民萃
聚之區其人數達六十萬以上祇以從前未經議
設領事駐紮彼地保護僑氓致該處官吏心存歧
視僑民水深火熱呼籲無門其情形至可憫惻方
前年銜
命出洋博加諮訪耳聞頗熟心慘難言誠恐華僑切盼
本國保護久而未得不得不改心易慮隸彼版圖
是以到兩江任後特

南洋大臣端方致外务部信函之二（光绪三十四年四月二十二日）

奏設南洋暨南學堂招僑民子弟回國就學藉以繫
屬其不忘祖國之心凡疊次護送學童來甯之華
僑商董無不面訴倒懸亟求拯救查爪哇設立總
領事一舉二十六年呂鏡宇尚書創議於前此次
楊杏城侍郎復續陳於後誠見僑民顛沛非此無
以為保護之謀頃該處華僑商董梁頎潘炳勳等
來甯謁見祈懇尤為迫切深望此議實行未審邇來
鈞部已與和使提議及此否此事似須內外堅持

候選道梁瀾勳在粵襄辦交涉有年於外洋情
形甚為熟悉堪以派充駐美利濱管理澳洲各埠
總領事官駐英使館二等通譯官黃榮良通曉時
務隨辦出使事宜胥臻妥協堪以派充駐紐絲綸正
領事官仍請先行試署如果得力再行奏請充補
如蒙
俞允
即由臣部刊刻關防劄交該員等收執前往駐紮
並咨行出使英國大臣照會該國外部轉飭接待
至佛利文佗等埠應設副領事官擬俟總領事到
任後察看該處華商如有名望素著之人再行飭
令就近兼理所有揀員派充總領事各官緣由理
合恭摺具陳伏乞
皇太后
皇上聖鑒謹
奏
光緒三十四年四月二十二日奉
硃批依議欽此

外务部奏稿:

为在澳洲设总领事馆以梁澜勋任总领事及在新西兰设领事馆以黄荣良为领事等事

光绪三十四年四月二十二日（1908年5月21日）

謹奏為揀員派充駐劄澳洲總領事領事各官恭摺仰祈聖鑒事竊查澳大利亞一洲向隸英屬自該處開闢以來英國劃分省會派設總督治理美利濱地方乃其中央政府議院各部均設於是實為各省行政之總樞該洲地勢在南洋羣島之東南水土宜人海程往來甚為便利閩粵各省工商人等前往僑居歷有年所因未設有領事無從稽查近年以來迭據華僑商民以該處施行禁例稟請設官保護當經臣部咨行駐英使臣相機與英外部妥商設領嗣准咨復業經派員前往詳細調查現在華僑散居澳洲各大商埠約計不下二三萬人非及早分別設領實不足以資保衛當即與英外部切實商辦准英外部照復所商在美利濱設立總領事紐絲綸設立正領事佛利文佗雪梨碧士缽三埠各設一副領事可以允行等因前來臣等查澳洲設領英外部既經允認自應分別籌設惟總領事暨正領各官職任尤為重要亟宜先行遴員派充茲查有

外务部奏稿（光绪三十四年四月二十二日）

光绪末年，在澳大利亚居住的华侨已有两三万人以上，“非及早分别设领实不足以资保卫”。经外务部咨行驻英大臣与英国交涉，英国同意中国在美利滨（今墨尔本）设总领事，纽丝纶（今新西兰）设正领事，佛利文佗、雪梨（今悉尼）、碧士缽（今布里斯班）等三处设立副领事。外务部保荐在广东办理洋务交涉事务多年的候选道梁澜勋为澳洲总领事，驻英使馆二等通译官黄荣良为纽丝纶正领事。至于佛利文佗等三处副领事，则等梁澜勋到任后再遴选当地著名华商兼任。外务部的奏折奉光绪帝朱批“依议”，得到清廷的批准。

外务部奏稿：

为遵旨议奏缅甸设领并请派仰光领事事

光绪三十四年十二月十八日（1909 年 1 月 9 日）

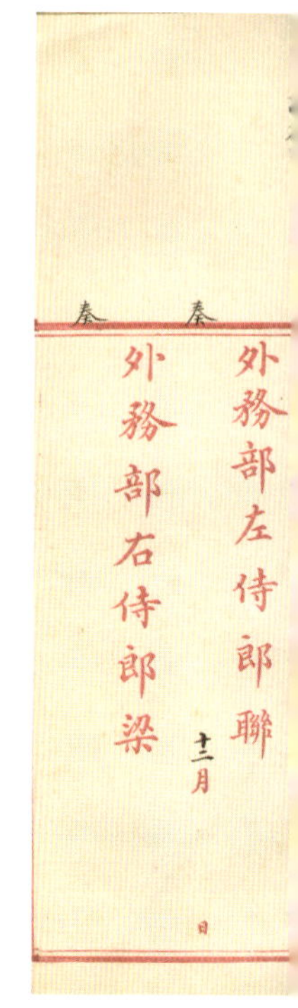
奏 奏
外務部左侍郎聯
外務部右侍郎梁
十二月 日

缅甸与中国云南毗邻，依据《续议滇缅界商务条款》，英国在云南腾越设立了领事，而清朝则可在缅甸仰光设立领事，但迟迟未派遣。光绪三十三年（1907），云贵总督锡良奏请改在缅甸都城阿瓦设立领事，经外务部与英国商议，英国以“阿瓦非海口，且华人不如仰光为多”为由，加以拒绝。于是，外务部与英国商议仍在仰光设立领事，得到同意。因此，外务部奏请派驻仰光领事，并保荐曾任旧金山总领事的江苏补用道欧阳庚为首任仰光领事官，奉旨依议。

瓦非海口且華人不如仰光為多碍難改設等
語查滇緬條約第十三條內載中國可派領事官
一員駐劄緬甸仰光英國可派領事官一員駐
劄蠻允又附款十三條內載言明准將駐劄蠻允
之領事官改駐或騰越或順甯府各等語查仰
光領事改駐阿瓦雖與英之由蠻允而改設騰越情
事相同惟英之改設係於約章內預先聲明與我之
改設阿瓦稍有區別且仰光設領載在約章
阿瓦雖係緬甸都城而調查該處華民實不如
仰光為衆自亦急須設領以資保護英外部既不願
改設不如仍照約與議仰光較易就範復經臣
部函電駐英大臣李經方與外部照約議設仰光領
事茲准復稱英外部已經照允自應派員前往駐札
以期相機徐圖添設分領茲查有江蘇補用道歐陽
庚才具穩練精通英文曾署舊金山總領事於外
情甚為熟悉擬請
派允仰光領事官先行試署並請仍留京官如蒙
俞允即由臣部札飭該員遵照並行知駐英大臣李經方
照會英外部轉飭接待所有遵
旨議復並請派仰光領事官緣由理合恭摺具陳再此摺
因與英外部往返磋商是以議復稍遲合併陳明伏乞
皇上聖鑒謹
奏
光緒三十四年十二月十八日奉
旨依議欽此

外务部奏稿（光绪三十四年十二月十八日）

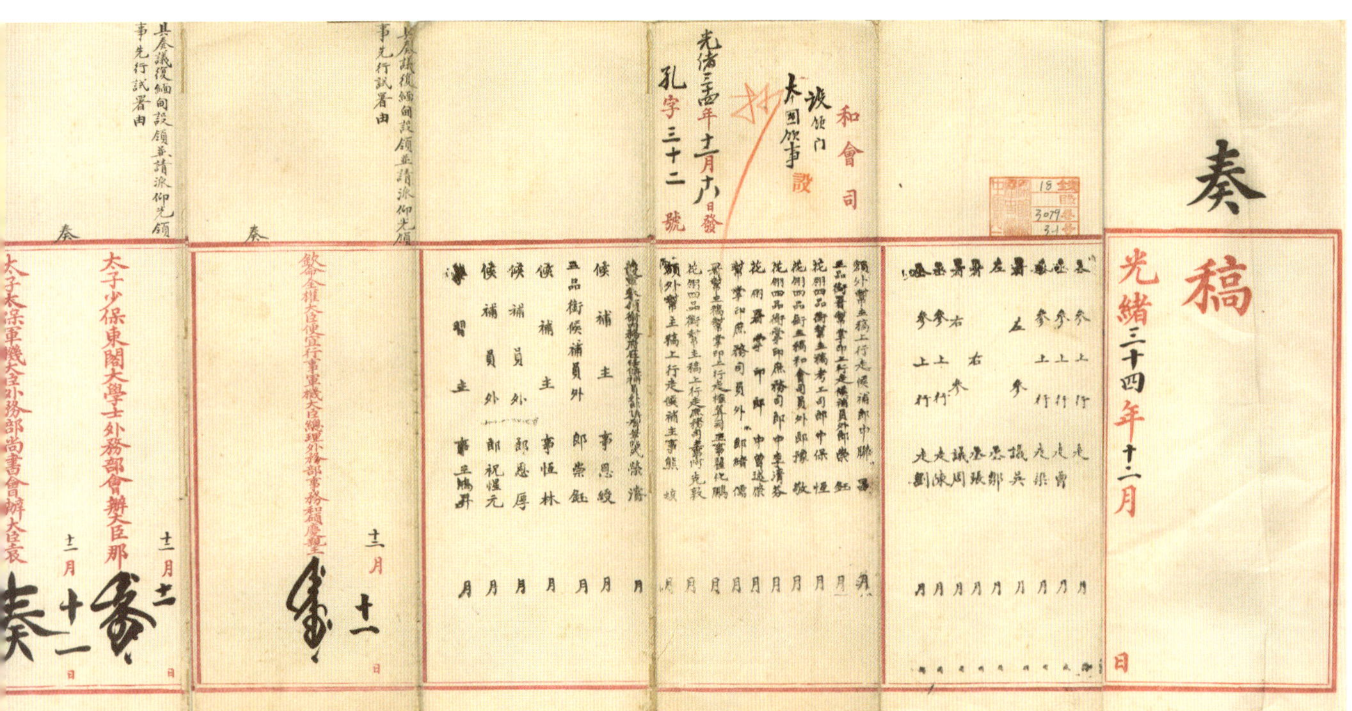
奏稿

光緒三十四年十二月　日

和會司

光緒三十四年十二月十八日發

孔字三十二號

具奏議復緬甸設領並請派仰光領事先行試署由

奏

欽命全權大臣便宜行事軍機大臣總理外務部事務和碩慶親王

十二月十一日

具奏議復緬甸設領並請派仰光領事先行試署由

奏

太子少保東閣大學士外務部會辦大臣那

太子太保軍機大臣外務部尚書會辦大臣袁

十二月十一日

謹

奏為遵

旨議奏並請照約設立仰光領事恭摺仰祈

聖鑒事竊臣部前准軍機處鈔交雲貴總督錫良奏

請設立駐緬領事改駐阿瓦一片奉

硃批外務部議奏欽此抄交到部查原奏內稱滇緬

通商已久前英國議將應派蠻允領事改駐

騰越早經照約准設而中國應設駐緬之員尚

未照派茲查緬都阿瓦地方貿易華民尤為繁

盛地勢亦較仰光為宜擬請設立駐緬領事官

一員即改派在阿瓦駐劄等因當經臣部照

驻澳洲总领事梁澜勋致外务部禀文：为呈报华侨商务情形事

宣统元年三月十九日（1909年5月8日）

光绪三十四年（1908），梁澜勋奉命成为首任驻澳洲总领事官。梁澜勋向外务部禀称，澳洲域多利亚全省华侨共6200余人，美利滨埠占据一半。各侨民“操业则以农圃为多，小本营生者次之，木工矿工又次之，洗洋衣者又次之，商务无多”，主要从事农业生产。当地未设立商会，不过有冈州会馆（新会县人设）、中华公会、四邑会馆（恩平、开平、新会、新宁四邑人同设）、三邑会馆（南海、番禺、顺德人设，增城、三水人附之）。梁澜勋拟组织美利滨埠华侨设立商会，加强联络，建立华文学堂，兴利除弊。

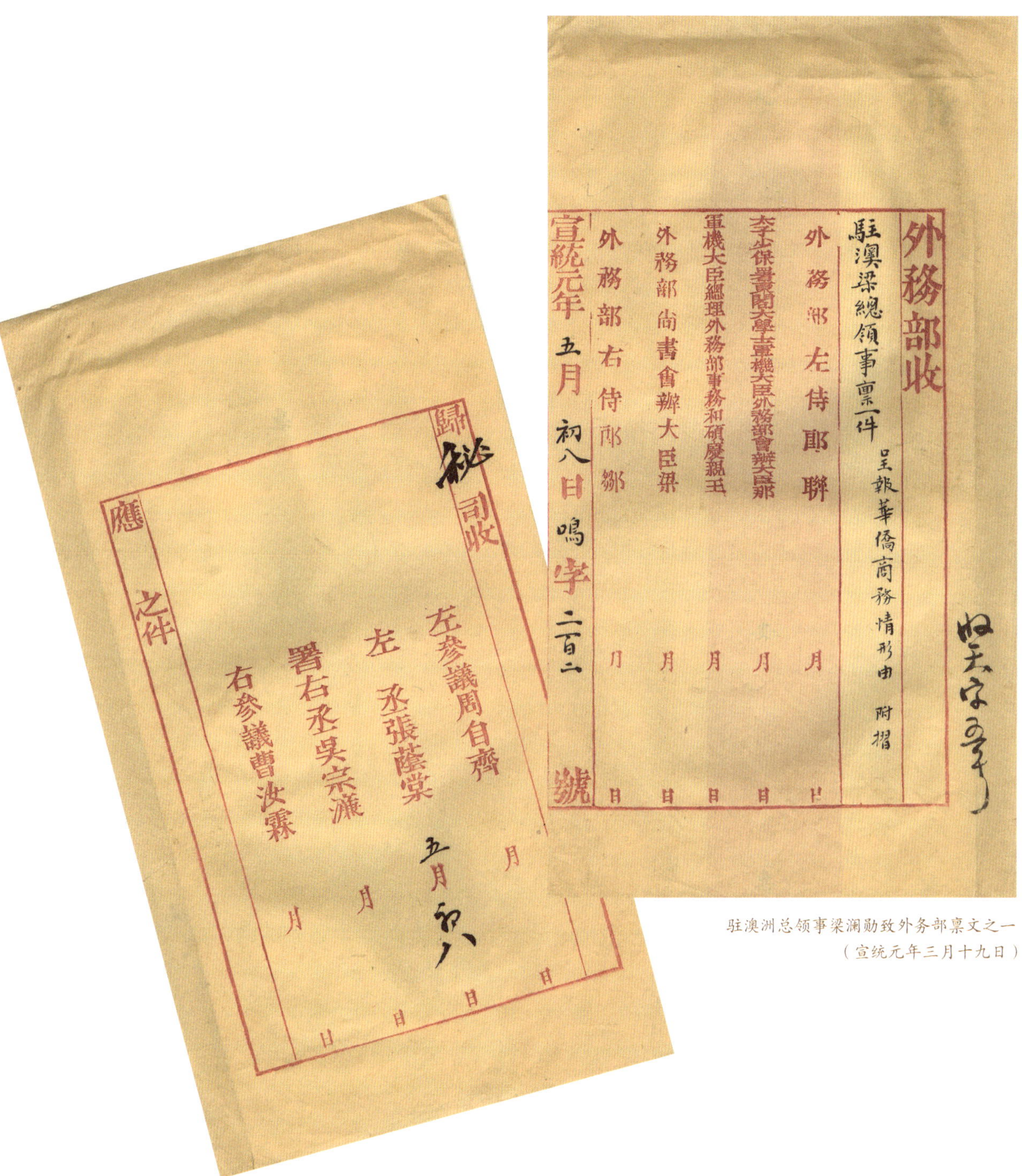

驻澳洲总领事梁澜勋致外务部禀文之一
（宣统元年三月十九日）

省美利濱華僑民及濱汐商務大概情形[illegible]

鑒外理合肅稟懇乞

代回

堂憲察核敬敀

鈞安伏惟

垂鑒 領事瀾勳謹稟

計呈清摺一扣

三月十九日

18 3796 2-1

憲台大人鈞座敬稟者竊　領事到任後博諮民隱查得奸商包攬私客弊害業於閏二月二十九日據情稟陳在案伏查美利濱埠為域多利亞省首府華人僑居從前頗為衆多嗣禁工之令一行僑民有去無來日少一日計域多利亞全省僑民不下六千餘名美利濱埠僑民不下三千名操業則以農圃為多小本營生者次之木工礦工又次之洗洋衣者又次之商務無多勢且日削乃復各設會館各分行頭畛域互分適足以召外侮甚或賭博吸煙隱干境禁尤足貽人口實　領事當經迭集本埠工商諄諄告誡並勸令消融意見聯絡一氣就在本埠擇一公地設立商會凡興利除弊可以公同籌議該工商等亦多贊成商會似可期其成立商會若成煙賭各弊自可設法革除即華文學堂亦可因之提倡設立使僑民子女涵濡教化除將域多利亞

驻澳洲总领事梁澜勋致外务部禀文之二（宣统元年三月十九日）

蔬菜亦頗佳美市場幾握利權較之從前特有起色

然總而計之生意大不如前矣

華人操工業者類皆華店僱用其傭於洋人行店者

不過百之三四逼因禁工之例日益嚴密工人有去

無來日少一日故傭值頗厚稍勝從前

華人月得工金統上中下匀計之每人約得金四鎊

近年百物騰踊即食用一項每月須費金兩鎊此亦

就廉儉者言之耳

商會向未設立會館則有數間一曰岡州會館乃新

會縣人所設一曰中華公會會所現未建設有事集

議則假座岡州樓一曰四邑會館乃恩平開平新會

新甯四邑人所同設也一曰三邑會館乃南海番禺

順德人所設增城三水人附之此外則有儀興公司

入者多下流社會稍知自愛者以臭味差池另設一

保良公所安分工商皆附之

美利濱埠僑童無多華文學堂向未設立即童蒙書

塾亦並無之類皆不識中國文字惟澳洲政府所設

之學堂一視同仁不分畛域所有華僑男女童多入

該處學堂肄習西文

僑民不染嗜好者固多而吸食洋煙者亦屬不少近

四五年間澳洲政府禁煙入口吸者漸少然船上人

往往私帶煙膏到埠暗為發售故吸煙之徒尚未盡

戒至賭博一項向為澳洲政府所禁惟日久玩生畨

京菓		八四五		九五七
蔗	五〇七〇〇磅	三二八七	五七〇〇磅	五十
菜乾或罐頭菜	三一五〇〇磅	三〇五	一三〇磅	二〇〇
別種食品由菜而成		四二三		二四四
茶	六〇五七六五三磅	一九八六九	一八八七三四七磅	五四三三六
酒		一四八		五七六
衣裳		六三二		八九六
靴鞋		一四七		七三
帽		七七八		一五九五
面巾手巾		一三		
布		二五四		九五
綢成別物絲成的		七五一八		七五八三
棉布		三二一		四一
別物棉成的		二六〇		一七四
荳油	一八四三二加倫	二五〇六	四六四八五加倫	一〇〇七
別種油		一〇		一二
木器藤器		一七四三		二三五一
缸瓦磁器		三七七		二三〇
紙張書籍		二四七		一八八
首飾古玩		三六九		二九五
藥材		四三三		八二九
爆竹		四七〇		四八六
零星雜貨		一六〇七		八九七

驻澳洲总领事梁澜勋致外务部禀文之三（宣统元年三月十九日）

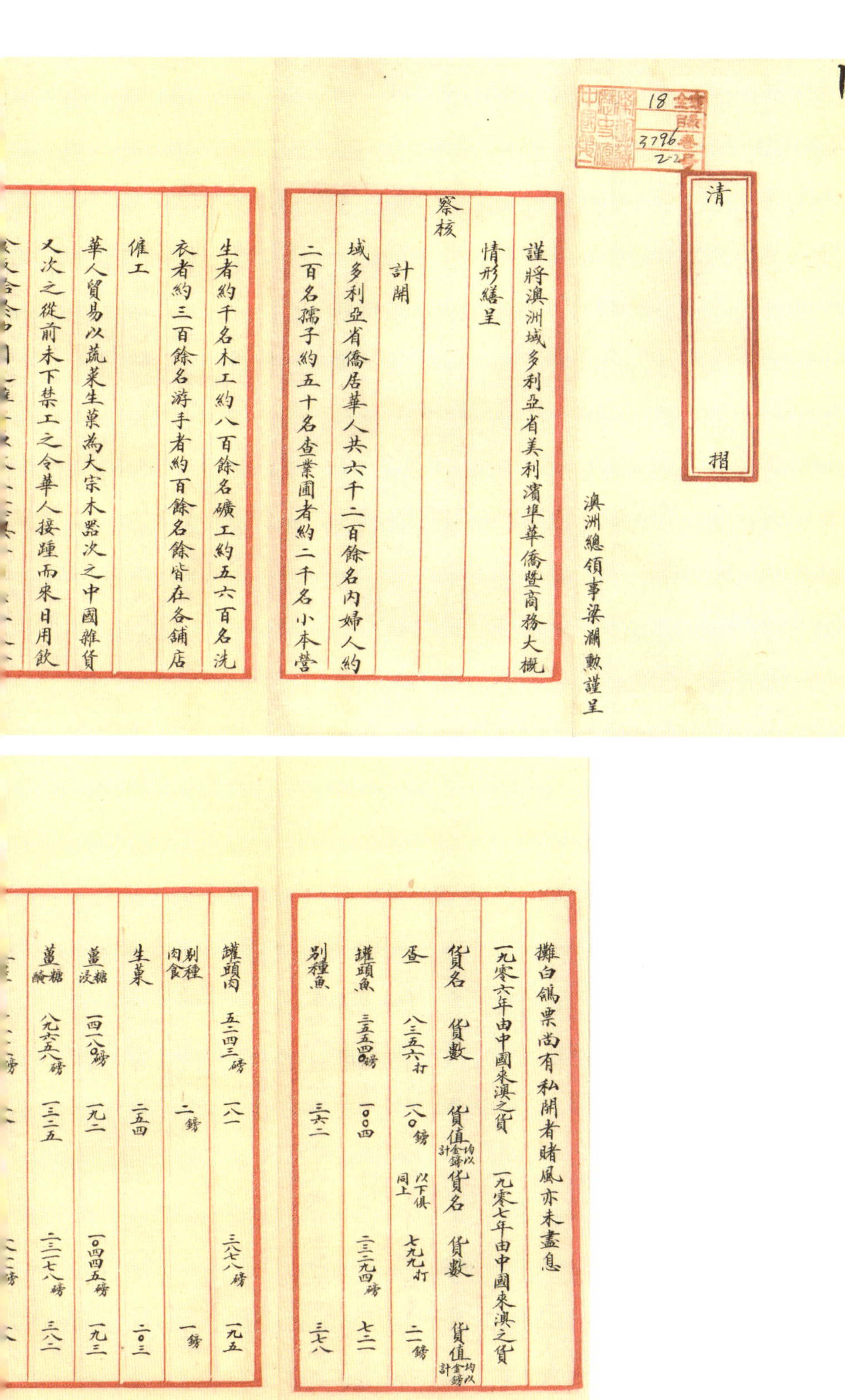

附

清摺

澳洲總領事梁瀾勳謹呈

謹將澳洲域多利亞省美利濱埠華僑暨商務大概情形繕呈

察核

計開

域多利亞省僑居華人共六千二百餘名內婦人約二百名孺子約五十名查業園者約二千名小本營生者約千名木工約八百餘名礦工約五六百名洗衣者約三百餘名游手者約百餘名餘皆在各鋪店傭工

華人貿易以蔬菜生菓為大宗木器次之中國雜貨又次之從前未下禁工之令華人接踵而來日用飲

攤白鴿票尚有私開者賭風亦未盡息

一九零六年由中國來澳之貨			一九零七年由中國來澳之貨		
貨名	貨數	貨值（均以金鎊計）	貨名	貨數	貨值（均以金鎊計）
蛋	八三五六打	一八〇鎊	以下俱同上	七九九打	二鎊
罐頭魚	三五五四〇磅	一〇〇四		三三二九四磅	七二一
別種魚		三六二			三七八
罐頭肉	五二四三磅	一八一		三六七八磅	一九五
別種肉食		二鎊			一鎊
生菓		二五四			二〇三
薑（浸糖）	一四一八〇磅	一九二		一〇四四五磅	一九三
薑（醃糖）	八九六五八磅	一三二五		二三一七八磅	三八二

肉		四八〇四		四一〇七
五金所成之器皿		四八五		八五六
檀香	三三三八〇〇磅	九二九九	三三三四四磅	一〇八八六
金		六一〇〇		一一九四〇
木	一三三三五三九六尺	八一六七三	二六四四五七五尺	一九四九七

雜貨　五一九四　四〇六六

澳洲土產往中國共值二一八九八二鎊　澳洲土產往中國共值四一〇二九鎊

別處土產由澳洲出口往中國共值三八〇八鎊　別處土產由澳洲出口往中國共值五四一二鎊

以上二柱共二三一七九〇鎊　以上二柱共四一六四四一鎊

同時由澳往香港之貨共值七二六〇九四鎊　同時由澳往香港之貨共值八五九九四六鎊

查一九零七年澳洲入口貨共值五十一兆餘鎊內中國貨值八萬餘鎊扯計約占六百五十分之一英國約占五分之三印度二十五分之一德國百分之七美國八分之一日本一百分之一香港二百分之一　澳洲出口貨共值七十二兆餘鎊內往中國者值銀四十一萬餘鎊扯計約占一百八十分之一英國二十分之九印度三十分之一德國十四分之一

計中國茶祇約占二十分之一絲綢價值由五千鎊至八千鎊不等一九零七年澳洲入口絲綢共值九十餘萬鎊扯計中國絲綢約占一百三十分之一至一九零七年香港前來之茶價值五萬餘鎊查此亦中國茶然亦不過多占總數二十分之一比從前未有印度錫蘭茶入口時不啻霄壤矣又香港前來之絲綢價值八千餘鎊查此亦中國絲綢然亦不過多占總數一百一十分之一比日本絲綢總值二十餘萬鎊占總數約四分之一又不啻霄壤矣日本絲綢異常輕薄價廉色美適投澳人之好故能暢銷又澳洲出口貨之往中國者近五年總值由九萬餘鎊增至四十一萬餘鎊以銅條麵麥木料為大宗至同時澳洲出口貨之往香港者其總值由三十餘萬鎊增至八十餘萬鎊以金錢鉛條麵粉檀香為大宗

驻澳洲总领事梁澜勋致外务部禀文之四（宣统元年三月十九日）

總數共值五八三三八鎊
同時由香港來澳之貨共值二三〇三一鎊

總數共值八一二七八鎊
同時由香港來澳之貨共值二六〇七九二鎊

一九零六年由澳洲往中國之貨			一九零七年由澳洲往中國之貨		
貨名	貨數	價值（均以金鎊計）	貨名	貨數	價值（均以金鎊計）
畜生	十二頭	一三五	以下俱	九八頭	一四一八
馬	二九八頭	五九四二	同上	一七八頭	三二九九
白銅	三三六〇鎊	四九			
牛油	二六三七九鎊	一四五一八		二五九八六四鎊	一三三三八
煤	七七九四噸	三一六五二		四一〇五八噸	一八四七八
生銅	八三五九六八鎊	三四二九七		四五四七二〇〇鎊	一四八九七九
魚	一三八八〇鎊	七八〇		二三八四八鎊	一二四一
麥米	一九〇三〇〇鎊	四五二		一四六〇〇鎊	五一
又未製的		一六六二			一〇六八五四
麵粉	五八七噸	四五三九		六四七九噸	四七〇三七
草及糠	二四六四鎊	六鎊		三三一四四鎊	五一
鐵及鋼	四一四四〇〇鎊	五二八		四八三六一六鎊	六八〇
鉛	二七七七二三鎊	一八八〇		二六〇九九三六鎊	一〇五二九
鉛片鉛管	三七七四四鎊	三二一		二九一二〇〇鎊	二八一九
皮		一一二六			三〇五

美國三十分之一日本一百分之一香港八十五分之一　查香港為中國南邊出入門户其貨物前來澳洲及澳洲貨物前往香港多半來往於中國地方然即以中國及香港兩處與澳洲來往各貨物合計則澳洲入口貨來自該兩處者合計亦僅占一百五十分之一而澳洲出口貨前往該兩處者合計秖占六十分之一即合出入口貨而計亦僅占七十七分之一耳至澳洲出入口貨之來往該兩處價值比較則出口貨尚溢於入口貨九十餘萬鎊也　查入口貨表由中國前來之貨值一九零七年總數稍勝於一九零四五六等年然遠不及一九零三年前即茶

驻新加坡总领事左秉隆致外务部申呈：

为海圻海容二船到新加坡接待如礼事

宣统元年四月二十二日（1909年6月9日）

清廷选派北洋海军海圻、海容二舰前往南洋考察，宣统元年（1909）闰二月十八日抵达新加坡，得到了驻新加坡总领事左秉隆的妥善照料。左秉隆还偕同清朝来访人员前往拜见新加坡总督，并率领华侨加以友好接待。完成考察任务后，海圻、海容两舰于闰二月二十三日离开新加坡，开往爪哇各商埠。

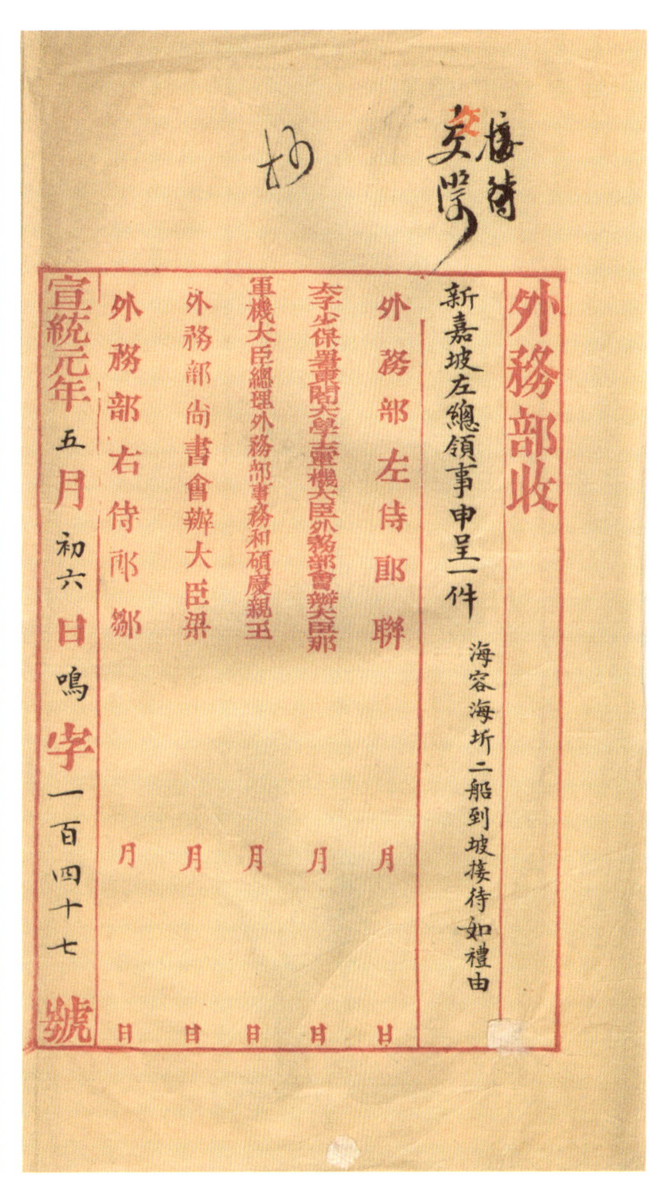

外務部收

新嘉坡左總領事申呈一件

海容海圻二船到坡接待如禮由

外務部左侍郎聯　月　日

太子少保署東閣大學士軍機大臣外務部會辦大臣那　月　日

軍機大臣總理外務部事務和碩慶親王　月　日

外務部尚書會辦大臣梁　月　日

外務部右侍郎鄒　月　日

宣統元年五月初六日鳴字一百四十七號

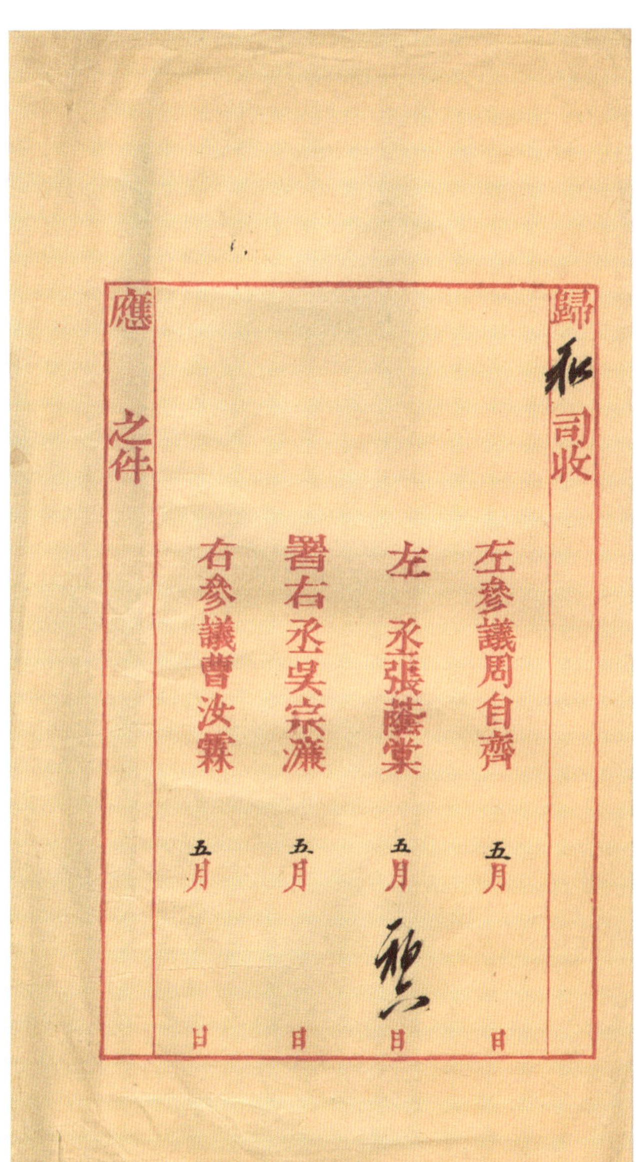

歸　司收

左參議周自齊　五月　日

左丞張蔭棠　五月　日

署右丞吳宗濂　五月　日

右參議曹汝霖　五月　日

應　之件

驻新加坡总领事左秉隆致外务部申呈之一（宣统元年四月二十二日）

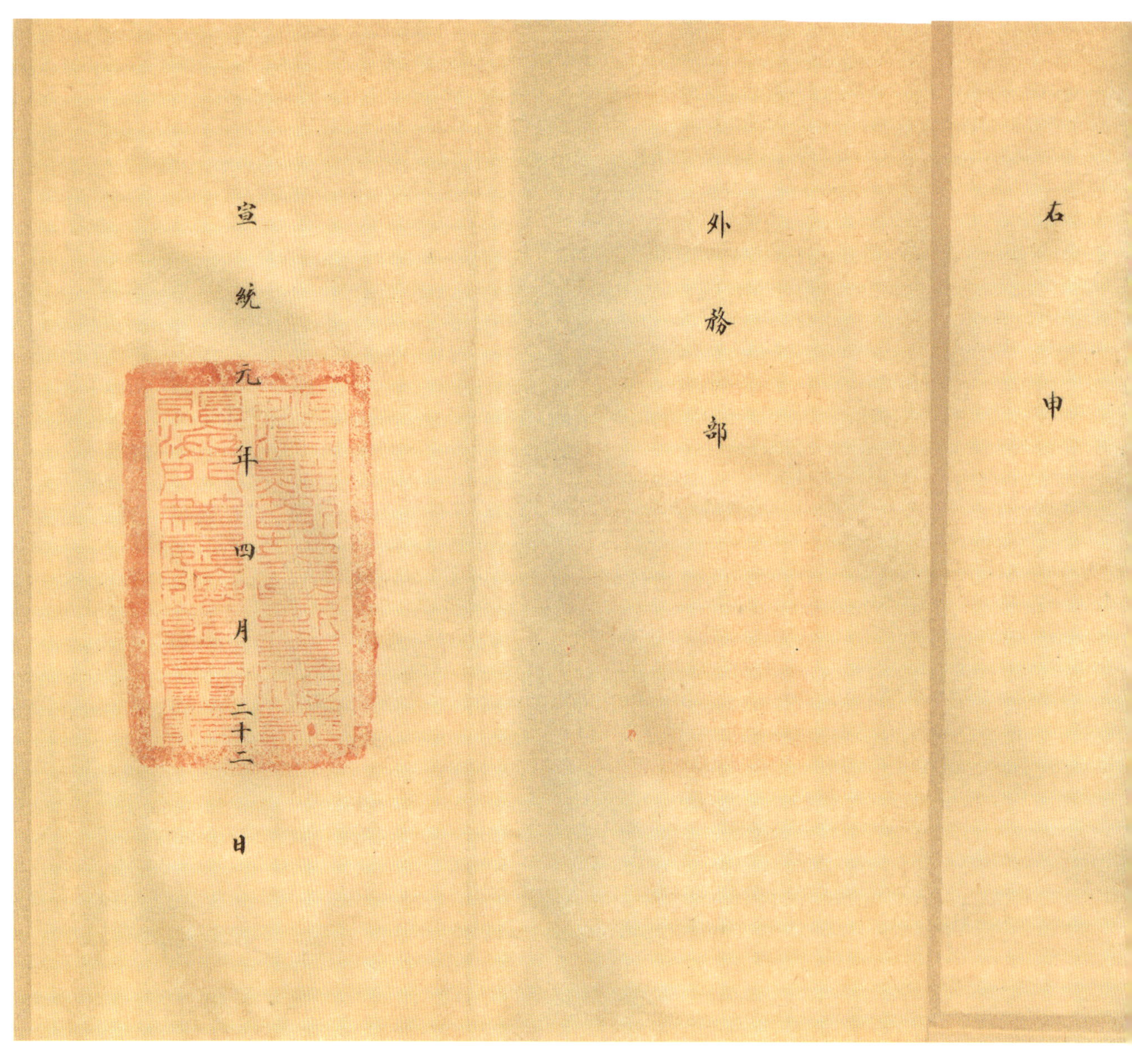
右
申
外務部
宣統元年四月二十二日

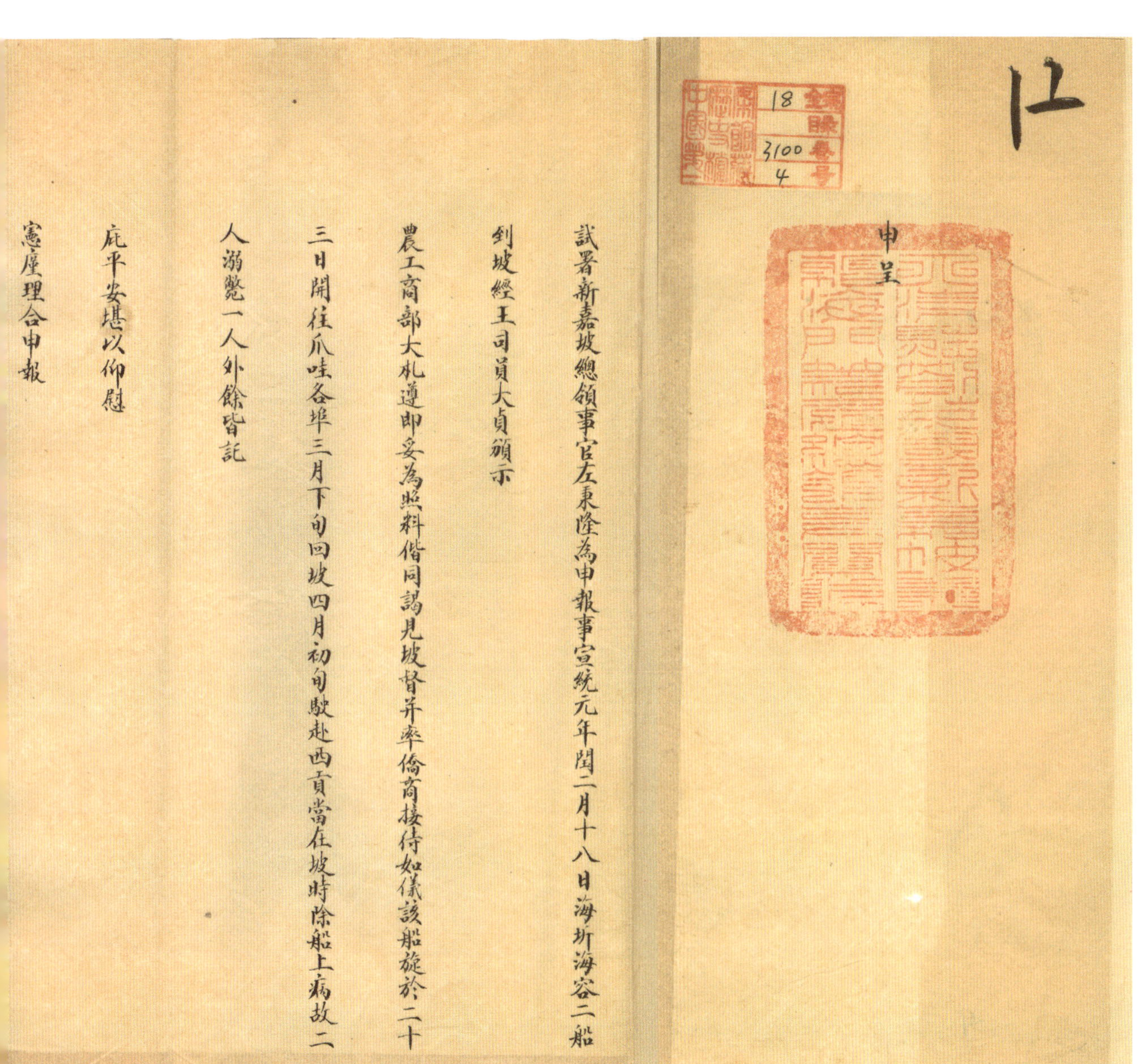

申呈

試署新嘉坡總領事官左秉隆為申報事宣統元年閏二月十八日海圻海容二船到坡經王司員大貞頒示

農工商部大札遵即妥為照料偕同謁見坡督并率僑商接待如儀該船旋於二十三日開往爪哇各埠三月下旬回坡四月初旬駛赴西貢當在坡時除船上病故二人溺斃一人外餘皆託

庇平安堪以仰慰

憲廑理合申報

驻新加坡总领事左秉隆致外务部申呈之二（宣统元年四月二十二日）

署纽丝纶领事黄荣良致外务部申呈：
为报纽丝纶埠华侨商业情形事

宣统元年六月三十日（1909年8月15日）

驻纽丝纶（今新西兰）领事黄荣良申报，纽丝纶政府于1855年招徕华工前往开矿修路。此后，华人接踵而至，到了1881年，人数达到最多，有5004人；至1906年，则只有2570人。纽丝纶华侨从事农业与工业者占多数，各占40%，其余20%则从事小本经营。

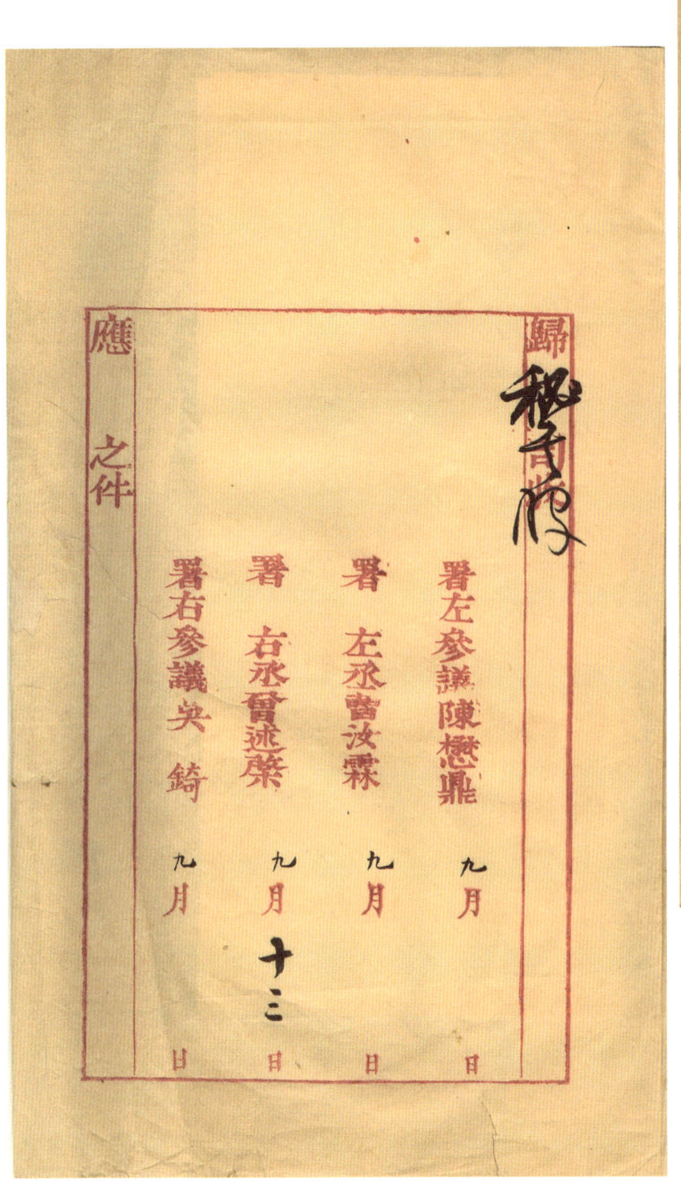

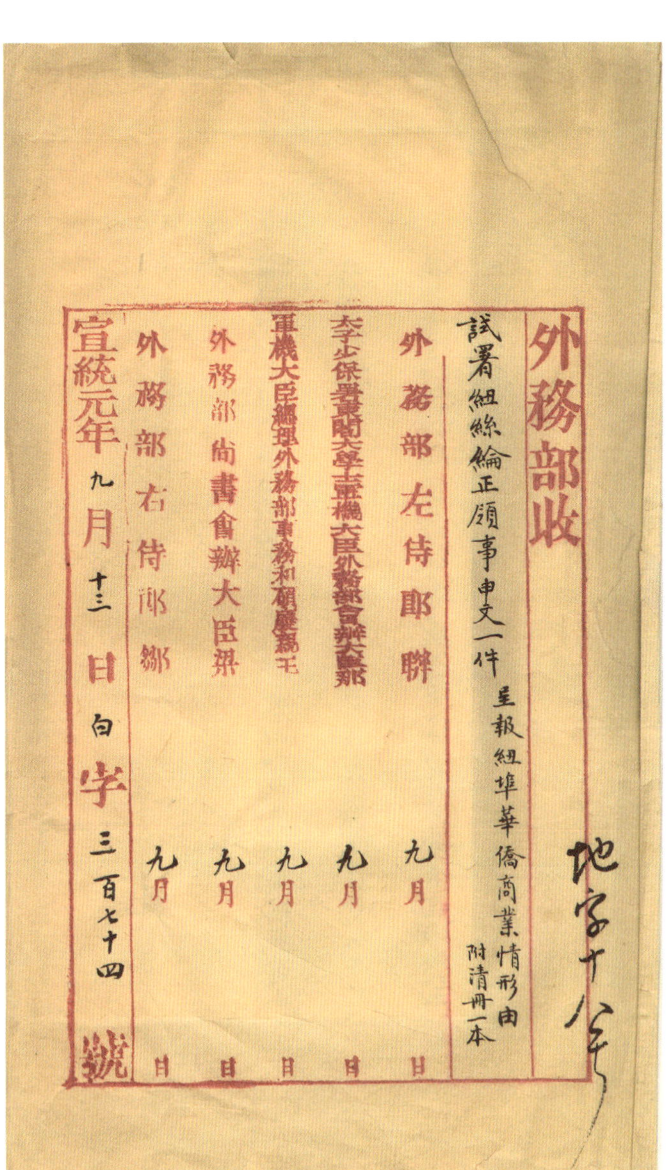

署纽丝纶领事黄荣良致外务部申呈之一（宣统元年六月三十日）

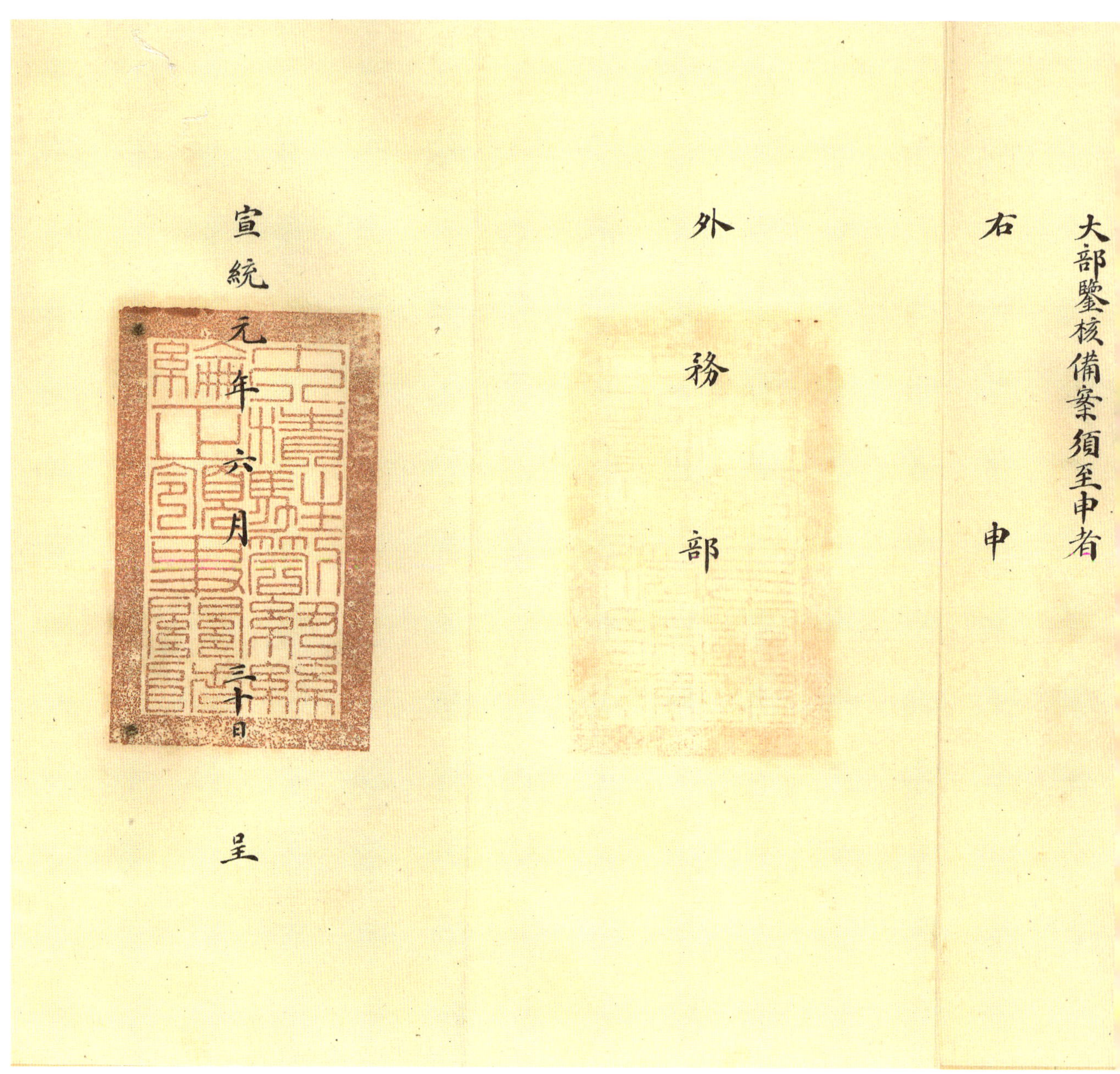

大部鑒核備案須至申者

右　　申

外務部

宣統元年六月三十日　　呈

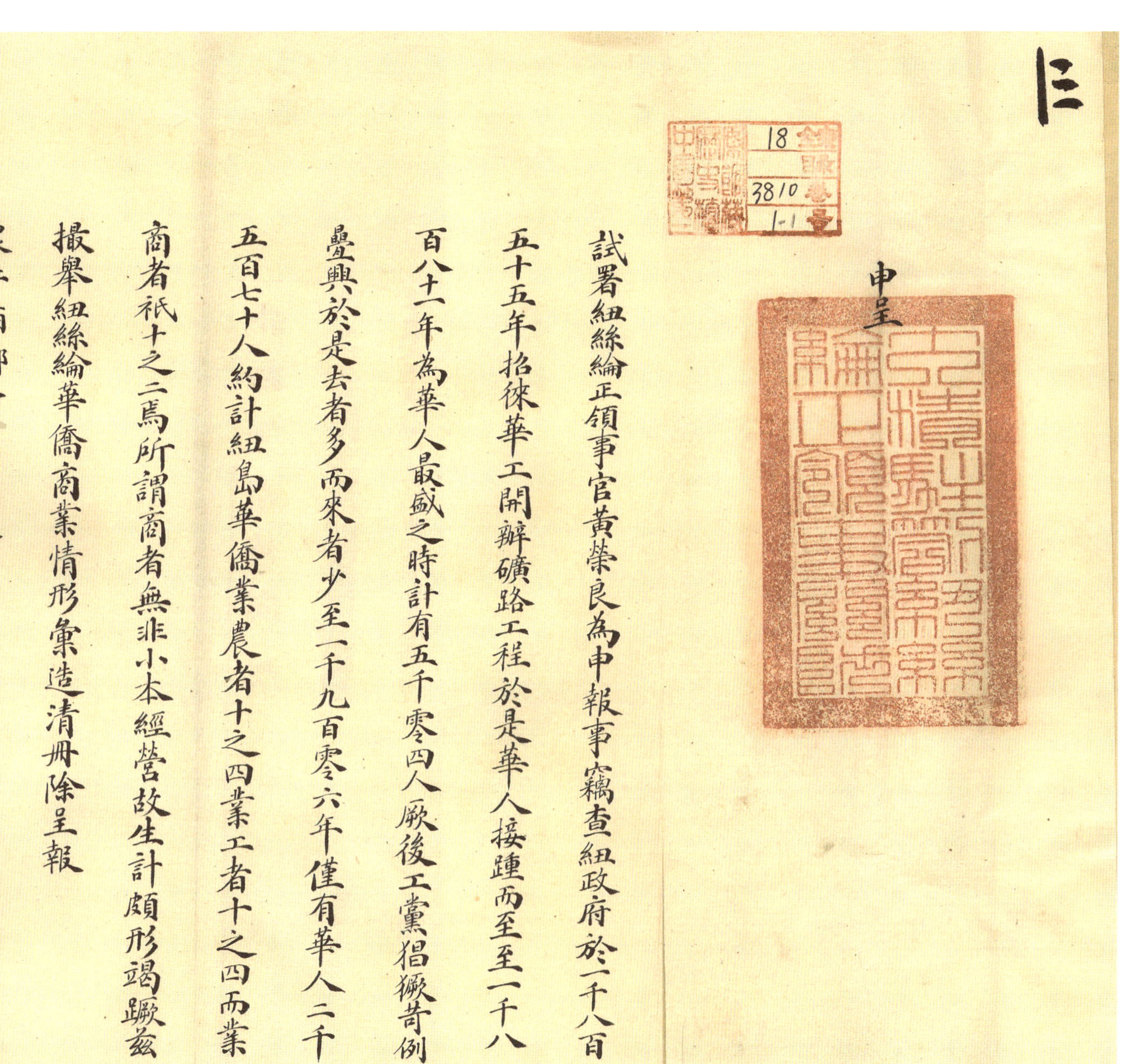
三

申呈

試署紐絲綸正領事官黄榮良為申報事竊查紐政府於一千八百五十五年招徠華工開辦礦路工程於是華人接踵而至至一千八百八十一年為華人最盛之時計有五千零四人厥後工黨猖獗苛例疊興於是去者多而來者少至一千九百零六年僅有華人二千五百七十八人約計紐島華僑業農者十之四業工者十之四而業商者衹十之二焉所謂商者無非小本經營故生計頗形竭蹶茲撮舉紐絲綸華僑商業情形彙造清册除呈報

農工商部

署纽丝纶领事黄荣良致外务部申呈之二（宣统元年六月三十日）

斯其居恒日用尋常之物，不肯購諸紐島，寧願運自中國而付以重稅，其生平足跡僅至廣東之一鄉村，並未遊歷中國各省，故各省著名之顧繡、雕刻等藝向為西人所贊賞者，從未輸入此邦，以與西人貿易，而此邦所產綠石、樹膠、羊毛等物，亦從未運回吾國以營業，蓋就今日大勢而論，紐絲綸者，天下最瘠苦之國，紐絲綸華僑者，各國華僑最貧愚之民也。

一千九百零八年中國貨輸入紐絲綸表 香港貨附內

貨名	價值（金鎊）	貨名	價值（金鎊）
粗布	四〇	藤棒	四四八
鹹肉火腿	四	紅糖	一
柳枝編織物	二九	紙牌 玩具	一
糕餅	一五	磁器	四六
書籍	二	自鳴鐘	一
鞋	二五	乾椰	二
雞毛帚	七五二	蜜餞品	九四
帚料	二五	綿料物	六
燭	九	陶器	四三
裝飾品	二	醬油	一二〇
氈毯	二〇	盤碟等	五
絲綢	七八六一	食物料	一三八九
香料 有依的	二七	米製物及渣滓	二
香料 無依的	一五六	醬汁等	三三〇
漿粉	一	種子等	二六
糖	四	糖食	五八一
茶	一五一四	燒酒	七七七
服飾品	五四	雜酒	一三

Preferential Duty 半數，如常例抽稅十之二者，另征寧願稅十之一。凡中國運來之貨，均征寧願稅，而米與花生油則免稅，因紐地不產米，不製油，故關吏故寬其例，以勵商人之輸入也。

華僑洗衣鋪用手工而不用機器，雖取價較貴，而生意頗佳，因所用之漿，雜以中國製衣之澱粉，能令體質硬而光彩佳，勝於用機器之故。計華僑洗衣鋪約二百家，其每年所用漿粉約在百箱左右，每箱約值華洋十元，共計洋千元左右，華僑輸入此物不以實報，而假藕粉米粉為名，以圖免稅，並以防西人洗衣鋪之傚用，表內僅列一鎊者，不足為據。

粵人烹飪食品必雜以各種藥料，以為美味，故無一雜貨鋪不售藥材。藥材之貴者如參茸，每箱約值一二百元，賤者如苓朮，每箱祇值十數元，而華僑則統報每箱八元或十元，故表內藥料藥器七十八鎊者，亦非實數。

華僑居室之簡陋，常有鋪板為桌、列箱為櫈者，表內傢具一項，係西商所運藤椅、竹器等件，又藤棒一項，亦由西商運來，自製椅櫈，此非由華人自運而自用也。

表內所列帚一項，係西商所運，售作鋪地之用，而絲綢一項則運自華商者約十之四，運自西商者約十之六。

表內鮮菜蔬一項，係指生薑、荸薺、茨菇、芋、藕之類，紐島輸出至中國之貨，祇有木耳一物最能獲利，此物於雨後出於枯木，為菌類之一，性淡而質脆，形如中國木耳而大，則過之，西人本視為廢物，每磅售一辨士，現因華人爭相購取，市價忽增五倍，而運至中國，每百斤售銀三十五兩，約計每擔可獲利七八兩。輸出貨表內所列金幣七百鎊，但指華人回國時交船主保險收藏之數，實則華僑攜金回國，有密置腰橐者，有由郵局寄匯者，故言七百鎊者，並非輸出實數，終歲胼手胝足，祇此辛苦所得，或稍挽利權於萬一乎。

宣統元年六月三十日 試署紐絲綸正領事黃榮良呈

署纽丝纶领事黄荣良致外务部申呈之三（宣统元年六月三十日）

18
3810
1-2

紐絲綸華僑商業情形

查紐絲綸於一千八百四十年始宣布受治於英皇維多利亞時英人之居紐島者寥落如晨星自英政府近年以殖民政策鼓勵其國人之來紐始則給以川資繼而減收船價抵紐之後復由紐政府工商部為之介紹事業而於牧暨農夫尤予以特別利益故英人接踵而至迄今計有九十餘萬蓋紐絲綸者英吉利僑民之國也其僑民自立政府（除總督由英君派充外其餘各大臣皆由議院選舉凡男女英人居紐島一年者即同有選舉權）故英政府無遙制屬地之權故中國駐英使臣無遙領華僑之責故紐政府時出苛例以限禁華僑故吾華僑視為畏途而相繼去紐考戶口冊所載

一千八百八十一年華人五千零四名

一千八百八十六年華人四千五百四十二名

一千八百九十六年華人三千七百十一名

一千九百零六年華人二千五百七十名

按前後相去二十六年遞減二千四百三十四名則迄今一千九百零九年尚不及二千五百七十名可知矣但一千九百零八年禁例實行以前約有華人二百餘名乘機前來然則截長補短仍以二千五百七十名為刻下旅紐華僑之數當相去不遠其籍貫均隸廣東而以廣州府之番禺新寧增城新會為最多問其家產無十數萬金之富戶故其商業無大宗貿易之公司計全島華僑以種植菓蔬販賣菓蔬兼中國雜貨及洗衣等事為較大之營業餘則自鄙以下苦力而已洗衣店約二百家菓蔬兼雜貨店約二百家種植地約四千英畝（其地均係租賃非由華僑自置因華僑眷念祖國之意無日不忘茍有餘資均願回籍）有資本者用牲畜代勞雇工人合作耕數十畝者有之而以一人耕地四英畝均計之則業耕者約計一千人紐島菓蔬店大半華人所開因華人勤苦耐勞其整潔

醋	二	糖汁	一
雪茄	六四	文房物件	五一四
烟葉	一三	編織物	八〇九
木具	二	織絨補物料	七一六
乾鮮菜蔬	一三一	郵局包件	二五〇

共計英金三萬一千三百九十八鎊

一千九百零八年紐絲綸貨輸出中國表 香港附

（貨名）	（價值金鎊）	（貨名）	（價值金鎊）
木耳	五八九〇	食物料	一九
金幣	七〇〇	羊	九二
舊銅鐵器	二九四	絲質物	二九
絨毯	一	絨質物	一〇
郵局包件	二六	荳	三

共計英金七千零七十四鎊

按由亞來澳之船以香港為首發口岸故運紐之貨由香港報關者多而由中國報關者少其實均係華貨而輸至香港之貨亦為華人所用故譯者特於二表內均以香港附入以徵核實

外务部致两广总督电报：
为德公使已允派员驻萨摩等事

宣统元年七月初三日（1909 年 8 月 18 日）

外务部致电护理两广总督胡湘林称，经与德国磋商，已允许清朝在萨摩岛派驻领事，保护所招华工。外务部认为，派驻领事应名为驻扎德属南洋各岛领事，其经费除由工人承担一部分外，由出使经费项下拨补。并询问两广总督处有没有适合担任领事的人选。

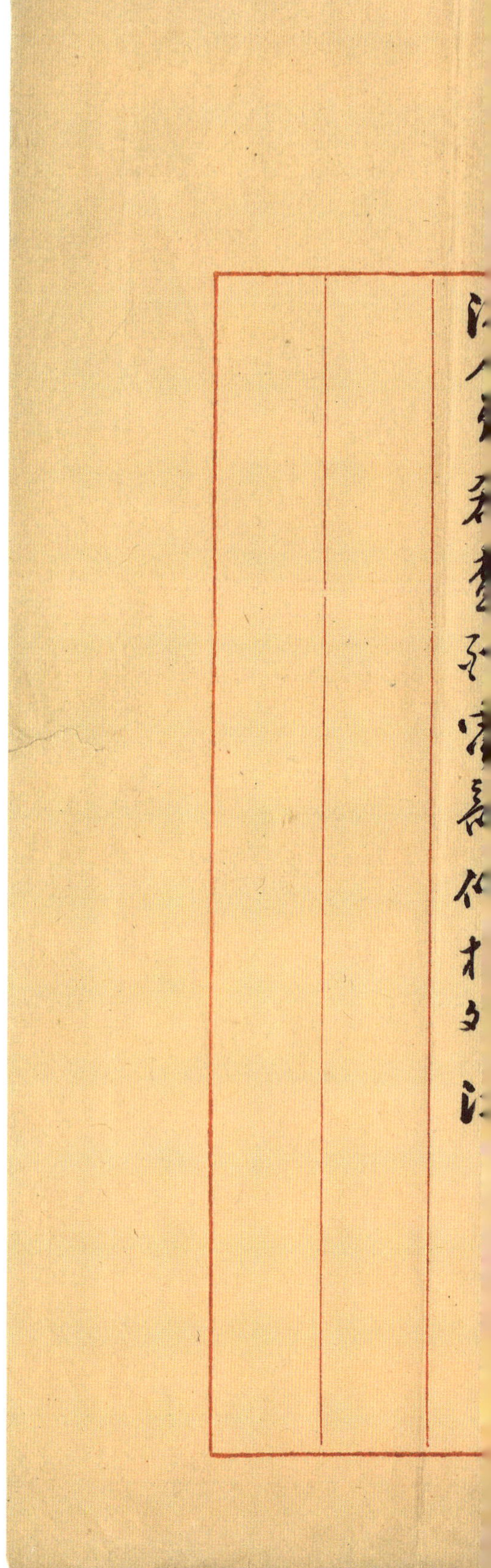

外务部致两广总督电报（宣统元年七月初三日）

61
18
3817
24

發護粵督電　七月初三日

洪薩摩招工事已照儉電所陳派員

貿易兩節與德使磋商彼允派欽駐島

監視惟貿易須資本若干未能核定此

次擬招工六百該按察既擔優待自可允

令先行帶往俟僑約商妥後即送照一律

辦理所派之員應名為駐薩總領南洋各

島領事其經費除工人每名抽公費三圓外不

敷之款即由出使經費項下撥補尊處有無可

331

署纽丝纶领事黄荣良致外务部禀文：为恳请增设名誉领事以资保护侨民事

宣统元年九月初二日（1909 年 10 月 15 日）

署理纽丝纶领事黄荣良称，各国设立领事，不必皆由其国家特派专员，亦不必皆由其本国官员承充，可以选择本国或他国商人承充。当时在新西兰的华侨约有 3000 人，散处南北各岛。黄荣良建议在屋仑、丹衣殿（在南岛）、卡赖左治三埠各设一名誉领事，选择英人之素负时望而与华侨相友善者，有事即报知领事处理，如此则有利于保护华侨。

稟

試署紐絲綸正領事官黃榮良稟

為懇請增設名譽領事以資保護僑民由

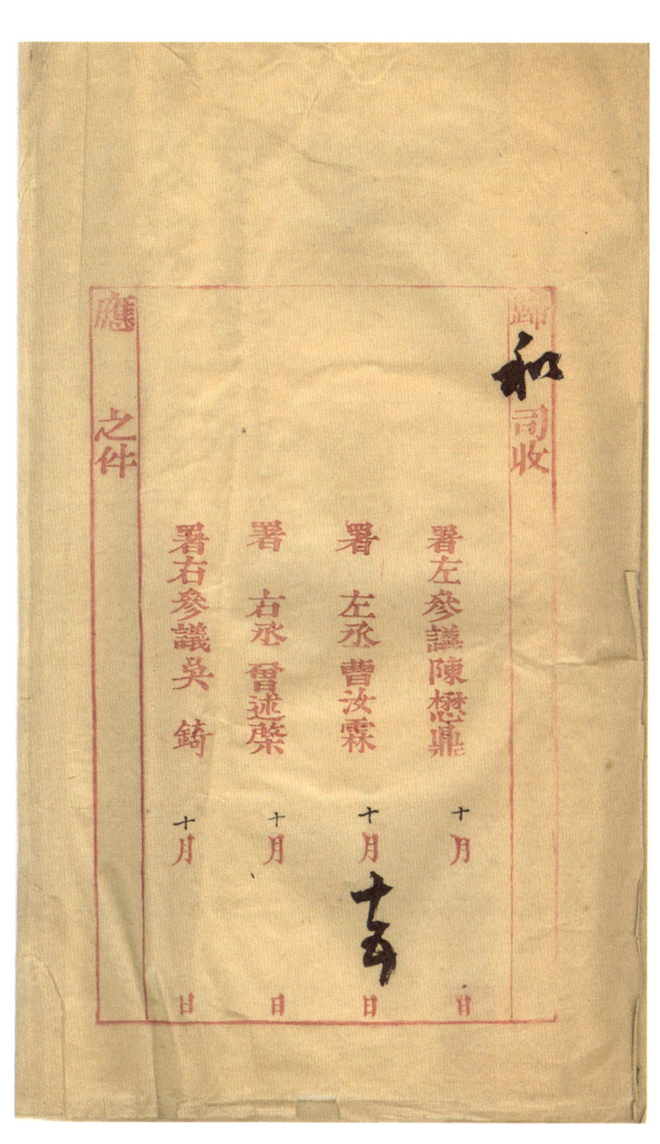

應　之件

司收

和

署左參議陳懋鼎　十月　日

署左丞曹汝霖　十月十五　日

署右丞曾述棨　十月　日

署右參議吳錡　十月　日

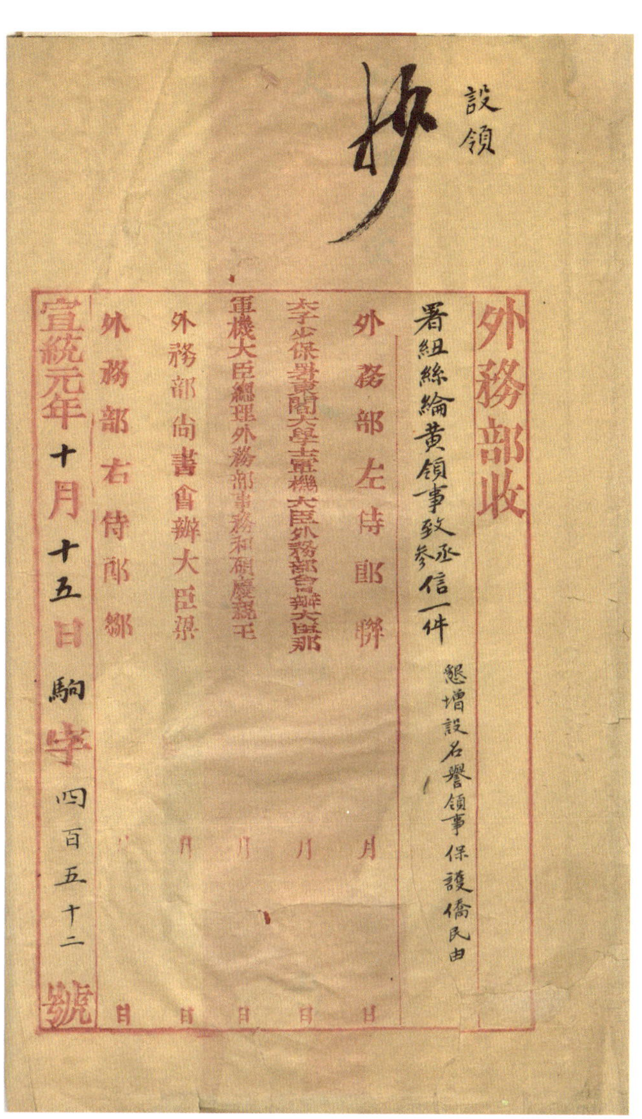

抄

設領

外務部收

署紐絲綸黄領事致參丞信一件

懇增設名譽領事保護僑民由

外務部左侍郎聯　月　日

太子少保協辦大學士軍機大臣外務部會辦大臣那　月　日

軍機大臣總理外務部事務和碩慶親王　月　日

外務部尚書會辦大臣梁　月　日

外務部右侍郎鄒　月　日

宣統元年十月十五日駒字四百五十二號

署纽丝纶领事黄荣良致外务部禀文之一（宣统元年九月初二日）

官員承充。如此間所有各國領事，惟總領事由各該國特派駐劄，並予薪俸。至領事則除中法二國外，皆由其本國或他國商人承充，雖有領事副領事之稱，實則與名譽領事無異，不領薪俸，但於發給商人提單 Consular Invoice（商人輸貨於其本國，必由領事發一提單，否則該貨到岸不能提出）辦理僑民雜務，酌取費用。茲將駐紐他國領事及僑民人數列表如下。

國名	領事人數	所轄地	所駐地	旅紐人數
德國	總領事一人、副總領事一人	澳大利紐絲綸奧濟	雪梨	四千一百六十二人
	領事四人		卡賴左治、屋崙、丹衣殿、汪架島	
	副領事一人		威靈頓	
奧匈聯邦	總領事一人	澳大利紐絲綸北海島	雪梨	二千二百十二人
	領事一人		屋崙	
丹麦	領事一人	紐絲綸北島	威靈頓	二千二百七十七人
	領事一人	紐絲綸南島	卡賴左治	
	副領事三人		好蓋的街、屋崙、丹衣殿	
瑞典	領事一人	紐絲綸	威靈頓	八千六百十八人
	副領事二人		屋崙、卡賴左治	
哪威	總領事一人	澳大利紐絲綸	美利濱	一千三百九十六人
	副領事四人		卡賴左治、屋崙、丹衣殿、音浮卡及	
	領事一人		威靈頓	
美國	總領事一人	紐絲綸全島	屋崙	一千一百五十六人
	副領事一人、理事三人		卡賴左治、威靈頓、丹衣殿	
法國	領事一人	紐絲綸全島	屋崙	六百二十四人
	參事一人、理事二人		威靈頓、卡賴左治	
義大利	總領事一人	澳大利紐絲綸奧濟	美利濱	五百七十四人
	理事五人		卡賴左治、威靈頓、丹衣殿、格雷馬夫、屋崙	

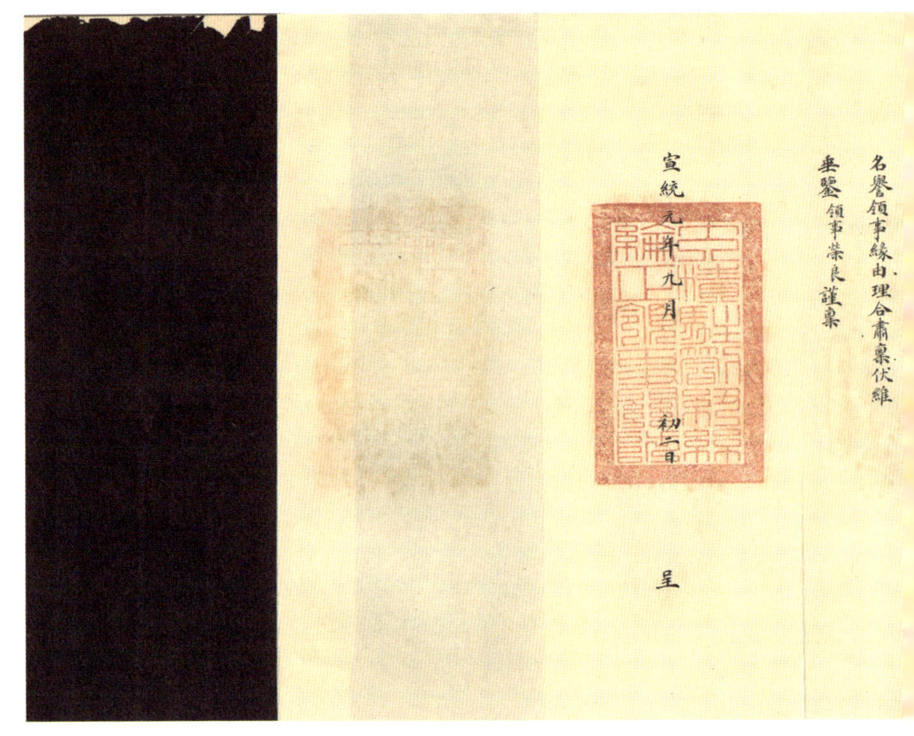
名譽領事緣由，理合肅稟，伏維

垂鑒。領事榮良謹稟

宣統元年九月初二日

呈

奏派試署紐絲綸正領事官黃榮良謹

稟

大人閣下敬稟者竊領事查紐絲綸之有華僑足跡始於同治初年其時草莽叢生路礦待闢紐政府特名美利濱華商何美來紐接洽招工事宜於是華僑接踵而至時以歐人寥落華僑頗能相安厥後歐人日多生機日少而猜忌華工之心日甚一日至光緒三十一年八月二十六日一千九百零五年九月二十四號竟有西人廖奈泰爾 Lionel Terry 槍斃華僑周錦容一案蓋廖以仇視華人為宗旨曾著一書率述英國屬地不宜引進黃種殖民等語時問官已以死罪定讞矣忽紐島衆民公稟廖之殺人由於一時癲狂病發於是問官執罪疑惟輕之例僅罰以永遠監禁竊以西人來華悉受優待偶有不測其公使或領事必多方要求我恤款懲犯等事今華僑來紐竟以西人種族之見而見殺而殺人者又得法外逃生此無他吾

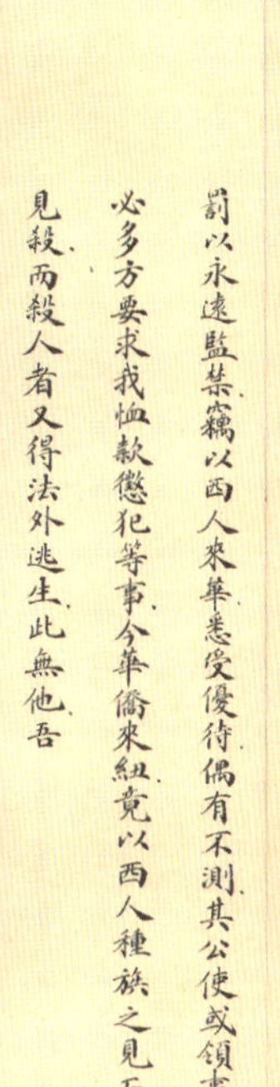

俄國	總領事一人	澳大利紐絲綸	美利濱	四百八十四人
希臘	副領事一人	紐絲綸	威靈頓	一百四十四人
比利時	總領事一人 副總領事一人 領事三人	澳大利紐絲綸斐濟 紐絲綸北島三省	美利濱 威靈頓 卡賴左治 屋崙 丹衣殿	一百二十六人
和蘭	總領事一人 領事一人 副領事四人	澳大利紐絲綸斐濟	美利濱 威靈頓 丹衣殿 屋崙 威靈頓 卡賴左治	一百十五人
西班牙	總領事一人 名譽總領事一人	澳大利紐絲綸	美利濱 威靈頓	六十九人
日本	領事一人	紐絲綸	威靈頓	二十五人
亞爾然丁	副領事一人	紐絲綸	丹衣殿	二十一人
巴西	副領事一人	紐絲綸	威靈頓	十九人
智利	總領事一人 名譽領事四人	澳大利紐絲綸	雪梨 卡賴左治 屋崙 威靈頓 丹衣殿	十八人
墨西哥	領事一人	紐絲綸	屋崙	十二人

是在僑民一二十人之國尚設領事以保護之吾華僑三千人散處南北各島而以領事一人駐劄紐京雖有通譯書記各員分理職務每有未能長駕遠馭之勢且紐京交涉漸多領事未便常常出巡可否於屋崙丹衣殿卡賴左治三埠各設一名譽領事選擇英人之素負時望而與華僑相友善者承其乏該埠有事即由該名譽領事報知領事再由領事稟報

大部暨

駐英出使大臣施行雖商人輸貨由領事發給提單事關交涉吾國一時未能辦到但該埠既設名譽領事如有華民託辦事件可訂例酌取費用以資津貼似於

國帑無虛糜而於僑民有實惠如蒙

署纽丝纶领事黄荣良致外务部禀文之二（宣统元年九月初二日）

署纽丝纶领事黄荣良致外务部申文：为报告侨民罗光照大学毕业获机械师文凭现为人聘用事

宣统元年九月初七日（1909年10月20日）

署纽丝纶领事黄荣良出巡至新西兰南岛丹衣殿时，发现了原籍广东华侨罗光照，自坎德伯雷大学毕业，获得机器师文凭，能够修造桥梁地道。黄荣良认识到“今我国家百度维新，亦以搜罗贤才为急务”，于是向外务部举荐罗光照，希望他能“为祖国效用”。申文外，还附有黄荣良英文履历一份。

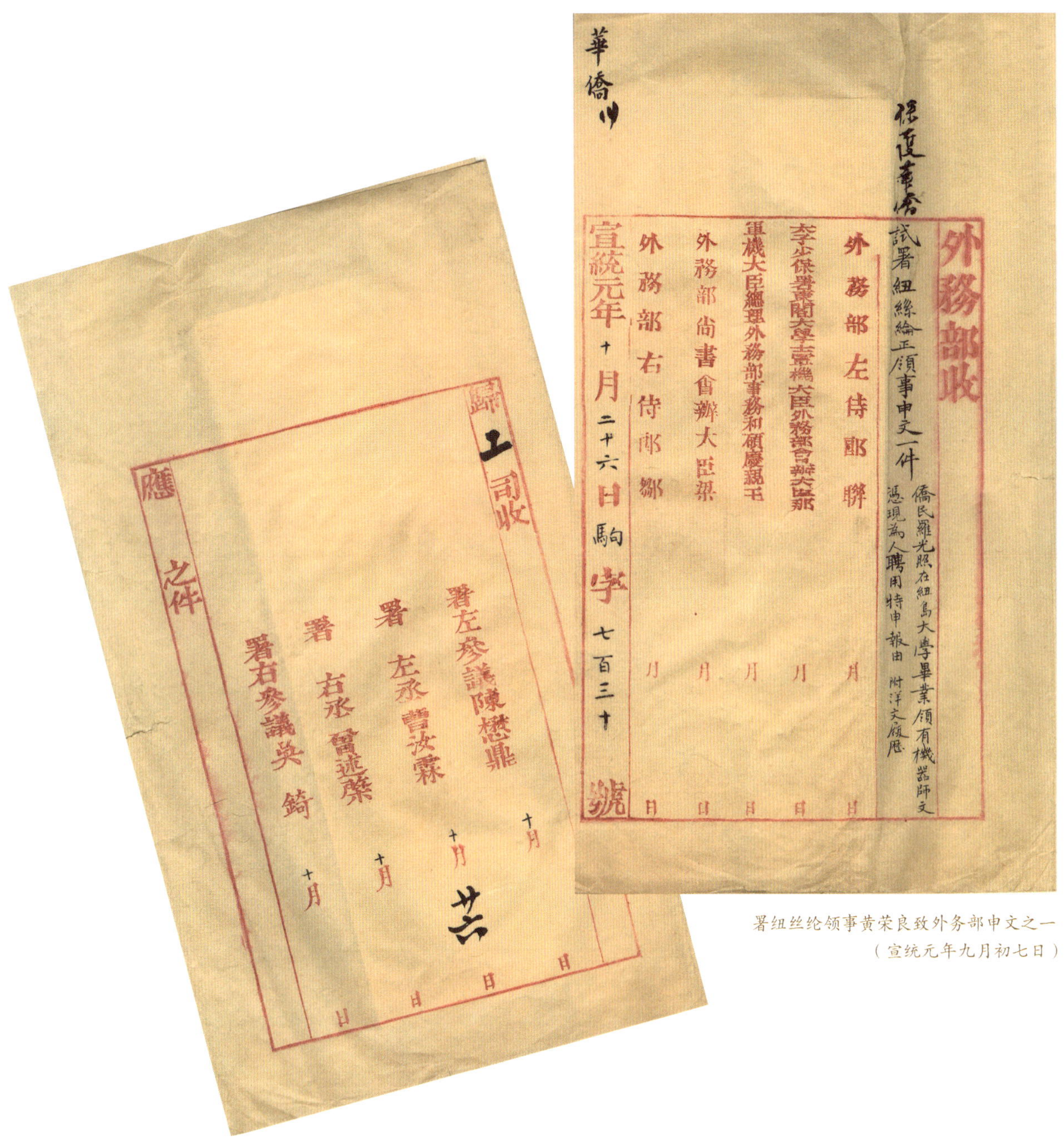
外務部收

保護華僑

試署紐絲綸正領事申文一件

僑民羅光照在紐島大學畢業領有機器師文憑現為人聘用特申報由 附洋文履歷

外務部左侍郎 聯

太子少保協辦大學士東閣大學士軍機大臣外務部會辦大臣 那

軍機大臣總理外務部事務和碩慶親王

外務部尚書會辦大臣 梁

外務部右侍郎 鄒

宣統元年十月二十六日 駒字七百三十號

華僑

歸工司收

署左參議陳懋鼎

署左丞曹汝霖

署右丞曾述棨

署右參議吳錡

應 之件

十月 廿六

署纽丝纶领事黄荣良致外务部申文之一
（宣统元年九月初七日）

各事諳有本國人可以勝任者固不便先用之今我

國家百度維新亦以搜羅賢才為急務故傾事採訪所及不

敢壅於

上聞用特據實申呈並附羅光照英文履歷敢祈

大部鑒核施行除申報

農工商部外為此具呈須至申呈者 附件

駐英出使大臣

右

申

外務部

宣統元年九月初七日呈

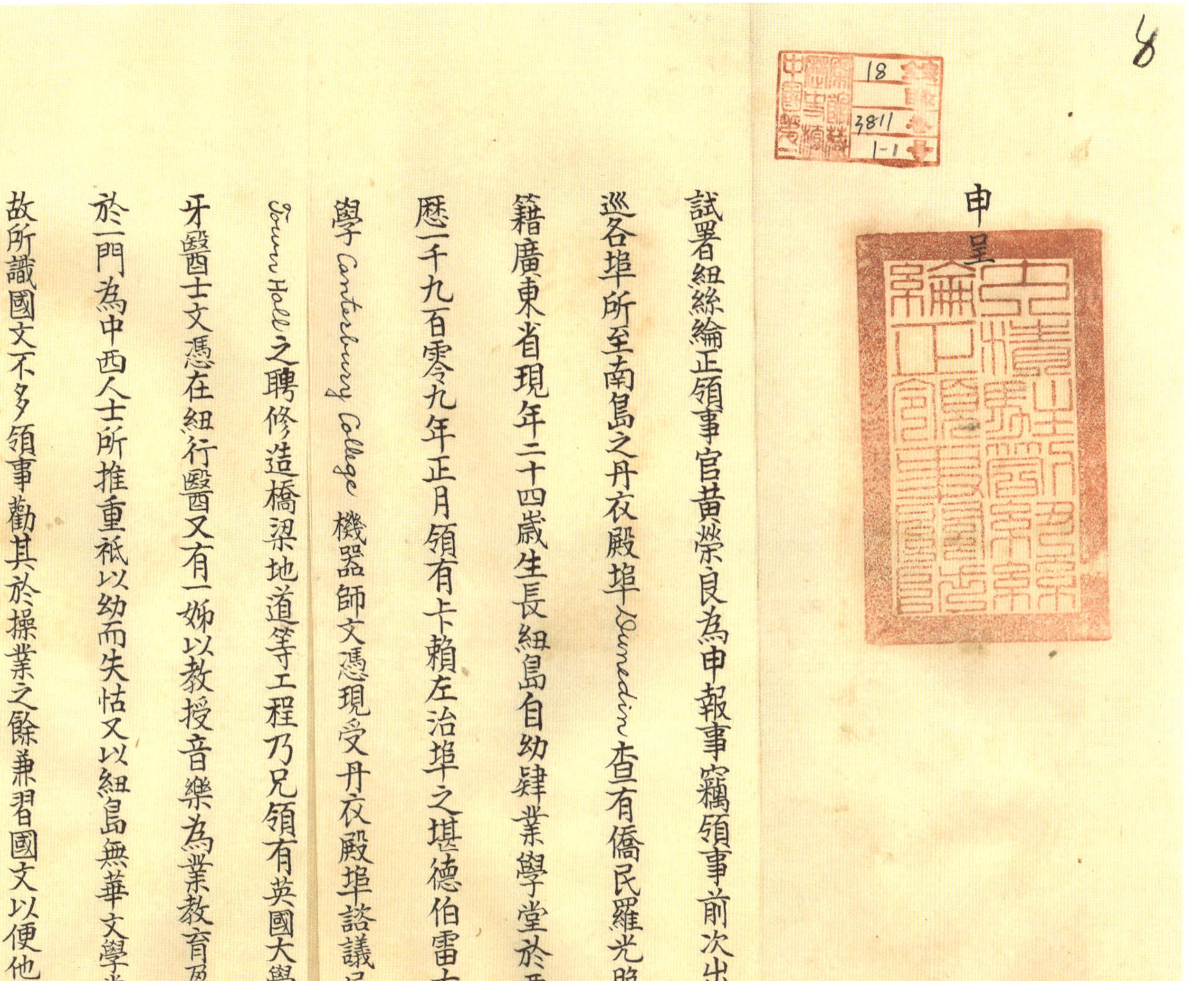
申呈

試署紐絲綸正領事官黄榮良為申報事竊領事前次出巡各埠所至南島之丹衣殿埠 Dunedin 查有僑民羅光照籍廣東省現年二十四歲生長紐島自幼肄業學堂於西歷一千九百零九年正月領有卞賴左治埠之堪德伯雷大學 Canterbury College 機器師文憑現受丹衣殿埠諮議局 Town Hall 之聘修造橋梁地道等工程乃兄領有英國大學牙醫士文憑在紐行醫又有一姊以教授音樂為業教育盈於一門為中西人士所推重祇以幼而失怙又以紐島無華文學堂故所識國文不多領事勸其於操業之餘兼習國文以便他日為祖國效用渠亦頗有志上進查日本維新之初所有興辦

署纽丝纶领事黄荣良致外务部申文之二（宣统元年九月初七日）

I.

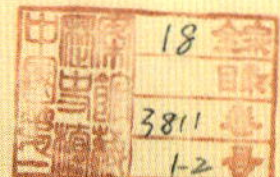

COPY.

Dunedin Drainage and Sewerage Board.
Town Hall, Dunedin, New Zealand.
September, 28th, 1909.

CAREER.

Norman Kwong Tsu Low.

I was born in October 1886 of Chinese parents (cantonese) at Dunedin, New Zealand. At the age of 5 years I went to the Normal Primary Schools which I attended for 8 years. I then went to the Otago Boys' High School till 1901 when I left to enter as an apprentice, the brass finishing trade. As my intention, from a child, was to become an engineer, I went into the brass-shop mainly to gain experience in the manipulation of the various tools. This experience has since proved to be valuable. Whilest working in the brass-shop, I studied in the evenings and at the end of 1903 succeeded in passing the Matriculation Examination of the New Zealand University.

In march 1904, I commenced the regular course for the degree of Bachelor of Engineering at Canterbury College, Christchurch, and passed my final examinations in November 1909. The course prescribes eighteen months' practical work in an approved engineering workshop, three months to be done in each summer vacation. Therefore in 1908 I had nine months to complete before I could take out my degree.

On the 24th October, I proved to be the successful applicant for the position of draughtsman to the Dominion Dunedin Drainage and Sewage Board at a salary of £180 per annum. A short time ago, the Chief Engineer

2.

asked me to take over the work of Engineer of House Connections at a salary of £250 per Annum. I accepted and am now engaged in the work, though I do not expect the increase in salary till I have been one year in the Board's employ. However, I am at present gaining valuable experience. In January 1909, I took out my Degree.

In the brass shop I was engaged in the manufacture of all kinds of bras fittings, cocks and valves. This shop(A&T Burt's) is the largest brass shop in the Dominion.

The Engineering School at Canterbury College is the only school, whose examinations are recognised by the Institution of Civil Engineers, Lond as being on an equal footing with their own. Grduates of the School may become students of the Institution of Civil Engineers without further examination and on attaining the age of 25, become eligible for electio to associate membership.

The subjects for the first two years of the Course are:

Mathematics(Geometry, Algebra,up to Binomial Theorem, Plane Trigonometry, Mechanics and Hydrostatics).

Chemistry, Inorganic (Theorétical and practical work).

Physical Science, (Heat, Sound, Light, Electricity and Magneti

Drawing (freehand and mechanical)

Steam (elementary).

Applied Mechanics and Mechanics of Machinery; also laboratory work in Applied Mechanics, Electricity, Physics, Streng of materials and Steam.

The above subjects must be passed by the end of the second year. In the fourth year, the student specializes. I took Electrical branch, becaus it includes the regular course in Mechanical engineering. In addition,

3.

took the courses of lectures in theoretical and practical surveying, Locomotive and Civil Engineering.

The subjects for the last two years include Mathematics(ConicSections, Integral Calculus andDifferential Calculus), Steam, Intermediate and advanced, Strength of materials and designs of structures, Theory of workshop practice, Electricity and Magnetism(Honour's grades) with Laboratory work, Electrical Engineering intermediate and advanced with Laboratory work, Drawing and Designing.

The final examination in drawing consists of an original design lastings 14 days, under drawing office conditions, and a six hours examination in details. There is also a three years' College course in Mechanical Engineering, the written examinations for which, I passed but owing to pressure of work at the time, I did not sit the 14 days design.

I served my 18 months' practical work in the New Zealand Government Railway Workshop at Dunedin, part of the time being spent in the fitting shop and part in the office and foundry, so I had every opportunity of observing how the management of a large works is conducted. During the time I was in the Fitting Shop I was engaged on the building of three tank engines and also on repairs to other classes of Locomotives. However, I prefer Civil Engineering to the other branches.

My present work consists in the Survey and design of public drains through private property. It comprises draughting of plans and specifications and notices to be served on owners of property, searching Government Records and deeds, superintending contractors Etc. besides private house connection work. This brings me in contact with all kinds of people and is exceedingly valuable experience both in

4.

administrative and in purely technical work.

When I have gained a good working knowledge of drainage work, I should very much like to go to some country like Canada or the United States for experience in Railway and water work.

I am at present taking Classes in Geology and Astronomy at Otago University College. I may mention that I have always got on well with Europeans.

(Signed) Norman Kwong Tsu Low.

羅光照

署纽丝纶领事黄荣良致外务部申文之三（宣统元年九月初七日）

调署仰光正领事萧永熙致外务部呈文：为呈报本年秋季商务报告册事

宣统元年九月二十八日（1909年11月10日）

萧永熙是清朝派驻仰光的第二任领事，于宣统元年（1909）五月到任。按照要求，他应该每季度向外务部呈递商务报告。宣统元年秋季的商务报告汇报了宣统元年五至七月缅甸的货物进出口、金银进出口、船舶进出口、进出口税收情形，以及华人商业、华人佣工情形，还有这三个月中仰光由中国进口货物及向中国出口货物的情形。

据萧永熙报告，当时侨居缅甸的华人有60余万，“以仰光为尤众，约计有十数万人”。侨民主要是闽粤两省民众航海而来，由云南来者只百余人而已，自江浙来者更不满百人。

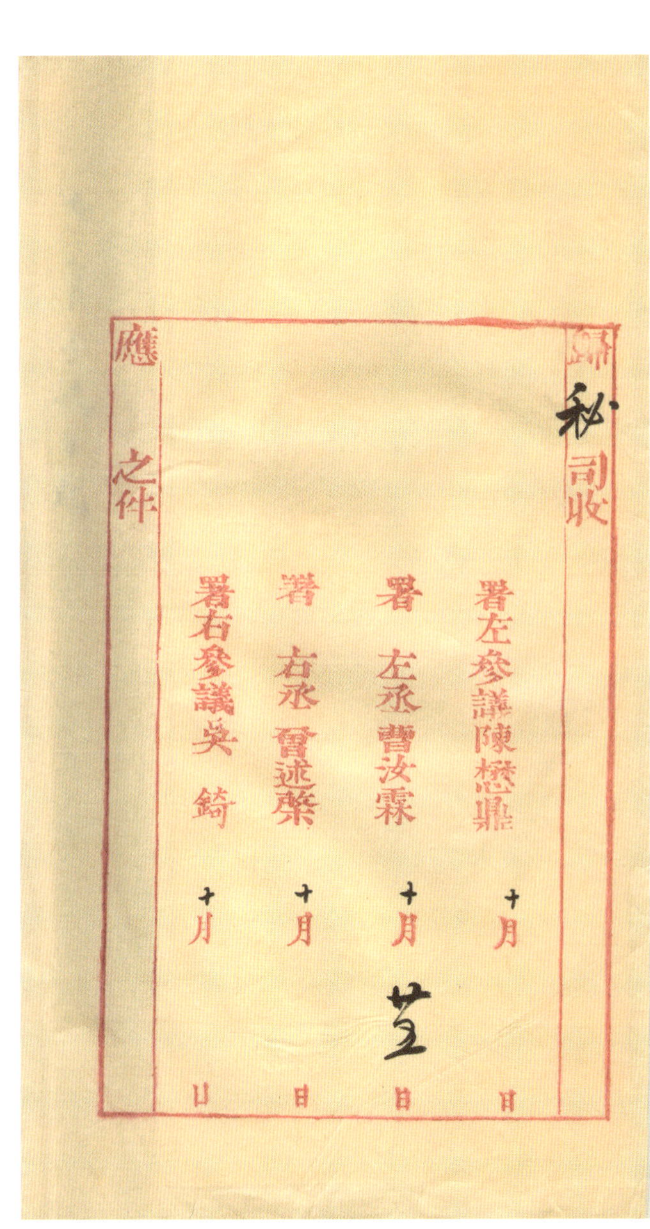

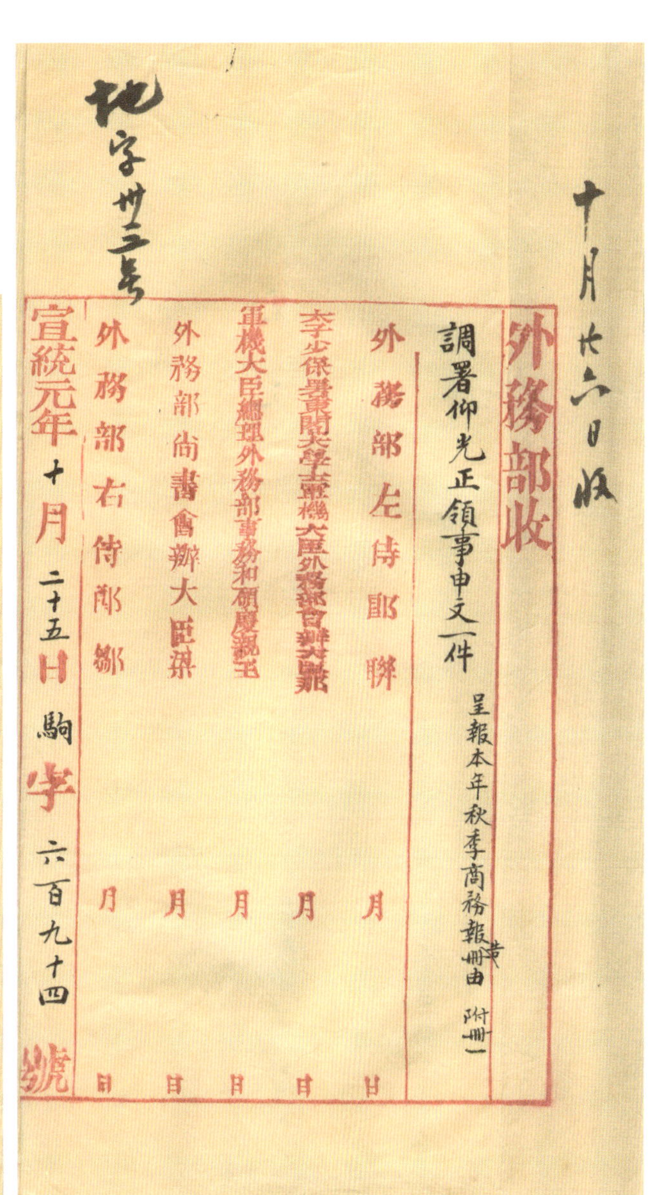

调署仰光正领事萧永熙致外务部呈文之一（宣统元年九月二十八日）

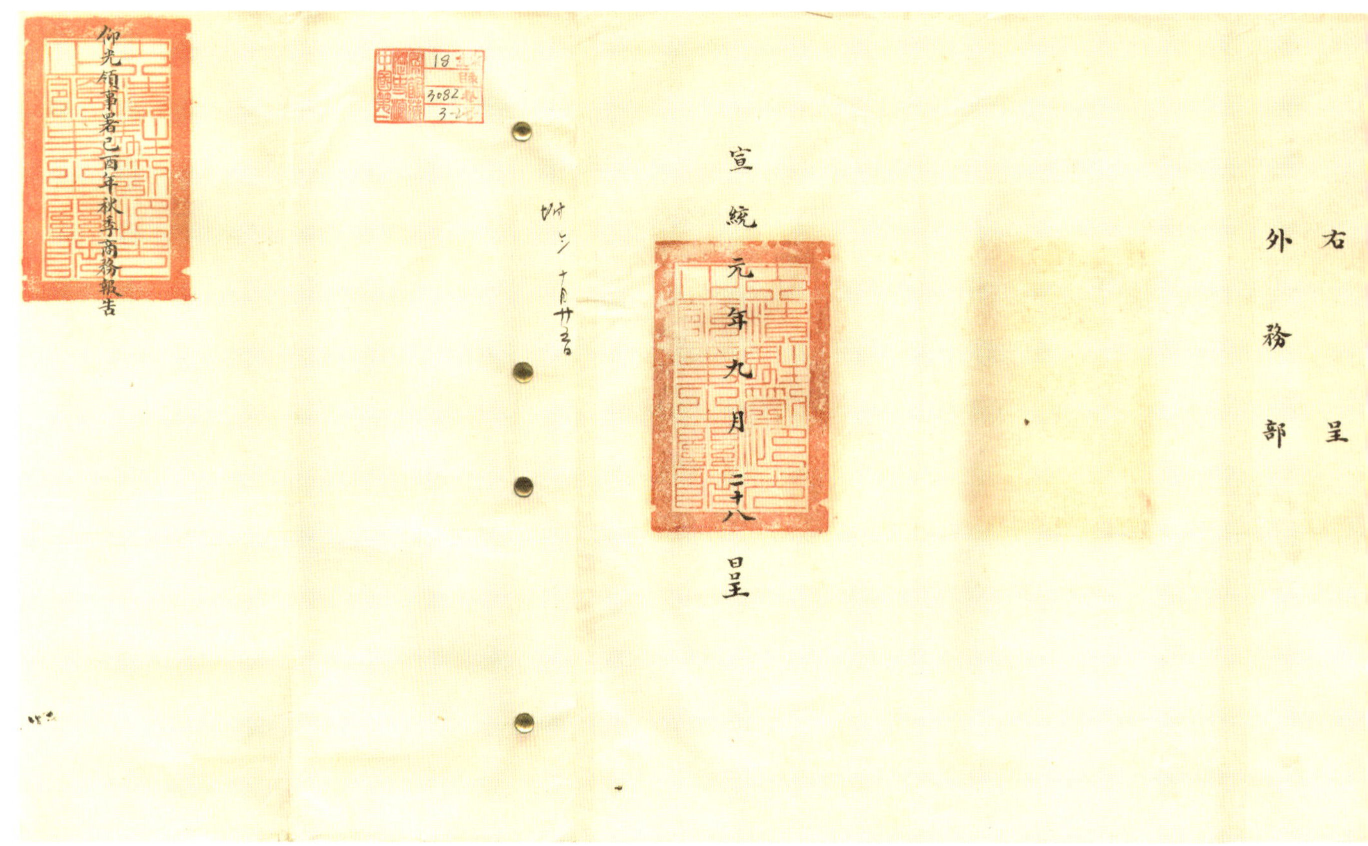

呈文

調署仰光正領事官蕭永熙為造報事宣統元年七月初三日奉
出使英國大臣李札開准
大部咨開閏二月二十八日本部具奏遵議籌備事宜一摺奉
硃批憲政編查館知道單二件併發欽此相應恭錄
硃批刷印原奏咨行欽遵查照等因並於本月初五日准將報告
格式寄到本大臣各准此查報告章程十四條第二章領
事及商務委員之報告共計三條於應報各事均經開具
明晰而三條中之第五條內開凡屬地與所駐國相隔較遠
者第二條所列各門統由領事報告等語惟呈由該管出
使大臣核閱轉達一節各處相隔過遠郵寄需時與辦則
所載造送報告以每季末一日後三十日為限之期必至有違
應由各領事官詳細調查後按期遵章逕行造報届時再
由本大臣隨案咨明以免遲延而重機要為此粘鈔報告章
程各條札發該正領事仰即於本年秋季起按季報告一次
以符部章札到即便遵照勿違等因奉此遵將本年秋季
報告造竣除分別呈報

调署仰光正领事萧永熙致外务部呈文之二（宣统元年九月二十八日）

厰礱米厰房屋建造等業然尤以零售華洋雜貨之店為最多大率皆供給我國人之需求若貨物之合銷于緬甸人者則如綢衣服、磁器、食物、梳篦、香粉之類本處戶口印人亦一大部份惟多貧苦需求無多即華貨亦鮮合其用者至若華貨之宜于歐人消塲者更尠中國製造向未發達至完美之點除磁器等三數種而外均不能投歐人之所好物之內質外觀無足以動其購取之念者總其原因而約論之製造之法未精一也無宏厚之貲本二也製器輸至外國均未能適合其地之消場三也抑嘗聞日本商人之言論矣日人輸運各種製造至美國各埠

華人傭工大概情形

查華工之在本市者其生計情形頗苦然尚不致遭外人虐待至其散處于附近各小埠或山場中者則在所不免其上等之工則在華商店中充司事司數司庫或買賣貨手等類每月之酧金約由五十餘盾至八十盾其次者則木工鞋工每月傭值約三十餘盾再其次者則厨工縫工或在山場中執農植業或充園丁者每月約二十餘盾其最下者則在華店中充苦力及肩挑食物沿街呼售者每月約得二十盾僅足供其衣食之需而已此外則間有生長於此之華人幼入本處學校通識英文及能操緬語者出而傭于洋行中當書記及司數等職每月薪金多者三數百其少者亦百餘盾此則華工中之最優者也吾國人之傭於歐人為厨工或充賤役者甚少間或有之亦寥寥無幾人至于洗衣工一業華人操之在美國為最盛然在緬甸全部則極鮮近日本市內華人之洗衣者始有一家蓋本土人及印度人之執是業者衆且其浣衣取價尤廉為華工所不能奪此洗衣業之情形有獨異者也若開設食物生理者亦工內之一部份本市華人酒樓祇有三家其餘售各種麵食及他項食料之店亦不過數家聞其貿易亦甚冷落云按華工在此地于亞洲人中則居上等在全社會人之意表對于工人等級之分則歐人居首華工次之緬人又次之印人則其下焉者也

仰光領署秋季商務報告

目錄

華人商業大概情形

謹按近日調查大略吾國人之居留緬甸者約有六十萬人以華人聚處一埠之數而論則以仰光為尤衆約計有十數萬人餘則散居全緬各埠然向無確實之統計可資徵考其實數僑民航海南來均屬閩粵人約有百餘人由雲南至者餘來自江浙者不滿百數耳工商之因戀遷及求傭由仰而往他地或自別埠來仰者還徙往來其數亦巨大抵一埠華人商業之隆替全視其埠居留數之多寡以為衡蓋其貨物多係與本國人自相貿易極少有能與外人爭利之生業所謂以本國之生產易他國之財富者蓋寥寥無幾人焉華僑居是埠者尚衆故華商之數亦多[illegible]

调署仰光正领事萧永熙致外务部呈文之三（宣统元年九月二十八日）

署纽丝纶领事黄荣良致外务部申呈：
为送本年秋季报告事

宣统元年九月三十日（1909 年 11 月 12 日）

宣统元年（1909）闰二月外务部奏定出使报告章程，要求各驻外使领馆按季向外务部报送出使报告。驻英公使李经方转饬署纽丝纶领事黄荣良遵照执行。只是大洋洲与英国相距太远，李经方命令黄荣良将报告径行直达外务部，而不必由驻英使馆辗转报告。于是，黄荣良“将纽政府最近之农工商业情形详细调查”，然后将“国债、关税、银行、船舶、轮路、邮电等款”造册申报外务部。

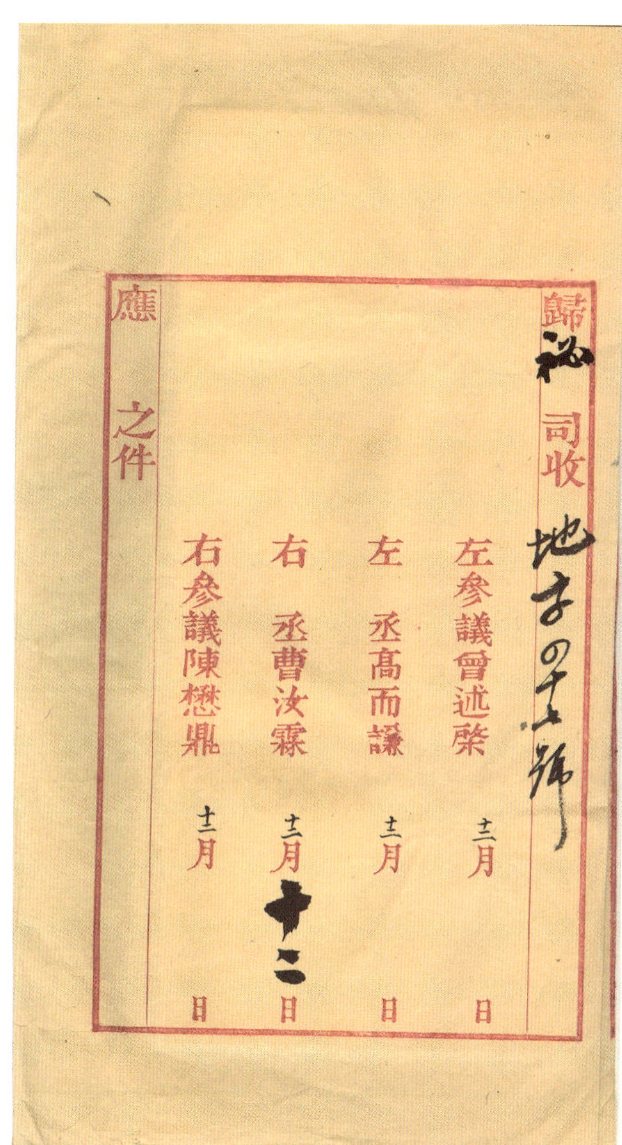

歸秘司收 地方の十二報

左參議曾述棨 十二月 日

左丞高而謙 十二月 日

右丞曹汝霖 十二月 十二 日

右參議陳懋鼎 十二月 日

應 之件

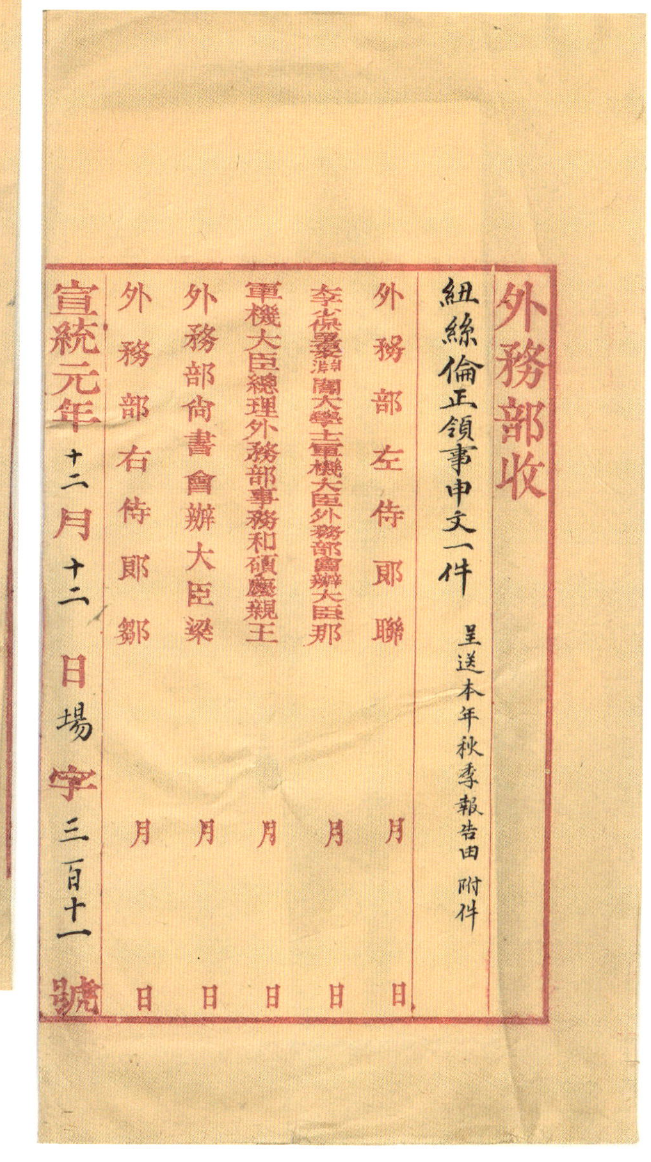

外務部收

紐絲倫正領事申文一件 呈送本年秋季報告由 附件

外務部左侍郎聯 月 日

太子少保署文淵閣大學士軍機大臣外務部會辦大臣那 月 日

軍機大臣總理外務部事務和碩慶親王 月 日

外務部尚書會辦大臣梁 月 日

外務部右侍郎鄒 月 日

宣統元年十二月十二日 場字三百十一號

署纽丝纶领事黄荣良致外务部申呈之一（宣统元年九月三十日）

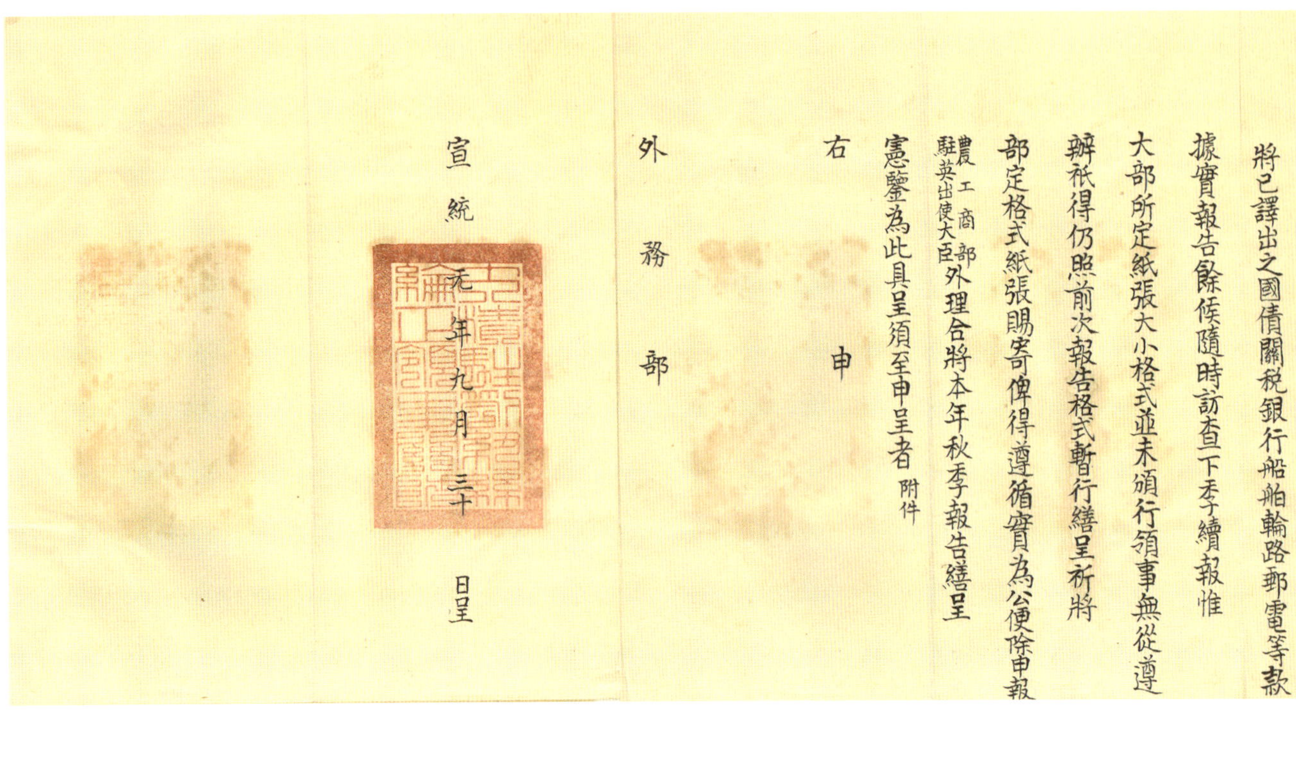

將已譯出之國債關稅銀行船舶輪路郵電等款
據實報告餘俟隨時訪查下季續報惟
大部所定紙張大小格式並未頒行領事無從遵
辦衹得仍照前次報告格式暫行繕呈祈將
部定格式紙張賜寄俾得遵循實為公便除申報
農工商部
駐英出使大臣外理合將本年秋季報告繕呈
憲鑒為此具呈須至申呈者 附件
右 申
外務部
宣統元年九月三十日呈

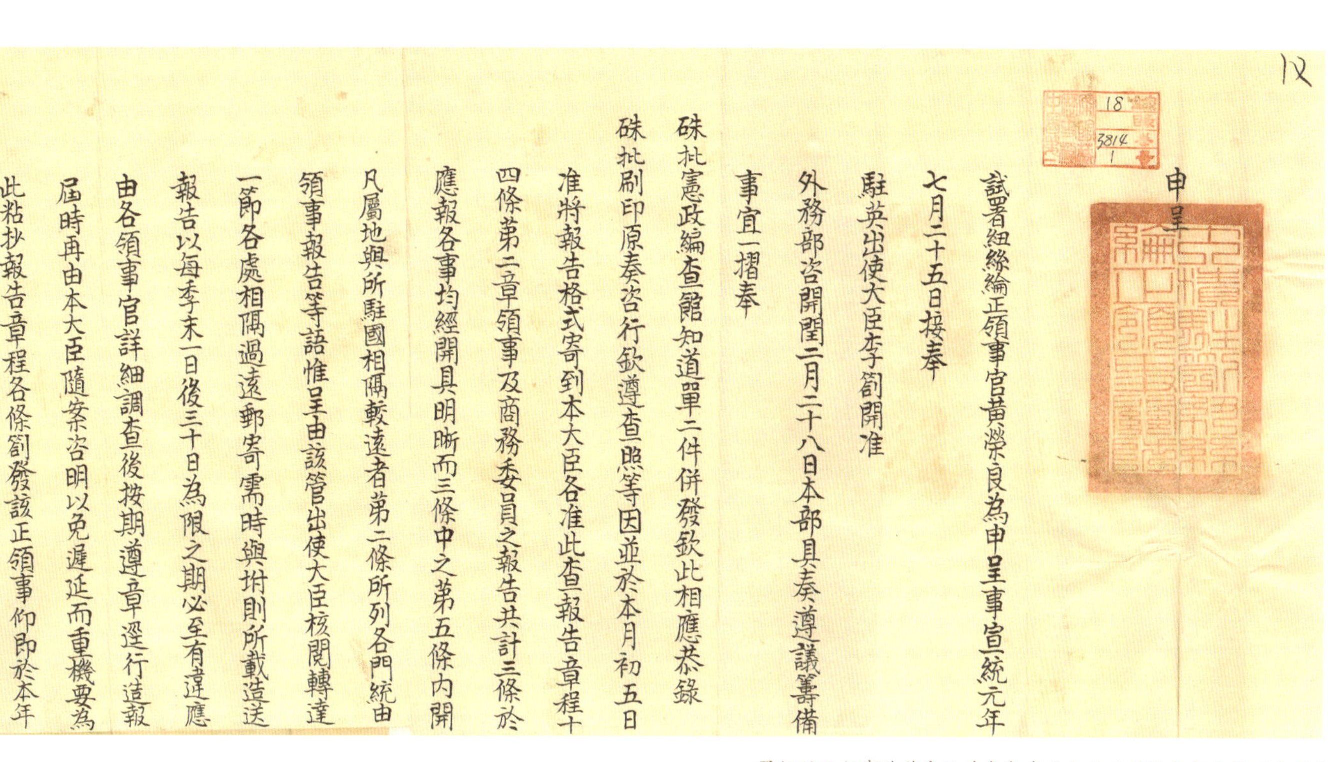

申呈

試署紐絲綸正領事官黃榮良為申呈事宣統元年
七月二十五日接奉
駐英出使大臣李　劄開准
外務部咨開閏二月二十八日本部具奏遵議籌備
事宜一摺奉
硃批憲政編查館知道單二件併發欽此相應恭錄
硃批刷印原奏咨行欽遵查照等因並於本月初五日
准將報告格式寄到本大臣各准此查報告章程十
四條第二章領事及商務委員之報告共計三條於
應報各事均經開具明晰而三條中之第五條內開
凡屬地與所駐國相隔較遠者第二條所列各門統由
領事報告等語惟呈由該管出使大臣核閱轉達
一節各處相隔過遠郵寄需時與坿則所載造送
報告以每季末一日後三十日為限之期必至有違應
由各領事官詳細調查後按期遵章逕行造報
屆時再由本大臣隨案咨明以免遲延而重機要為
此粘抄報告章程各條劄發該正領事仰即於本年

署纽丝纶领事黄荣良致外务部申呈之二（宣统元年九月三十日）

澳洲总领事梁澜勋致外务部申文：

为请农工商部札饬各处将掣售品名价值汇辑呈部并付各领事署以凭派送事

宣统二年二月初八日（1910 年 3 月 18 日）

驻外使领馆有促进对外商贸往来的任务，澳洲总领事梁澜勋对此有相当程度的认识。他认为，现在是“商战世界”，应该“广销本国货物”，“振兴本国商业以吸取外国利权”。工商业者往往多方设法，“告白广登报纸，商标遍贴通衢”，甚至绘图刊书推广销场、扩张商务。如果“将艺术货物绘图列价刊为成书分寄外洋，俾华洋商人按图采择，径函商办，将省一切冗费，则货物之成本已较轻，销流必广”。因此，梁澜勋建议由“农工商部札行各总商会转饬各工商务将工厂制造之物、商店发售之品名目价值，逐一详列……汇辑成书”，付驻外国各领事署以凭派送，推广销路。

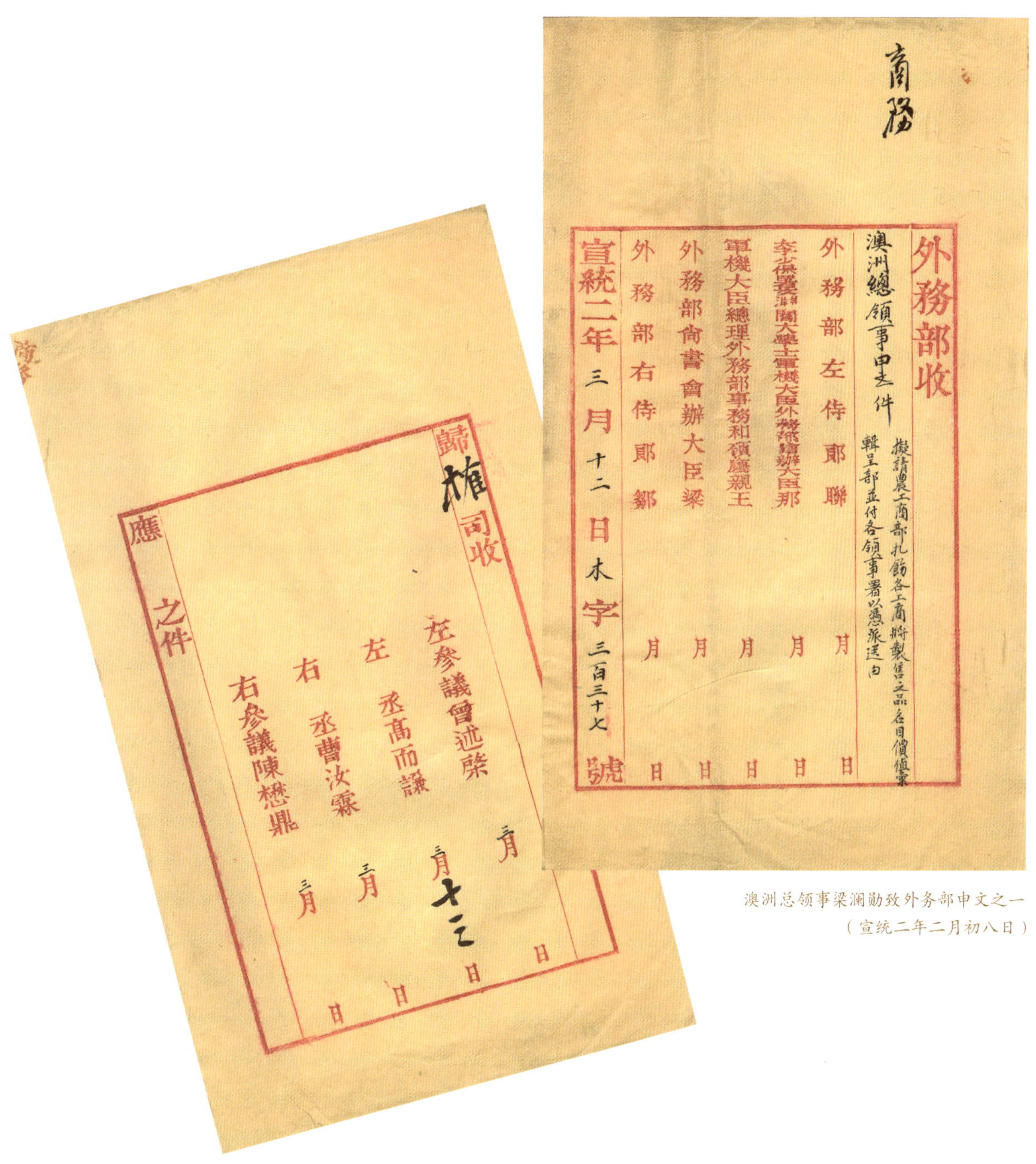

商務

外務部收

澳洲總領事申文一件 擬請農工商部札飭各工商將製售之品名目價值彙輯呈部並付各領事署以憑派送由

外務部左侍郎聯 月 日

太子少保署東閣大學士軍機大臣外務部會辦大臣那 月 日

軍機大臣總理外務部事務和碩慶親王 月 日

外務部尚書會辦大臣梁 月 日

外務部右侍郎鄒 月 日

宣統二年三月十二日木字三百三十七號

歸榷司收

應 之件

左參議曾述棨 三月 日

左丞高而謙 三月十二日

右丞曹汝霖 三月 日

右參議陳懋鼎 三月 日

澳洲总领事梁澜勋致外务部申文之一
（宣统二年二月初八日）

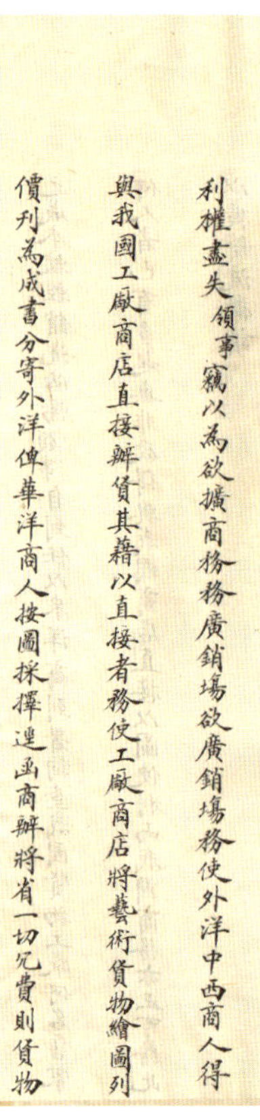
工廠商店之品物亦因之而滯銷若不設法維持恐我國之商務日衰華商之
利權盡失領事竊以為欲擴商務務廣銷場欲廣銷場務使外洋中西商人得
與我國工廠商店直接辦貨其藉以直接者務使工廠商店將藝術貨物繪圖列
價刊為成書分寄外洋俾華洋商人按圖採擇逕函商辦將省一切冗費則貨物

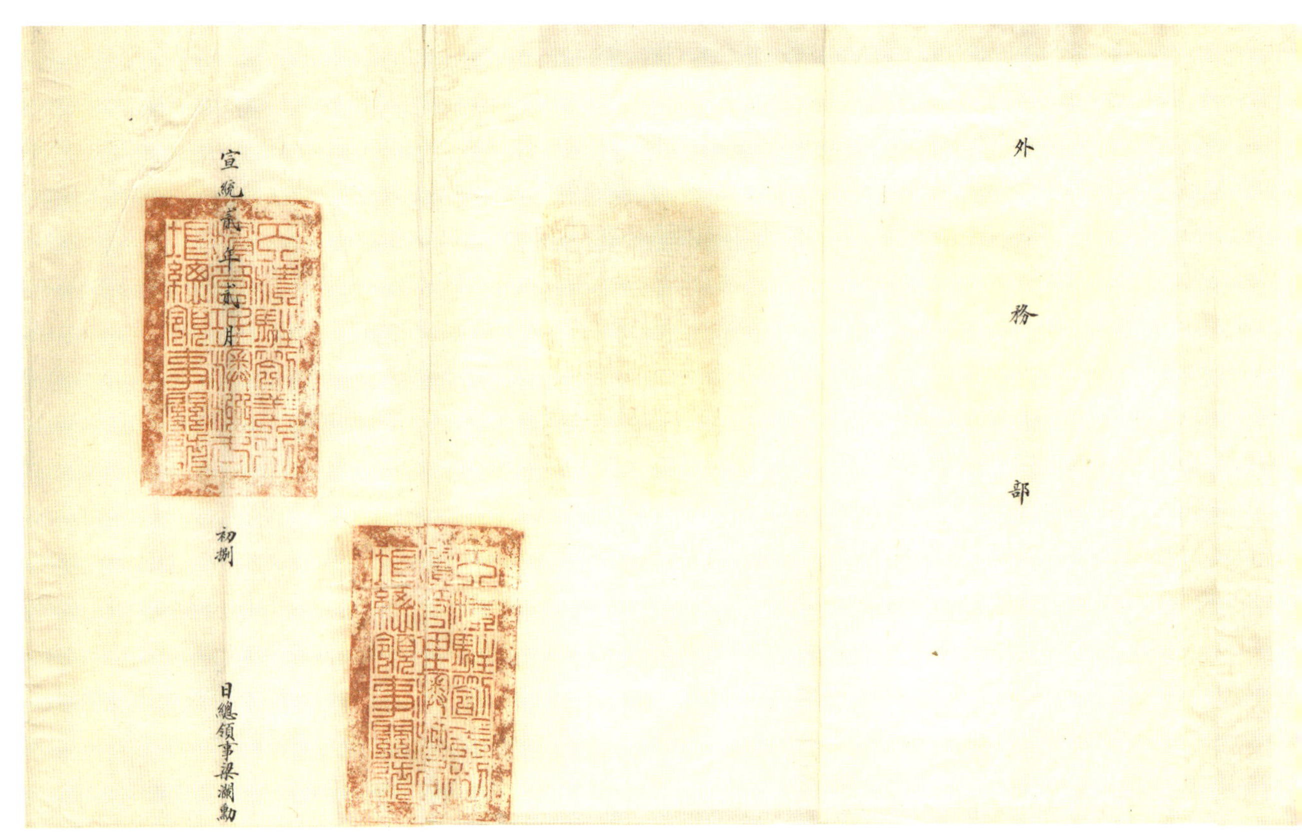
外務部

宣統貳年貳月初捌日總領事梁瀾勛

澳洲总领事梁澜勋致外务部申文之二（宣统二年二月初八日）

仁

18 3800 2

申文

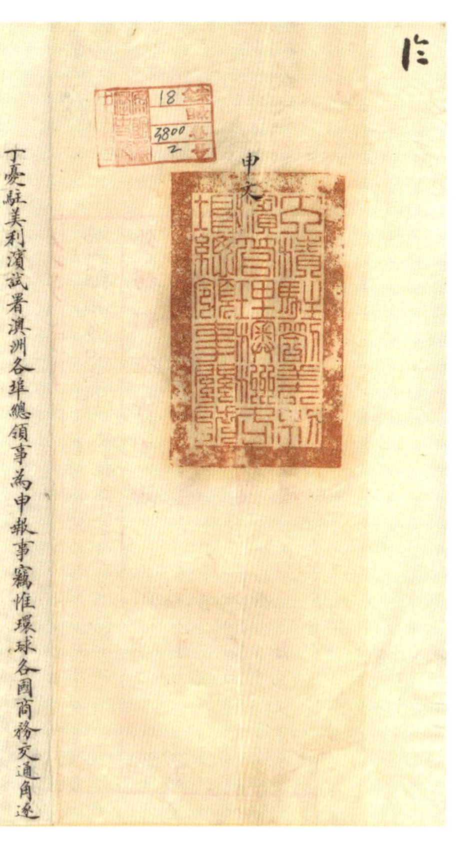

丁憂駐美利濱試署澳洲各埠總領事為申報事竊惟環球各國商務交通角逐
經營久成商戰世界致其惟一宗旨則在乎振興本國商業以吸取外國利權將
欲吸取外國利權則務求廣銷本國貨物故為政府者於本國商務所至之處
時以兵力隨之藉資保護為工商者於藝術貨物靡不多方設法以冀推廣銷
流告白廣登報紙商標徧貼通衢然猶以播告祇使人知不如貨色尤使人見於是
工廠商店或將製造之物出售之品刊為書本種種色色列價繪圖分寄外國以
便按圖擇辦彼此自能直接更有專人前赴各國考求習尚隨時改良貨物以投時
好並常川駐在招攬承接以廣銷場此西人商務所以日形發達也我國出口貨
物大率多由各口岸洋商代辦彼等或在該埠與華商交易或派人前往內地
收買間接至再耗費必多成本既重銷售較難即如美利濱埠從前山東綢疋本
為華商貿易大宗近數年來幾為日本商人所盡奪蓋日商專人常駐山東採
辦運付澳洲本埠華商資本原不甚鉅祇間接於港商周折數重兒耗不少以
故難與角勝漸失利權此外別項貨物華商類無不以間接採辦兒費過耗多所

之成本較輕銷流必暢領事自到任以來洋商到署詢查我國貨物工廠何名售家
何人者已有多起無非欲得與我國商店直接以圖便利而我國商務亦正可藉此
以廣銷流擬請
農工商部札行各總商會轉飭各工商務將工廠製造之物商店發售之品名目
價值逐一詳列報由商會彙輯成書呈
部存查並遞付駐外國各領事署以憑派送其工廠商店繪圖刊本自行寄派者
亦聽其便似於擴張商務推廣銷場不無小補除申報
農工商部外理合申報
憲部察核為此具申伏乞

奏補至其津貼仍每月百両毋庸議加如蒙
鈞部照准該埠華僑幸甚
香港新嘉坡檳榔嶼克倫埠停泊甚久該處總督
暨英艦將弁皆昔年舊友設讌款待情誼頗殷弟
以禮酧荅藉資聯絡
茲弟於十一月初十日行抵倫敦十四日晤外部十五日
呈遞
國書十六日接印視事 李伯行星使業於十八日起程內渡

新嘉坡自郵傳部設交通銀行後僑商均稱利便
可見一國商業全恃金融機關我國宜於外國廣設
銀行似不可緩
新嘉坡檳榔嶼赴歐洲出口貨以橡樹膏椰子檳
榔胡椒為大宗檳榔嶼又以錫為大宗聞近年貨
價漲落無定商情大非昔比然華商尚能存立者
幸該處土人素乏商工業智識而歐洲人至南洋
營商業者亦不如華僑之衆耳

驻英大臣刘玉麟致外务部信函：

为槟榔屿领事改升正领事以戴春荣奏补事

宣统二年（1910）

外务部致驻英大臣刘玉麟信函稿：

为槟榔屿副领事缺改升正领事一节奏准后奉达事

宣统二年十二月十七日（1911 年 1 月 17 日）

敬啓者都門揖別感荷
深情遙賦駪征迭更蓂莢
觚棱萬里夢轂常縈弟出京後於九月二十七日抵滬十
月初七日乘英公司郵船放洋途中風平浪靜道經
新嘉坡檳榔嶼等埠至中華商會詢其商情並蒞
視學堂詧其學課均宣揚
皇仁一一慰勞並勸合群以厚商力勵志以精學業上紓
朝廷眷念之意僑民聞之莫不感激歡忭
檳榔嶼人口二十五萬內有華人十六萬殆占該埠
人口之六分地方公益事皆賴華人負擔據副領事
戴春榮稱該埠有各國總領事正領事中國僅設
副領事每逢公讌席次最後幾不能與英官參政抗
衡又不能與各國領事平行因之領事應享利權盡
失實於華僑種種有損等語查戴副領事以富商素
具熱誠所稱尚屬實情係為辦公起見擬請
鈞部奏請將該埠副領事一缺升為正領事即以戴春榮

驻英大臣刘玉麟致外务部信函（宣统二年）

驻英大臣刘玉麟赴任时，道经新加坡、槟榔屿等地，了解到槟榔屿有人口25万，其中16万是华人，占十分之六。各国在槟榔屿有设总领事的，也有设正领事的，但中国只设置副领事，不能与各国抗礼，也不利于保护华侨利益。因此，刘玉麟建议外务部将槟榔屿副领事升为正领事。

外务部收到刘玉麟信函后，认为其建议“荩虑周详，极为允协”，打算照此上奏。一旦奏准，就立即实施。

復駐英劉大臣升檳榔嶼副領事缺為正領事由

太子少保署文淵閣大學士軍機大臣外務部會辦大臣那　十二月　日　行

外務部尚書會辦大臣鄒　十二月　日　行

外務部左侍郎胡　十二月　日　行

外務部右侍郎曹　行

復駐英劉大臣函

敬復者接奉

來函備悉壹是檳榔嶼副領事一缺地位既較各

國領事為遜辦理一切自不能無所窒礙

尊意擬升為正領事而津貼款項一仍其舊斟酌

變通具見

藎慮周詳極為允協弟等回明

列堂均以為然一俟奏准後即當備文奉達除加

撥電費一節另文佈復外專此敬請

台安

丞參銜

宣統二年十二月　日

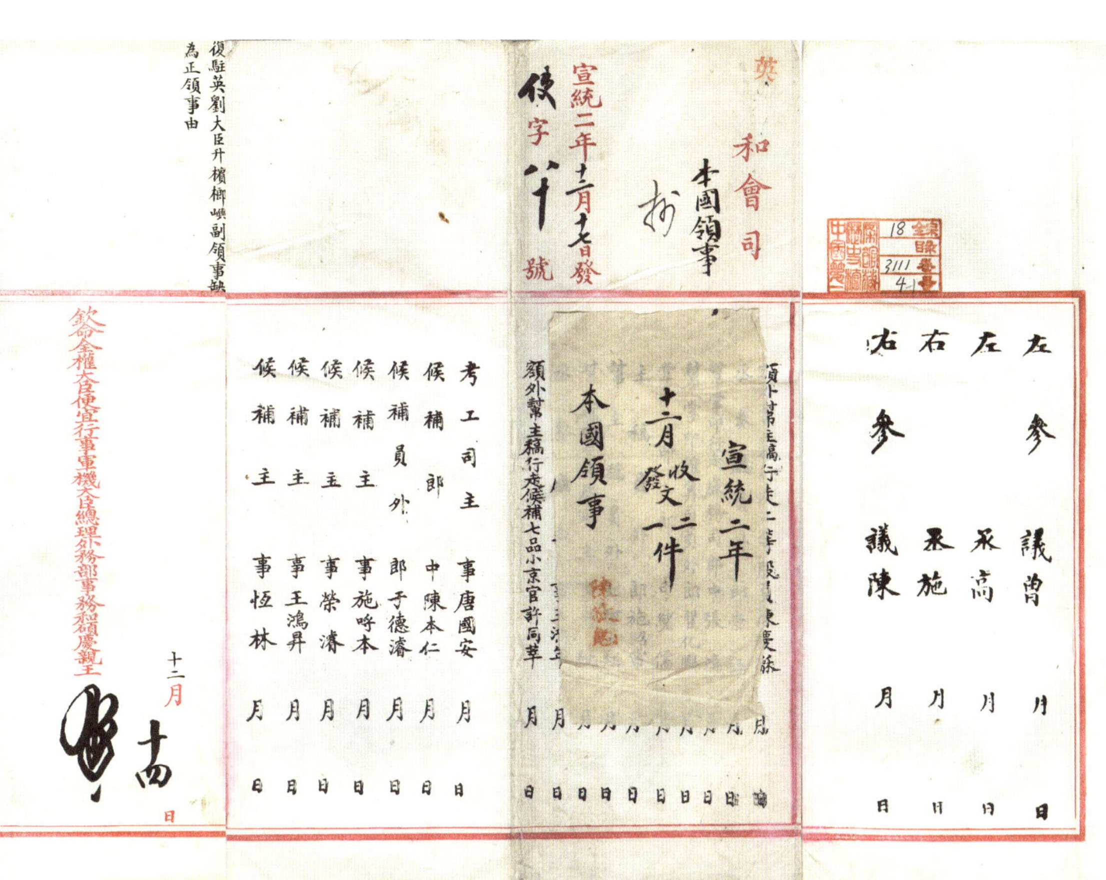

外务部致驻英大臣刘玉麟信函稿（宣统二年十二月十七日）

驻小吕宋总领事孙士颐致外务部申文：为报送宣统二年冬季商务报告事

宣统三年正月二十九日（1911 年 2 月 27 日）

自宣统元年（1909）闰二月外务部奏定出使报告章程后，清朝各驻外使领馆都按季呈报出使报告。驻小吕宋总领事孙士颐于宣统二年十月呈报了秋季商务报告，到了宣统三年正月，又将宣统二年冬季调查情形造册呈送外务部。

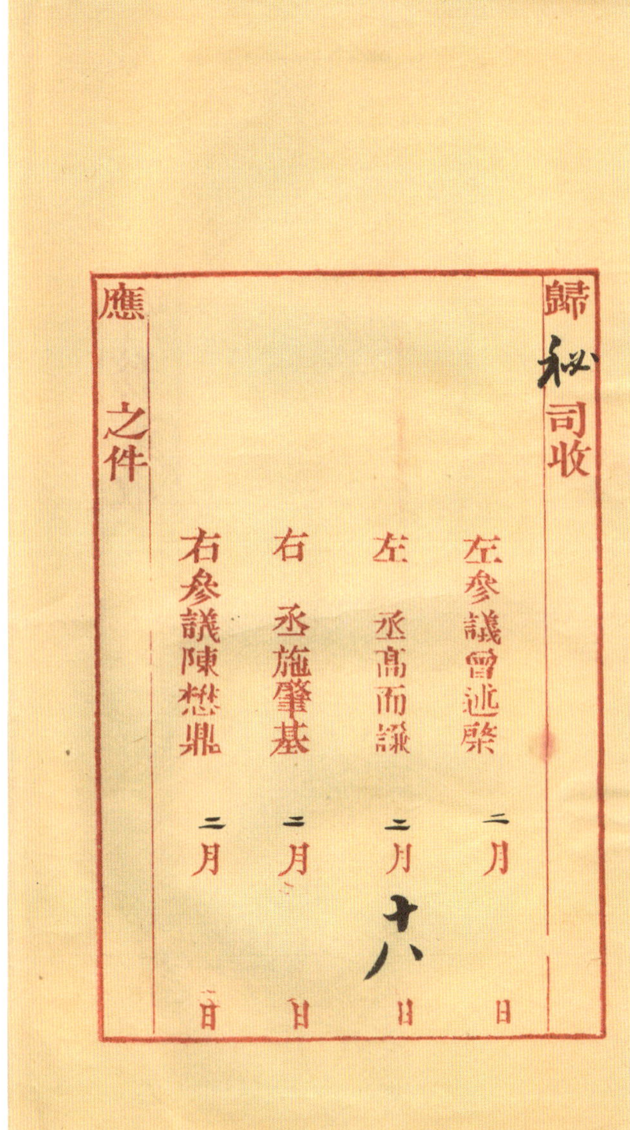

歸秘司收

應　之件

左參議曾述棨　二月　日

左　丞高而謙　二月十八日

右　丞施肇基　二月　日

右參議陳懋鼎　二月　日

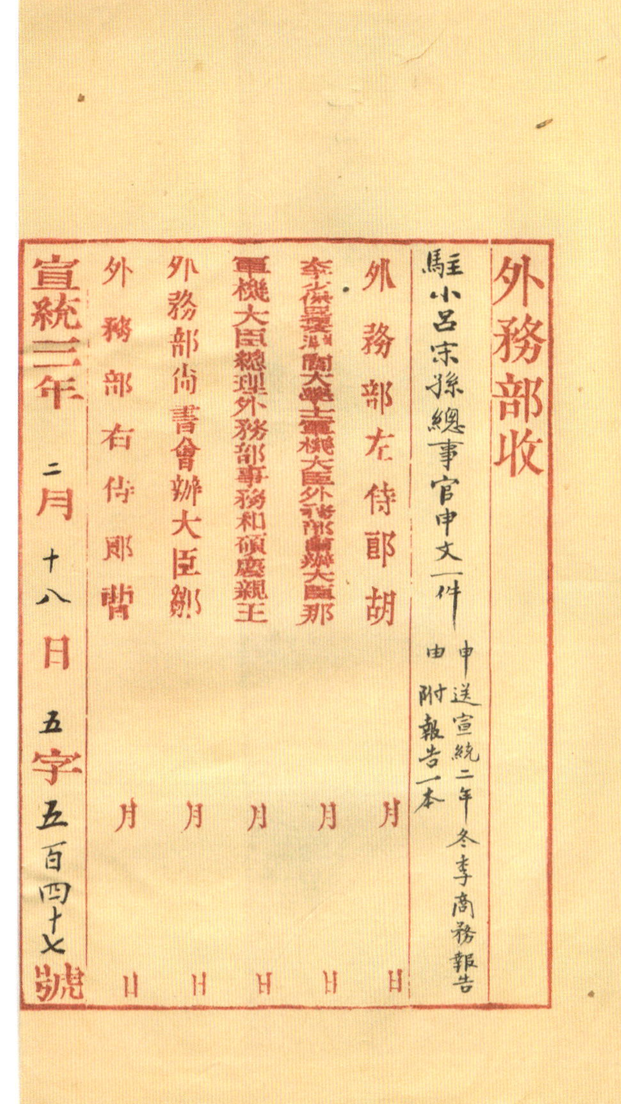

外務部收

駐小呂宋孫總事官申文一件　申送宣統二年冬季商務報告由　附報告一本

外務部左侍郎胡　月　日

太子少保銜協辦大學士軍機大臣外務部會辦大臣那　月　日

軍機大臣總理外務部事務和碩慶親王　月　日

外務部尚書會辦大臣鄒　月　日

外務部右侍郎曹　月　日

宣統三年二月十八日五字五百四十七號

驻小吕宋总领事孙士颐致外务部申文之一（宣统三年正月二十九日）

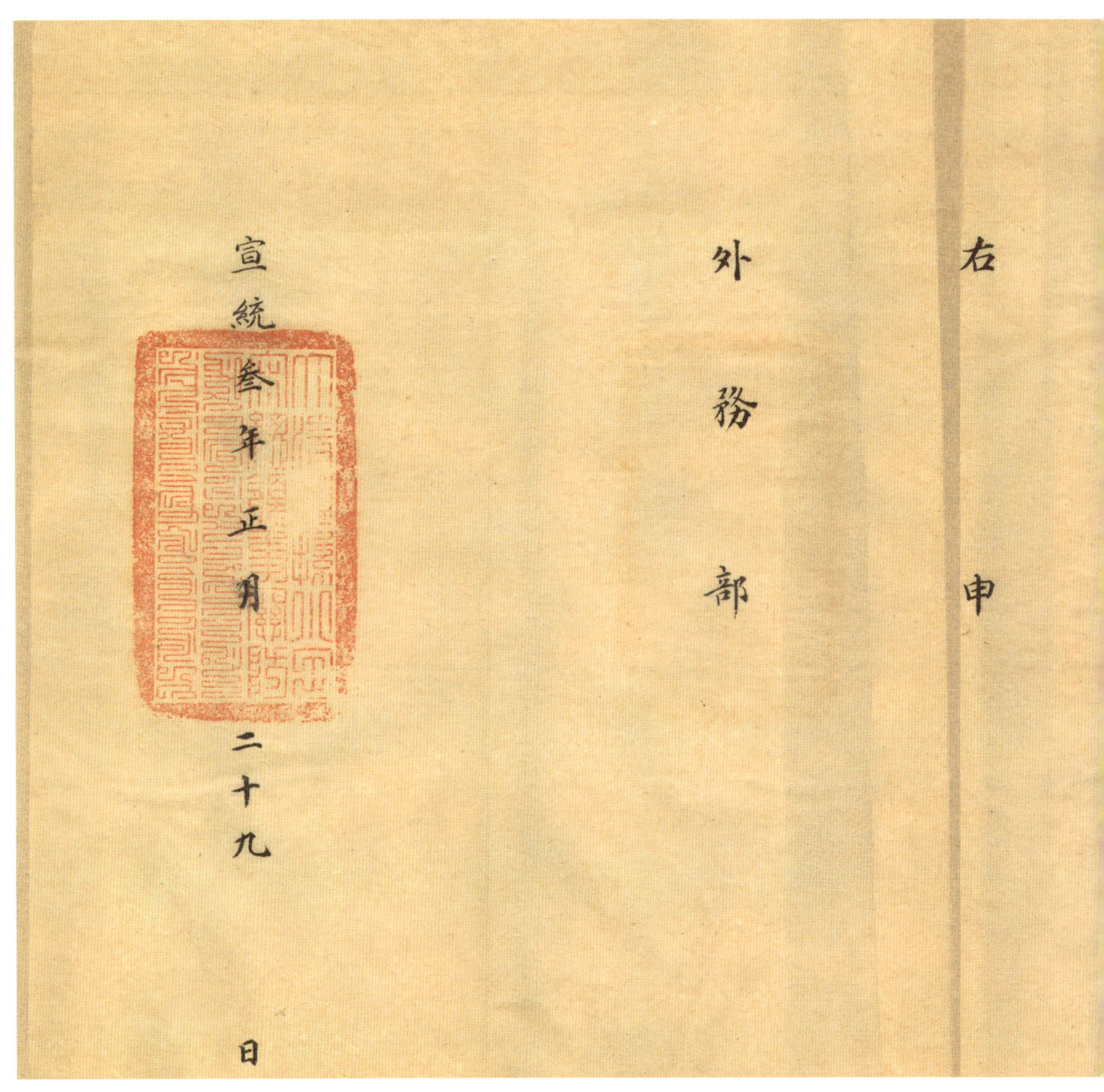

右　　申

外務部

宣統叁年正月二十九日

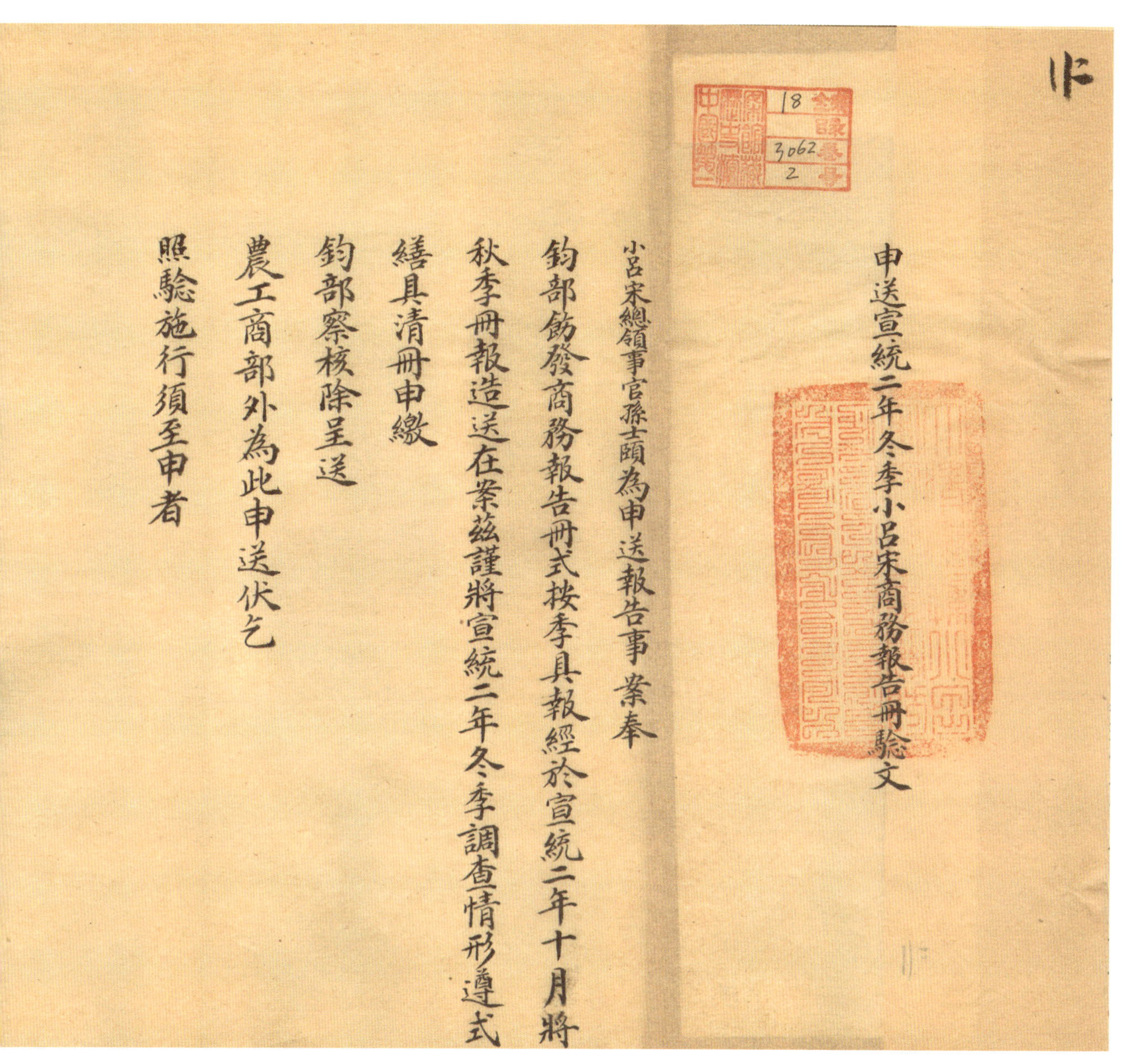
申送宣統二年冬季小呂宋商務報告冊驗文

小呂宋總領事官孫士頤為申送報告事案奉
鈞部飭發商務報告冊式按季具報經於宣統二年十月將
秋季冊報造送在案茲謹將宣統二年冬季調查情形遵式
繕具清冊申繳
鈞部察核除呈送
農工商部外為此申送伏乞
照驗施行須至申者

驻小吕宋总领事孙士颐致外务部申文之二（宣统三年正月二十九日）

代理新加坡总领事戴春荣致外务部申呈：为申送宣统二年冬季商务报告册事

宣统三年三月二十二日（1911 年 4 月 20 日）

按照外务部奏定章程，代理新加坡总领事戴春荣向外务部呈报了宣统二年（1910）冬季商务报告。戴春荣还解释说，因为新加坡信息公布章程改变，季报从简，而年报虽然详细，但现在尚未公布，所以此次冬季商务报告只包括“甲六七八，乙一二三，丙四七等项”。

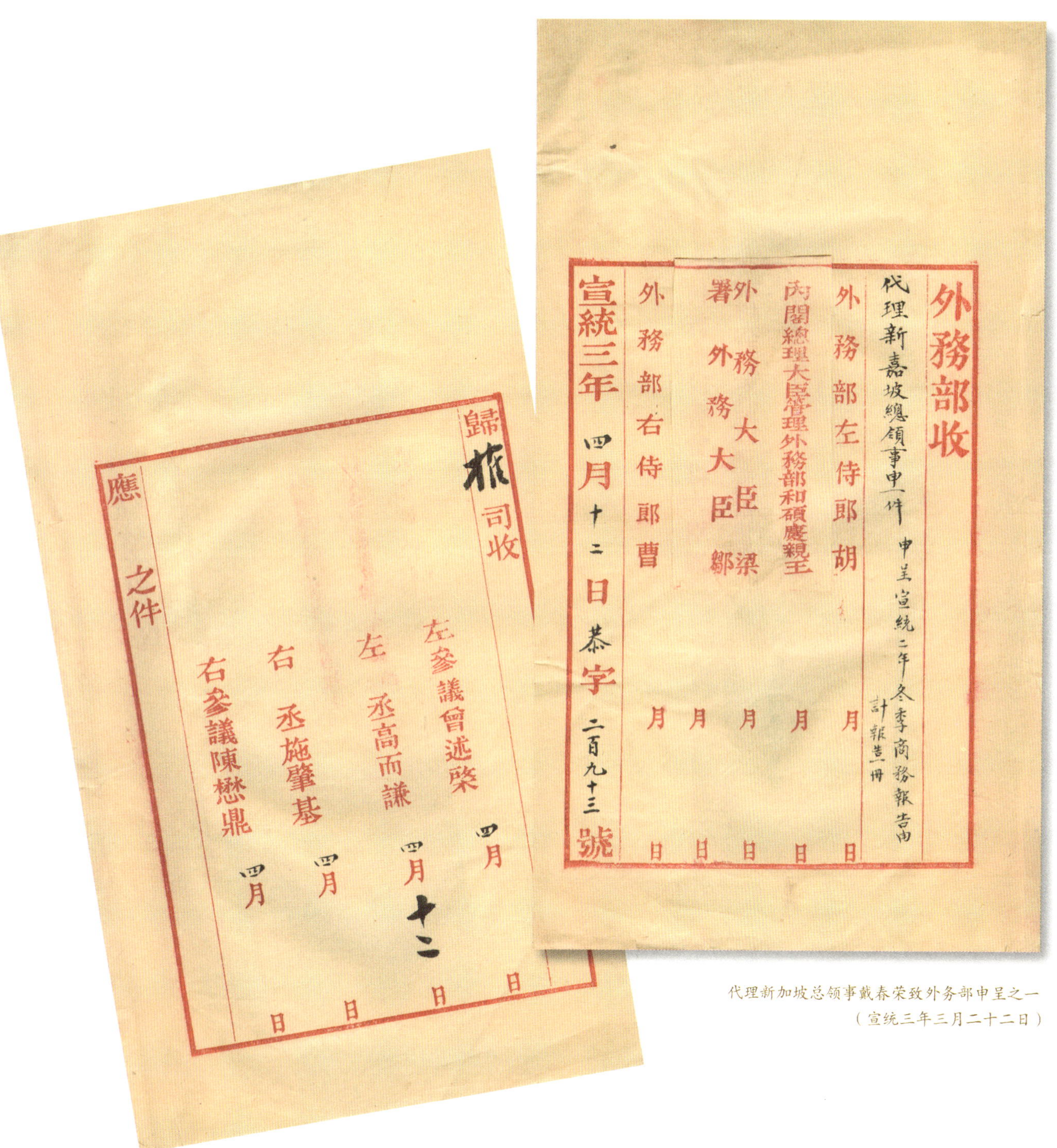

外務部收

代理新嘉坡總領事申一件 申呈宣統二年冬季商務報告由 計報告一冊

外務部左侍郎胡 月 日

內閣總理大臣管理外務部和碩慶親王 月 日

外務大臣梁 月 日

署外務大臣鄒 月 日

外務部右侍郎曹 月 日

宣統三年四月十二日恭字二百九十三號

歸榷司收

左參議曾述棨 四月 日

左 丞高而謙 四月十二日

右 丞施肇基 四月 日

右參議陳懋鼎 四月 日

應 之件

代理新加坡总领事戴春荣致外务部申呈之一
（宣统三年三月二十二日）

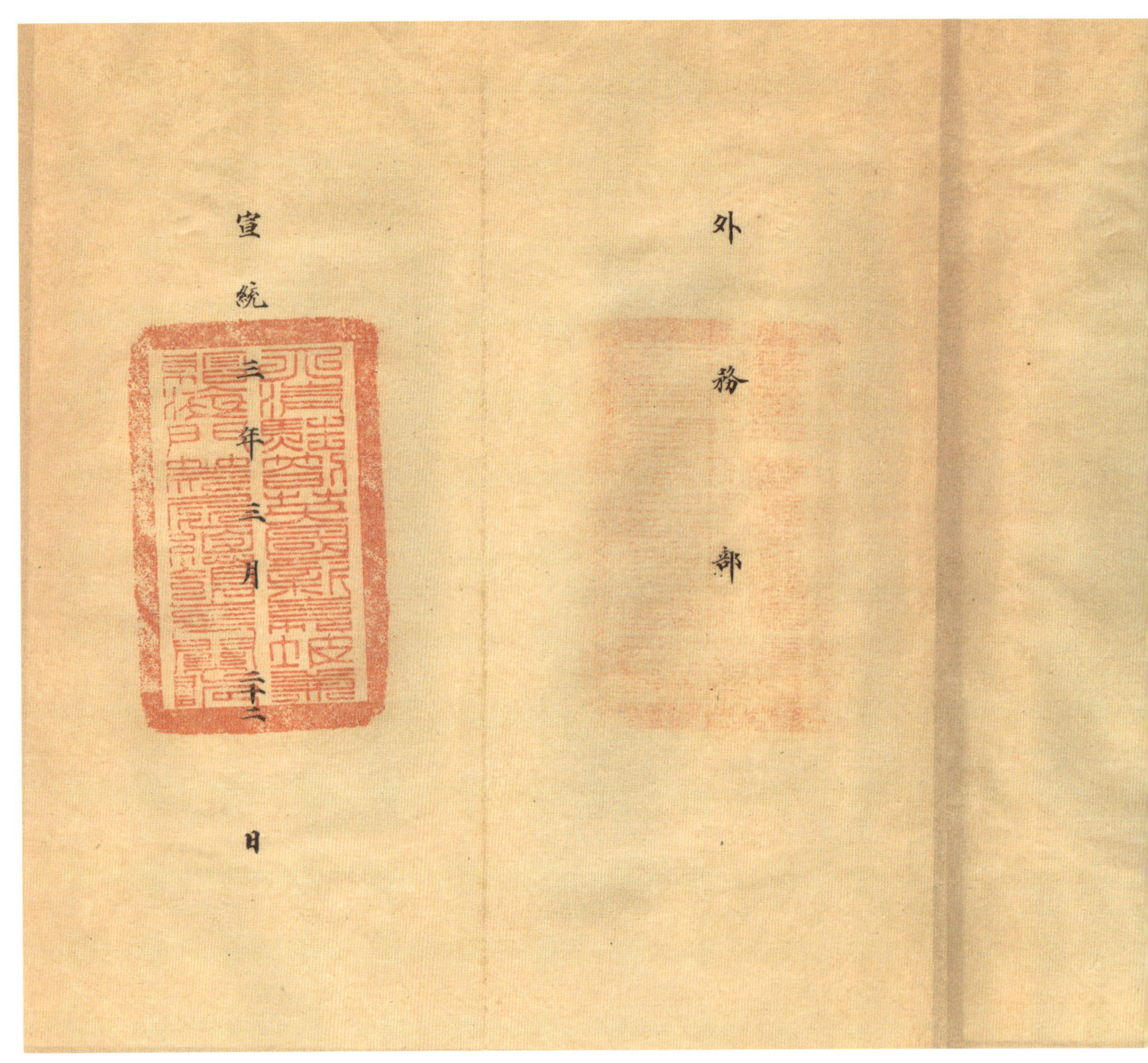

外務部

宣統三年三月二十二日

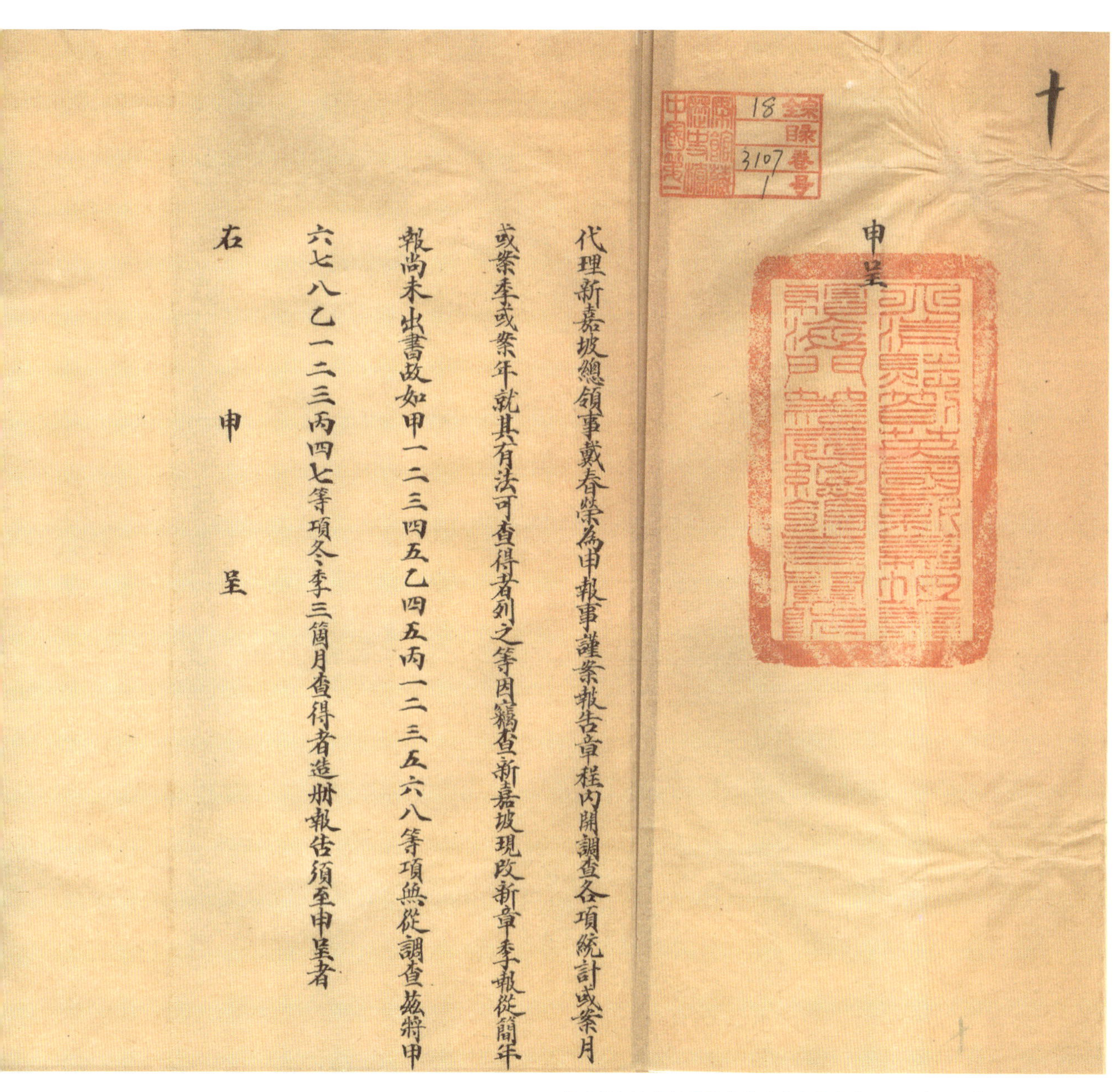
申呈

代理新嘉坡總領事戴春榮爲申報事謹案報告章程内開調查各項統計或案月或案季或案年就其有法可查得者列之等因竊查新嘉坡現改新章季報從簡年報尚未出書故如甲一二三四五乙四五丙一二三五六八等項無從調查茲將甲六七八乙一二三丙四七等項冬季三箇月查得者造册報告須至申呈者

右　申　呈

代理新加坡总领事戴春荣致外务部申呈之二（宣统三年三月二十二日）

驻小吕宋总领事孙士颐致外务部信函：

为赴宿务怡郎察看华侨情形恳请奖励两处代理领事宝星事

宣统三年四月初四日（1911年5月2日）

驻小吕宋总领事孙士颐于宣统三年（1911）二、三月间考察宿务、怡朗两地情形，发现两地“人数较少，团体尚固，实胜于曼尼拿十倍”。他准备在两地设立小学，筹设商品陈列所，组织商货赴美销售，并为效力年久之宿务代理领事黄马元、怡朗代理领事叶昭明请奖宝星。

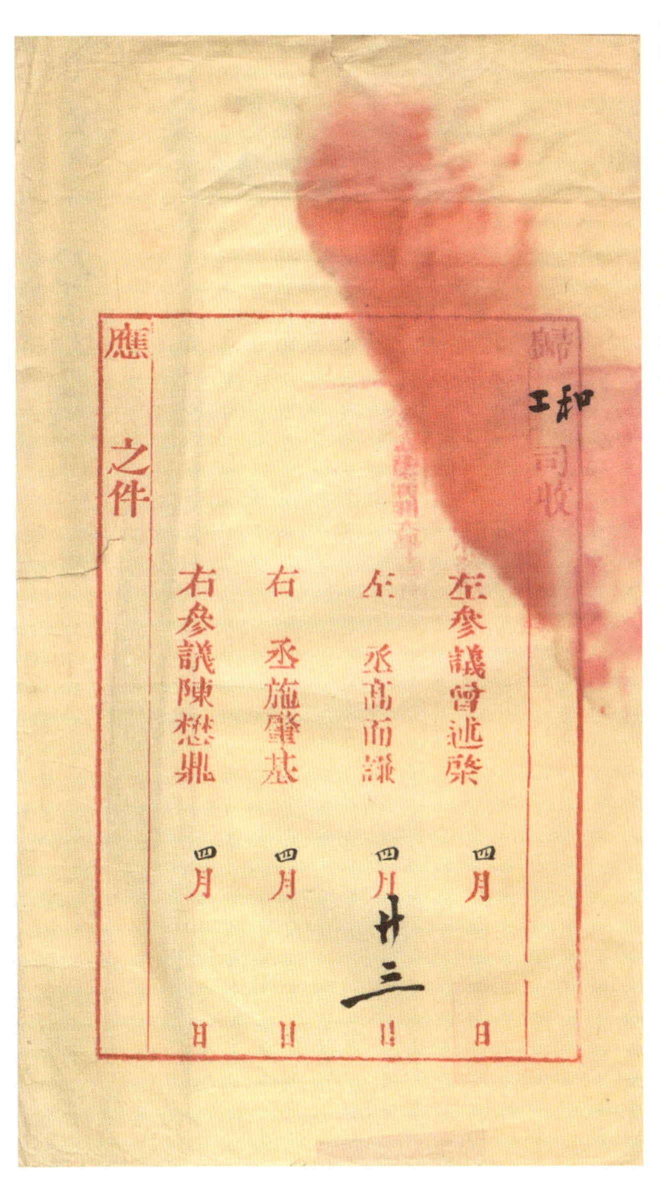

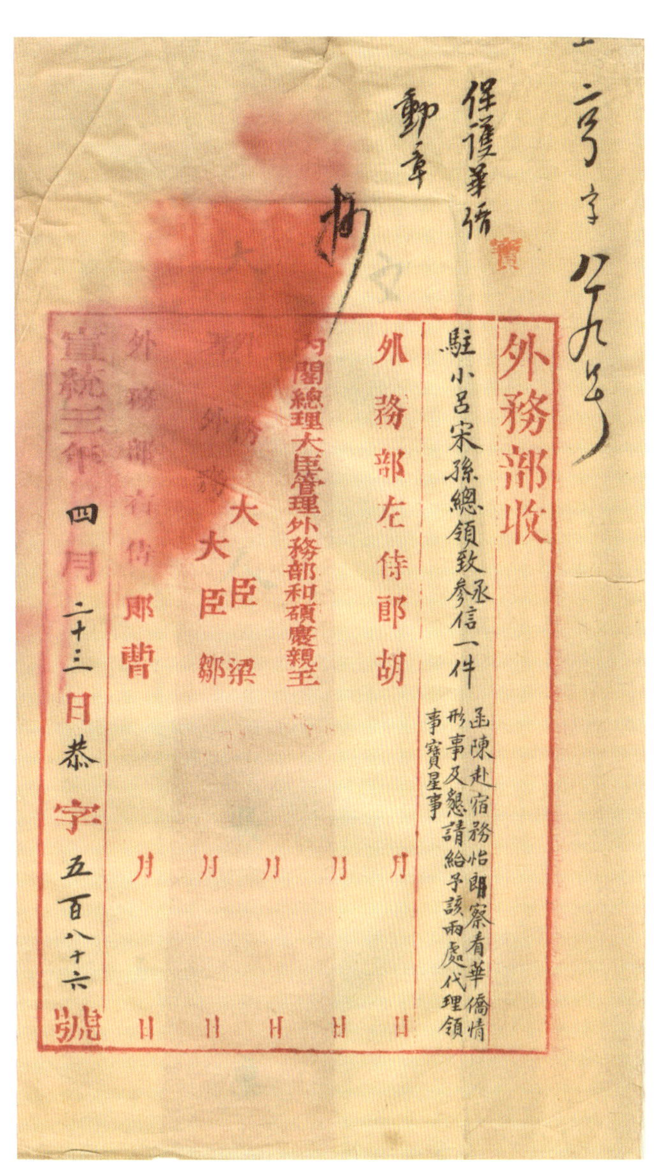

驻小吕宋总领事孙士颐致外务部信函之一（宣统三年四月初四日）

為巨擘該代理領事等一因年邁一因事煩均
迭次向前領事處稟求交卸此次領事巡行
過境復申前請伏查該代理領事等原經埠
商公舉再行加札商業中欲求事理明白之
人本不多覯一時未易改派竊念從前未經
鈞部奏定出使章程之時凡所謂學生供事
武弁之隨使出洋者毫無所事均照異常勞
績列保該代理領事不無微勞足錄竟不得
列入使員同膺懋賞未免向隅現時既無升
轉之途亦無俸薪公費酧應之資歲糜千
計其先未始不以得代為榮至今無不以
得代為累惟保案既已停止無可希望可
否仰懇
鈞部逾格隆施給予寶星以資策勵伏候
蓋裁領事此次出巡共四十日所費約在七百餘
元之譜忝受僑氏愛戴所至歡迎惟是炎
荒苦熱仲春巡行無異六月徂暑困於酒
食於三月十八日馳回呂署積牘頗多抱病
旬日近已略就痊愈理合將察看情形稟
陳肅此具稟恭請
鈞安伏乞
垂鑒 領事孫士頤謹稟

四月初四日
第十号

丞參
堂憲大人鈞座敬稟者竊領事於正月二十五日
肅具稟函陳明馳赴宿務怡朗察看情形
嗣因輪船修理汽機展至二月初五日始行
啟程初七日抵宿務二十五日抵怡朗附近村
鎮之有僑民居留者均往察視外埠人數
較少團體尚固實勝於曼尼拿十倍宿務
近三年內祗有控案兩起怡朗祗有三起其
餘均由代理領事調處了結益民氣誠和

凡事自有善處之法無俟向美官涉訟也兩
埠商務雖亞於曼尼埠而四鄉食用之品恃
以轉輸者亦屬不少每處按年所徵入口稅
約美金二百萬元華商所輸者居十之八故
能商格頗高領事馳抵之處武營均燃炮
致敬華商公讌自總兵官以次一律蒞臨備
極歡洽呂埠自設領事迄今凡歷十任至
領事始一出巡自覺動人觀聽領事宣布

鈞部軫念僑民優加存問歡聲雷動額慶萬
分當經領事諭飭設立小學並捐廉以為之
倡並飭籌設商品陳列所組織運貨赴美
之法當可次第舉辦宿務代理領事黃馬
元係於光緒二十五年奉
前出使大臣批准札派聞望素孚年已七十
餘歲將生意收盤僅恃月收屋租以供贍養
怡朗代理領事[illegible]係於光緒二十九年

驻小吕宋总领事孙士颐致外务部信函之二（宣统三年四月初四日）

能商格頗高領事

致敬華商公讌自

極歡洽呂埠自設

領事始一出巡自與

凡事自有善處之
埠商務雖亞於曼
以轉輸者亦屬不
約美金二百萬元

署澳洲总领事黄荣良致外务部申文：
为送宣统三年春季商务报告事

宣统三年四月二十六日（1911年5月24日）

黄荣良原是驻新西兰领事，于宣统三年（1911）四月十三日抵达澳洲，接任驻澳总领事一职。抵任后，黄荣良调查澳洲商务事宜，按例造报春季商务报告一册，呈送给农工商部、出使英国大臣、外务部。

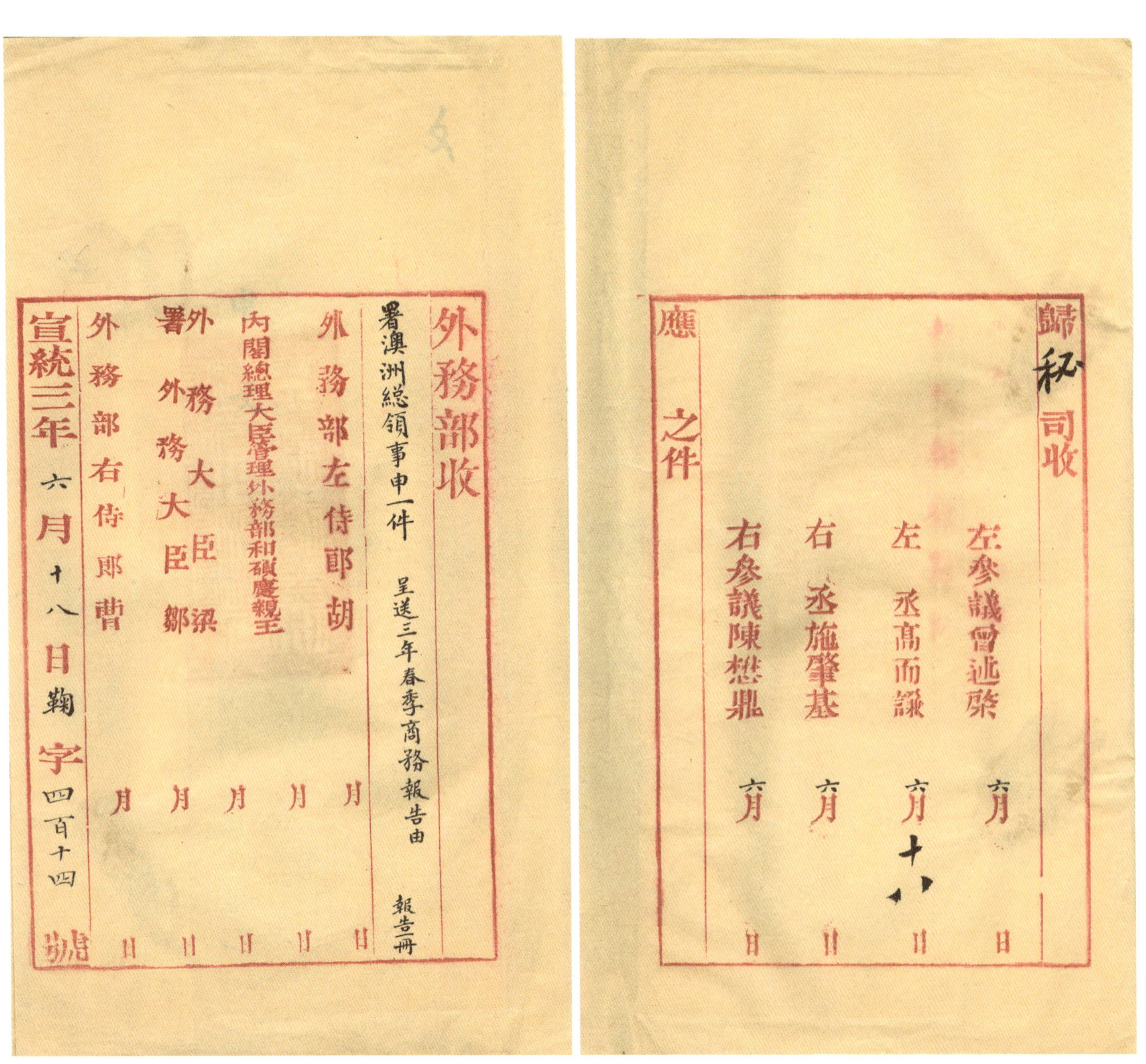
外務部收
署澳洲總領事申一件
呈送三年春季商務報告由
報告一册
外務部左侍郎胡
內閣總理大臣會理外務部和碩慶親王
外務大臣梁
署外務大臣鄒
外務部右侍郎曹
宣統三年六月十八日鞠字四百十四號
歸秘司收
應之件
左參議曾述棨
左丞高而謙
右丞施肇基
右參議陳懋鼎
六月十八日

署澳洲总领事黄荣良致外务部申文之一（宣统三年四月二十六日）

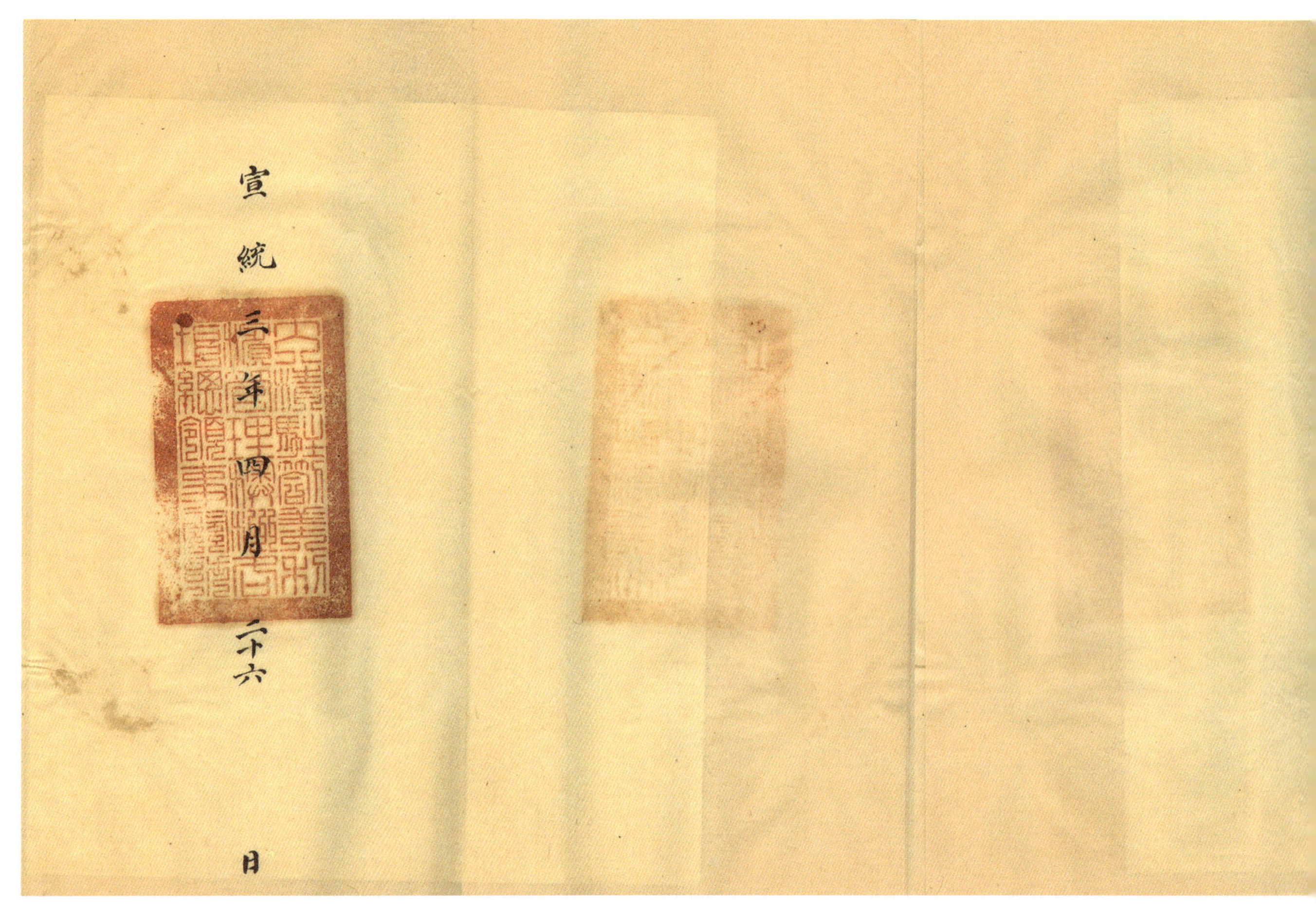
宣統三年四月二十六日

18 3799 3

駐美利濱試署澳洲各埠總領事黄榮良為申送事竊查
鈞部奏定出使報告章程十四條内關於領事及商務
委員之報告共計三條照章每年每季按照甲乙兩
門所開各節分别造報一次以每季末一日後三十日為
限期等因領事於宣統三年四月十三日由紐絲綸抵澳
接任所有本年春季報告前任唐總領交卸時未及造
報現已調查完竣遵章造冊彙呈除申報
使憲暨
農工商部外理合造具本年春季報告備文申送伏乞
鈞部察核施行須至申者
計呈春季報告一冊
右 申
外務部

署澳洲总领事黄荣良致外务部申文之二（宣统三年四月二十六日）

驻萨摩岛领事林润钊致外务部申文：

为呈宣统二年份萨摩岛报告册事

宣统三年五月二十日（1911年6月16日）

驻德属南洋各岛首任领事林润钊抵任后，即调查搜集萨摩岛风土、政治、中西商务及华工情形等事宜。原打算年终汇报，但因等待萨摩岛出入口货表的公布，故迟至五月，才申报宣统二年份萨摩岛报告一册。报告的内容相当丰富，包括萨摩岛的政治形势、工场种植、出入口货关税牌费、中西商务及华工情形。除按惯例呈送外务部、出使德国大臣外，萨摩岛的报告册还同时申送两广总督。

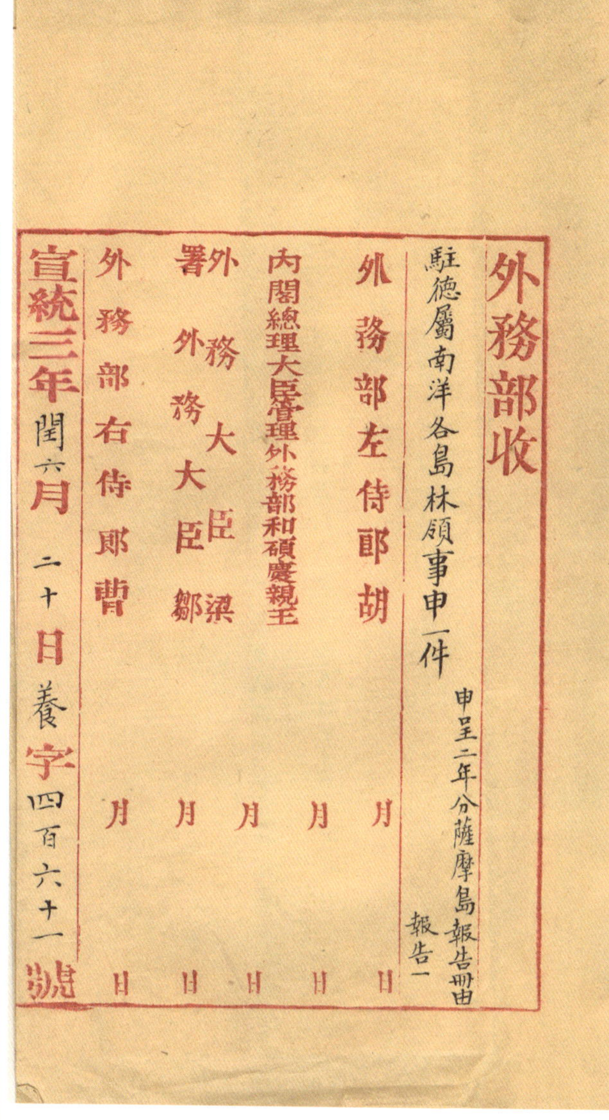

外務部收

駐德屬南洋各島林領事申一件

申呈二年分薩摩島報告冊由 報告一

外務部左侍郎胡 月 日

內閣總理大臣晉理外務部和碩慶親王 月 日

外務大臣梁 月 日

署外務大臣鄒 月 日

外務部右侍郎曹 月 日

宣統三年閏六月二十日養字四百六十一號

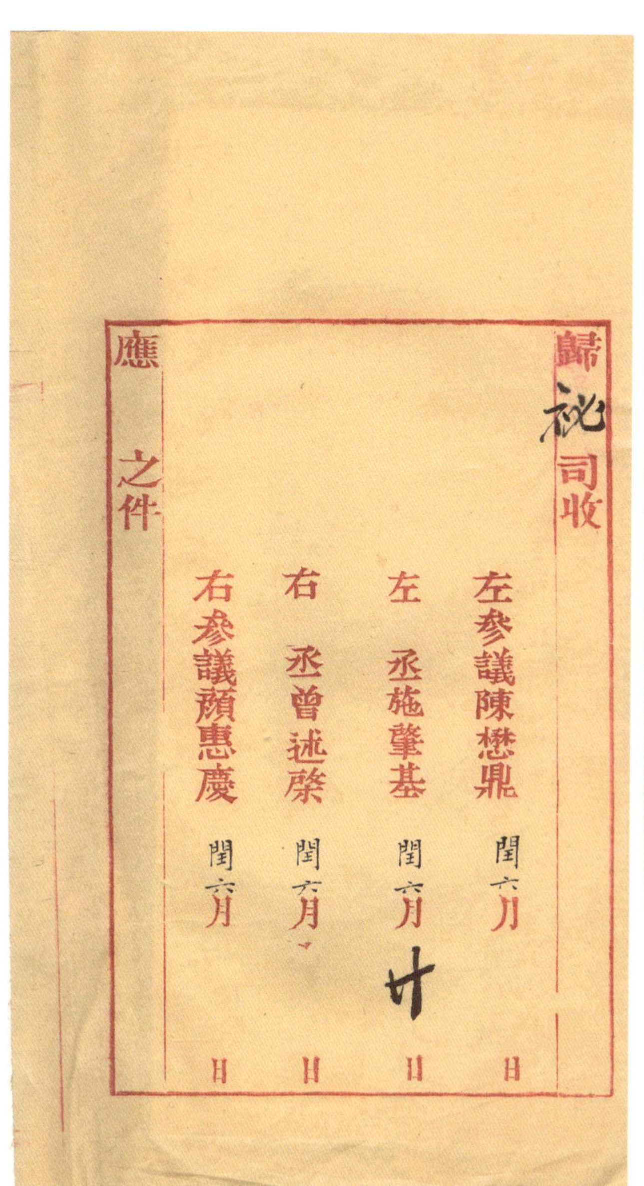

歸秘司收

左參議陳懋鼎 閏六月 日

左丞施肇基 閏六月廿日

右丞曾述棨 閏六月 日

右參議顏惠慶 閏六月 日

應 之件

驻萨摩岛领事林润钊致外务部申文之一（宣统三年五月二十日）

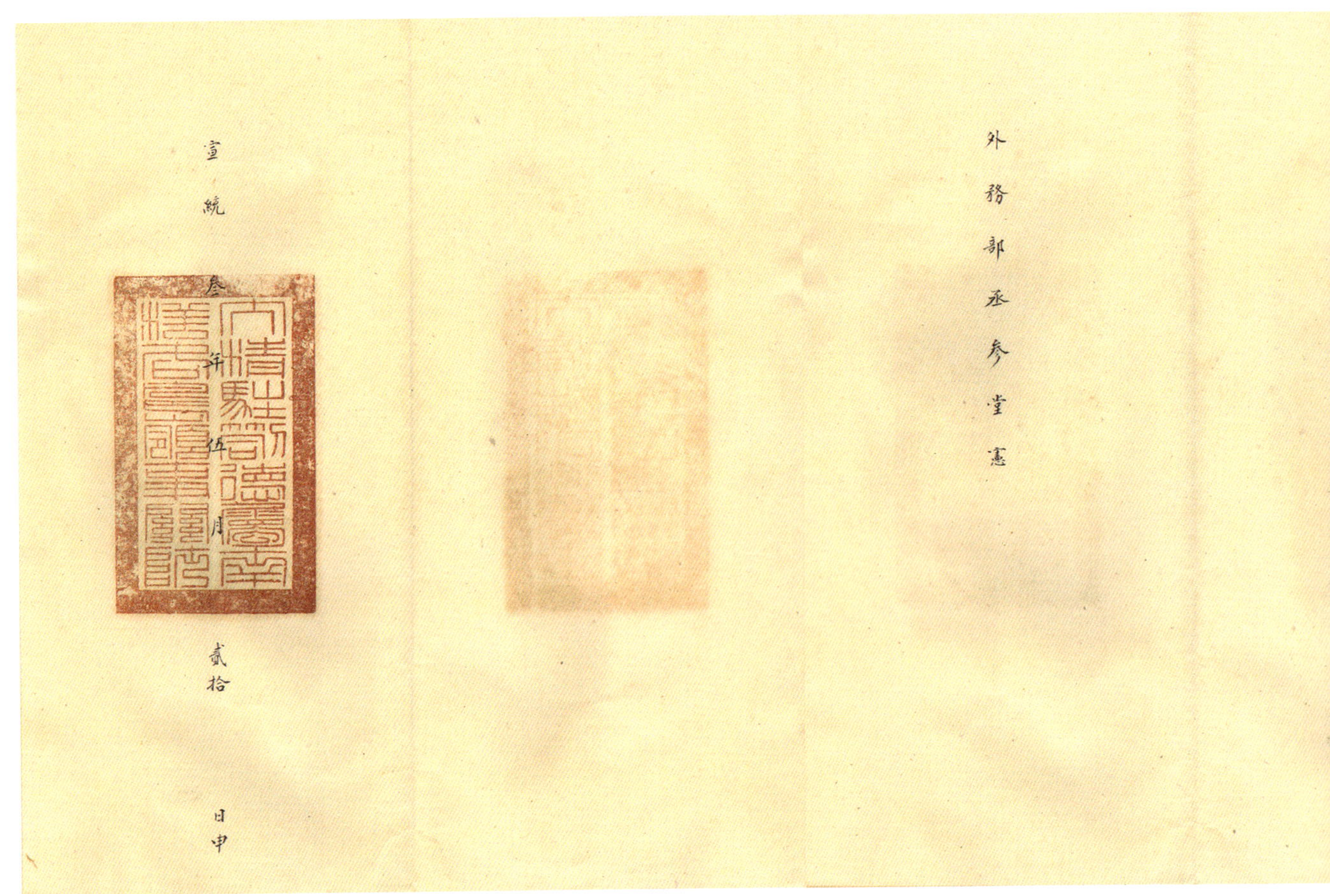

外務部丞參堂憲

宣統叁年伍月貳拾日申

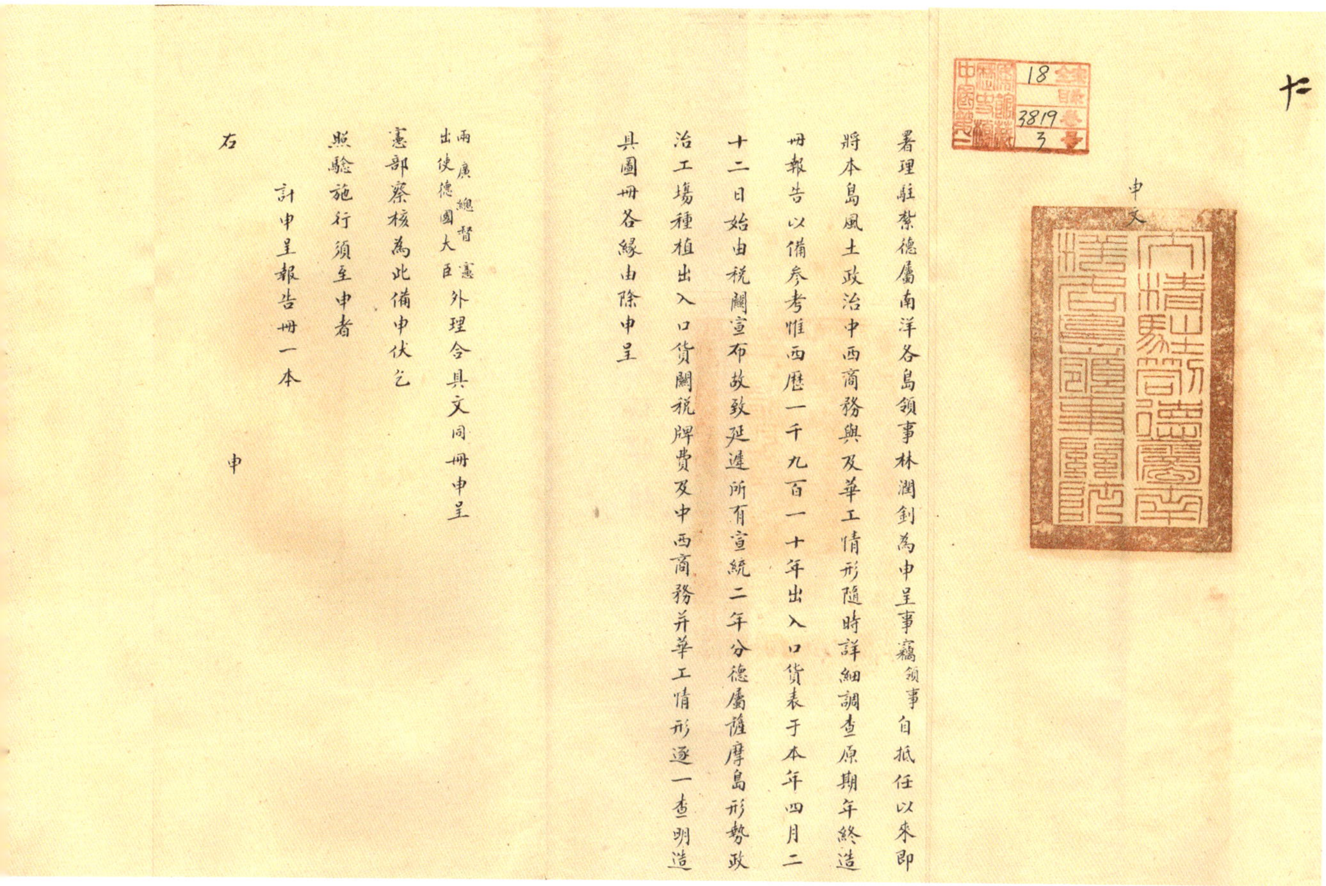

署理駐薩德屬南洋各島領事林潤釗為申呈事竊領事自抵任以來即
將本島風土政治中西商務與及華工情形隨時詳細調查原擬年終造
冊報告以備參考惟西歷一千九百一十年出入口貨表于本年四月二
十二日始由稅關宣布故致延遲所有宣統二年分德屬薩摩島形勢政
治工場種植出入口貨關稅牌費及中西商務并華工情形逐一查明造
具圖冊各緣由除申呈
兩廣總督憲
出使德國大臣外理合具文同冊申呈
憲部察核為此備申伏乞
照驗施行須至申者
計申呈報告冊一本
右　　申

駐薩摩島領事林潤钊致外务部申文之二（宣统三年五月二十日）

农工商部致外务部咨呈：

为前奏派司员巡历南洋各埠并筹拟办法一折录旨抄奏查照事

宣统三年闰六月二十日（1911 年 8 月 14 日）

此前，农工商部奏派司员前往南洋各岛巡历，宣统三年（1911），他们考察回国后奏报巡历情形及筹拟办法，得到谕旨允准。于是，农工商部摘录相关款目咨送外务部遵照执行。摘录款目有三条：第一，设法维持华商学堂的开办；第二，南洋英国、荷兰所属各岛华工不下二百万，亟须领事调查保护；第三，如果华侨返归故地（以闽、粤二省为主），地方官府宜认真保护。

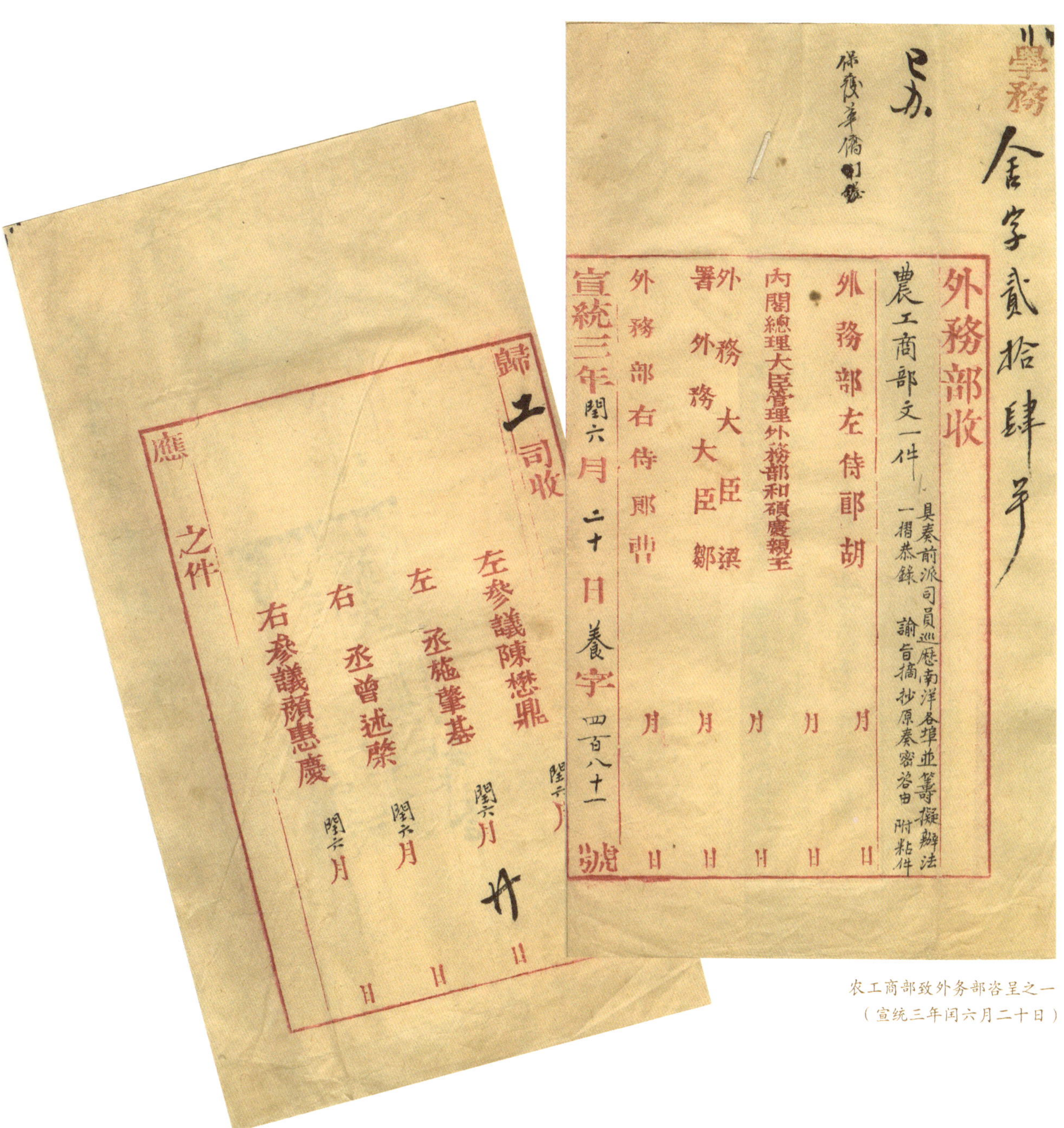

农工商部致外务部咨呈之一
（宣统三年闰六月二十日）

需華工不下二百餘萬名屬待屬情形某屬
較和屬精優和屬之婆羅洲又差勝於廖
内荷門答臘然雖云傭僱而預收工值訂定
年限期無殊以身作押至有操作數年囊
無餘財不能歸國者應由領事派員調查詳

情搜求雖據或就近向之詰問或報告駐使
與外務部磋商彼迫於公論一切積弊當能
勉為刪除並勸令華僑在工場附近設立儲
蓄銀行儲資可以積存俾有回鄉之資庶
無失所之慮
原奏內第三條 一優待回國貧民華僑閩

粵居多雖僑居數世未嘗一返回國而言及
故鄉無不怦然動念惟閩粵海疆風
氣強悍盜劫勒詐訟事時有所聞不免因
之累及現在國以籍條款已與和蘭訂定凡
身長南洋屬地者皆隸和屬本身經商者
仍為華籍如和籍華僑回國三月不至領

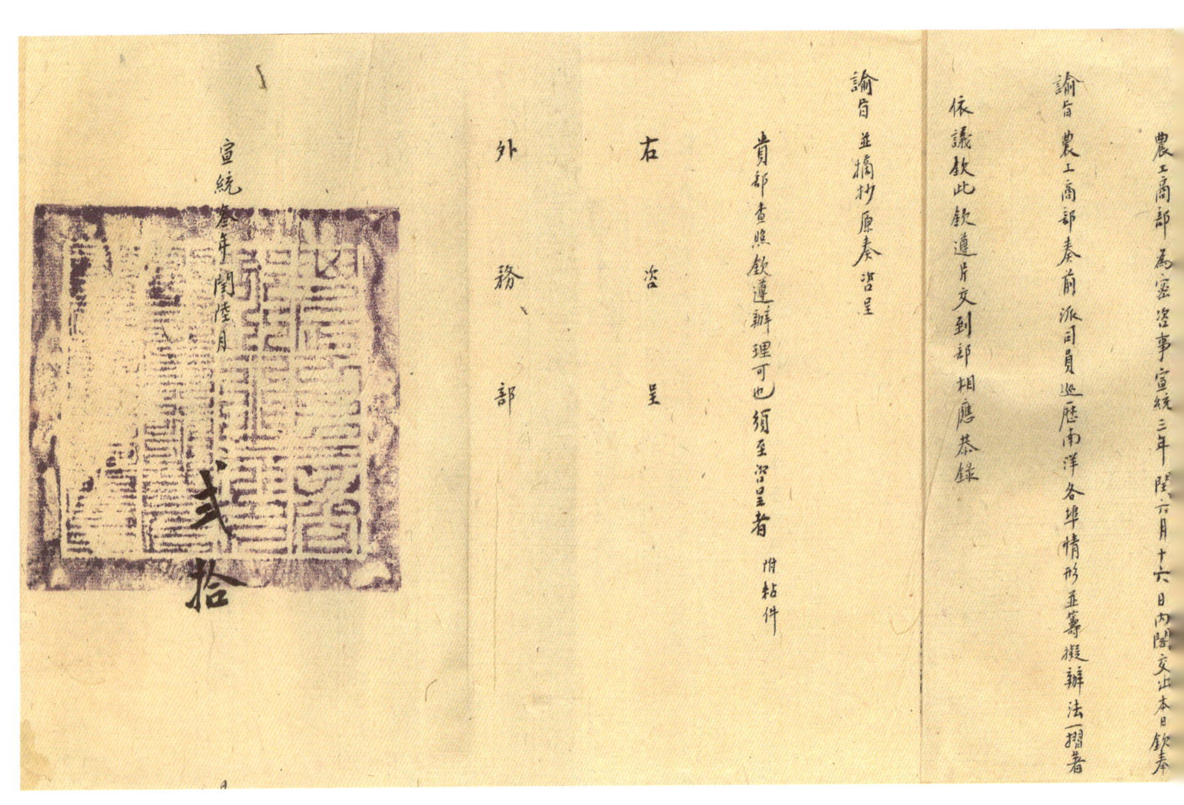

農工商部 為密咨事宣統三年閏六月十六日內閣交出本日欽奉
諭旨 農工商部奏前派司員巡歷南洋各埠情形並籌擬辦法一摺著
依議欽此欽遵片交到部相應恭錄
諭旨 並摘抄原奏 咨呈
貴部查照欽遵辦理可也 須至咨呈者 附粘件
右 咨 呈
外 務 部
宣統叁年閏陸月 貳拾

农工商部致外务部咨呈之二（宣统三年闰六月二十日）

外務部

錄 18 冊 3124 號 14

計開

原奏內第一條　一、維持華商學堂。南洋各埠小學林立，經費向由認捐，並無的款，不得不多收學費，以資補助。自和人設學招致，授以和文及應用科目，取費甚廉，咸歡舍此而就彼。且中學未立，升學無階，畢業之後，雖可送入江寧之暨南學堂，而富者畏涉重洋，貧者艱於資斧，障碍既多，羣相觀望。現巴達維亞華商李興廉等籌設中學，已有端倪，他埠華商亦有在日惹設立中學之議，亟宜設法維持，以速其成，並獎勵創辦者，以勉其傚。僑商習於歐俗，最重軍官，宜每年考取畢業生數人，俾入陸軍、海軍各學堂，學成授以將校，彼必視為奇榮，並歲選數人留學歐美各校之途，既廣致用之道，自宏消息雖微，挽回甚大。

錄 18 冊 3124 號 14

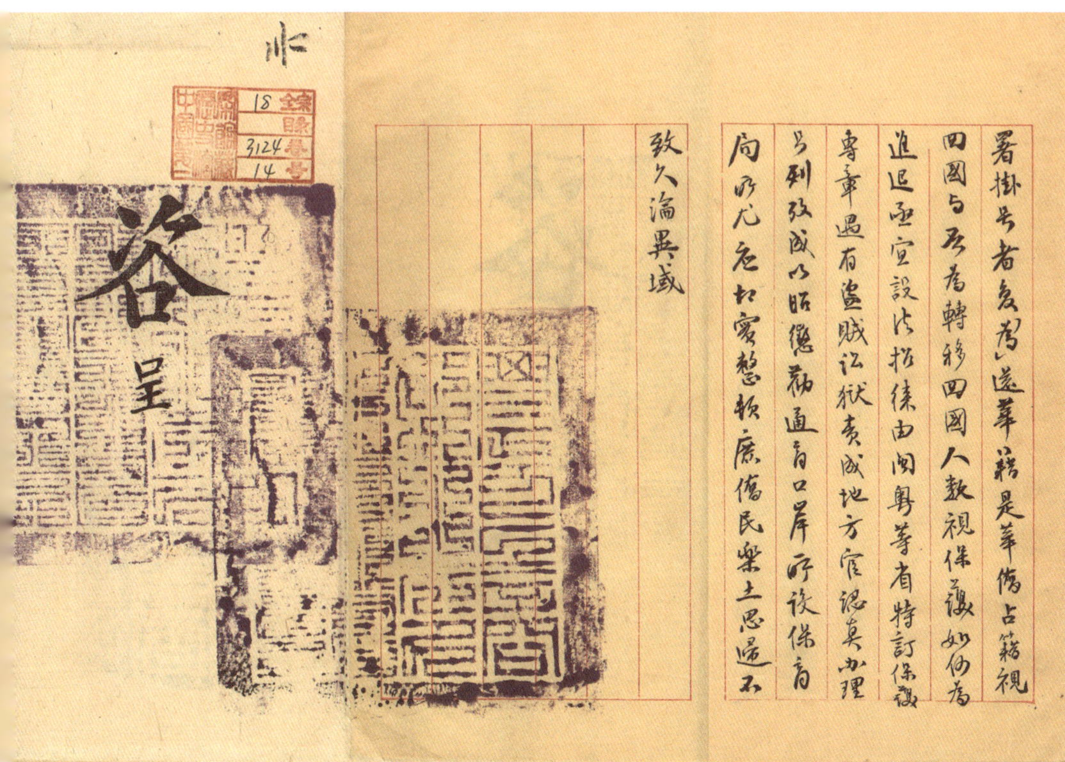

咨呈

署掛号者，急為遂華籍，是華僑占籍視回國亦為轉移。回國人數視保護如何為進退，亟宜設法招徠，由閩粵等省特訂保護專章，遇有盜賊訟獄，責成地方官認真辦理，其到殁成，以昭懲勸。通商口岸所設保商局所，尤應切實整頓，庶僑民樂土，思還不致久淪異域。

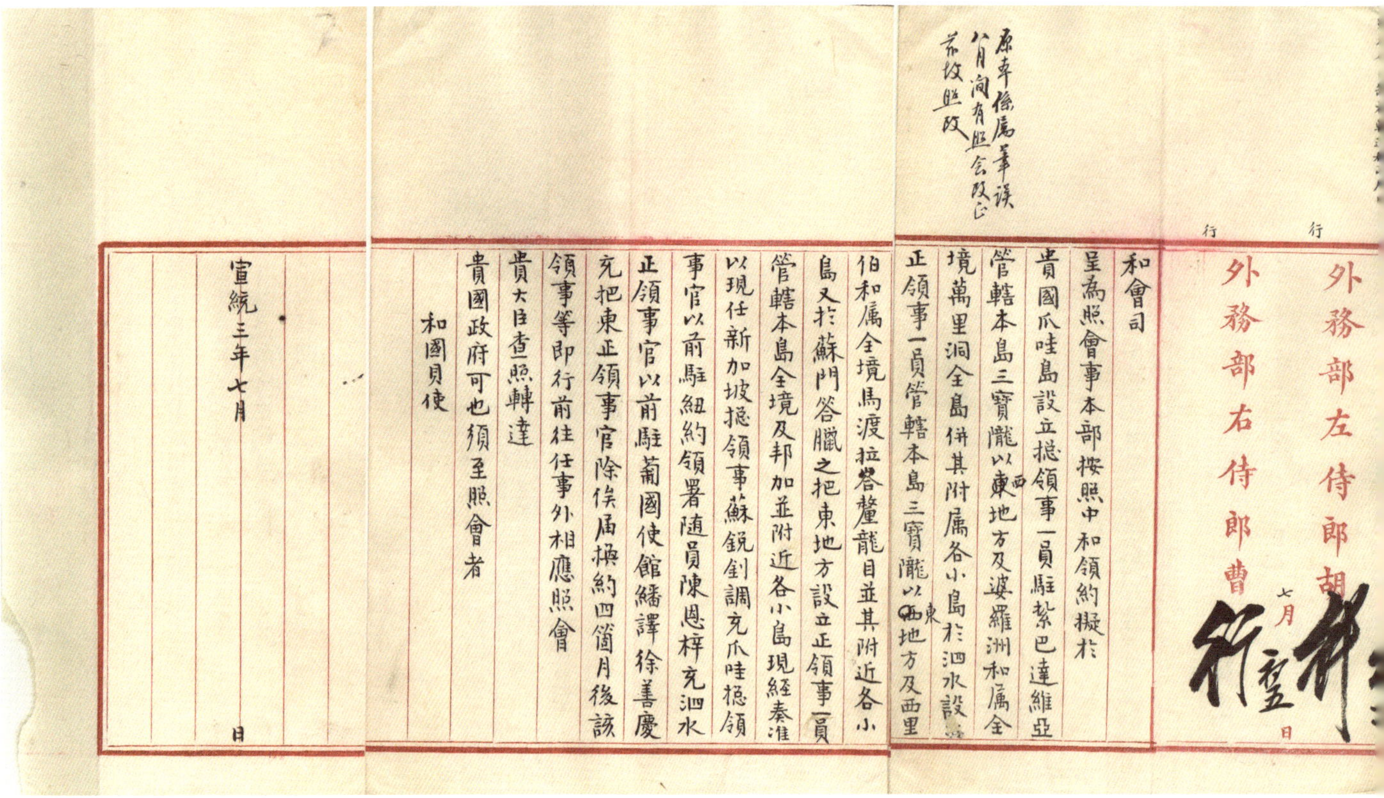
原本係属筆誤八月間有照会改正希改照改
外務部左侍郎胡
外務部右侍郎曹
行
行
七月　日
和會司
呈爲照會事本部按照中和領約擬於
貴國爪哇島設立總領事一員駐紥巴達維亞
管轄本島三寶隴以東西地方及婆羅洲和屬全
境萬里洞全島併其附屬各小島於泗水設
正領事一員管轄本島三寶隴以西東地方及西里
伯和屬全境馬渡拉答釐龍目並其附近各小
島又於蘇門答臘之把東地方設立正領事一員
管轄本島全境及邦加並附近各小島現經奏准
以現任新加坡總領事蘇銳釗調充爪哇總領
事官以前駐紐約領署隨員陳恩梓充泗水
正領事官以前駐葡國使館繙譯徐善慶
充把東正領事官除俟屆換約四箇月後該
領事等即行前往任事外相應照會
貴大臣查照轉達
貴國政府可也須至照會者
和國貝使
宣統三年七月　日

外务部致荷兰公使贝拉斯照会稿：

为在荷属东印度设置领事及拣员派充各缺希转达荷政府事

宣统三年七月初五日（1911 年 8 月 28 日）

外务部致驻爪哇总领事苏锐钊等札稿：

为发给关防事

宣统三年七月（1911 年 9 月）

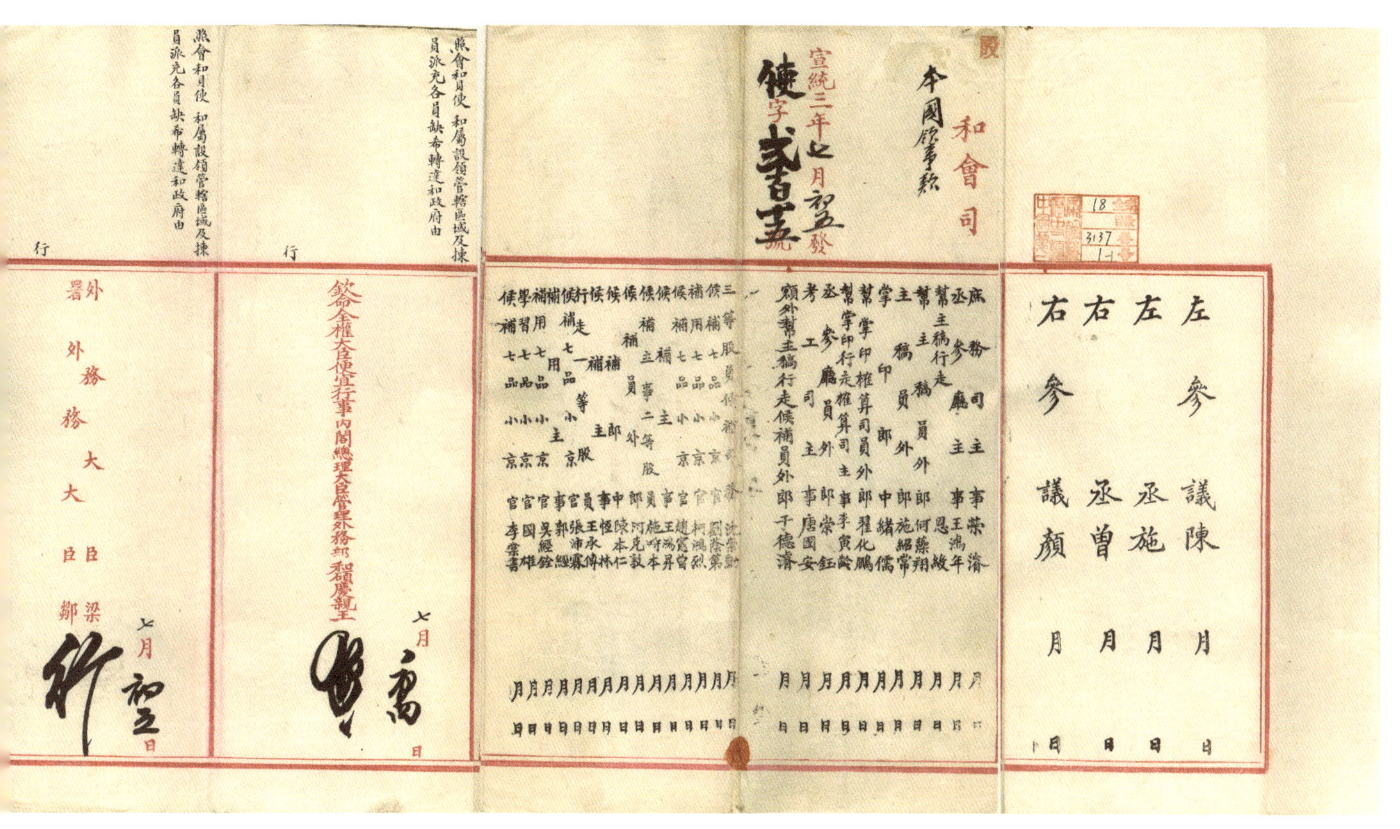

外务部致荷兰公使贝拉斯照会稿（宣统三年七月初五日）

宣统三年（1911），按照《中和领约》，清政府拟在荷属东印度爪哇岛设立总领事一员，驻扎巴达维亚，于泗水、苏门答腊把东地方各设立正领事一员。外务部奏准以苏锐钊任爪哇总领事、陈恩梓任泗水正领事、徐善庆任把东正领事。于是，外务部将任职领事人员信息照会荷兰公使贝拉斯。并刊刻“大清驻扎爪哇等处总领事关防”“大清驻扎泗水等处正领事关防”“大清驻扎把东等处正领事关防”各一颗，颁发给爪哇总领事苏锐钊等官员，标志着清朝驻荷属东印度群岛领事机构的正式设立。

劄駐爪哇總領蘇銳釗等發給關防由

交

著外務大臣鄒

交

交

外務部左侍郎胡

七月十五日

交

交

外務部右侍郎曹

七月十五日

交

和會司

呈為劄行事所有本部奏准和屬添設泗水、爪哇、把東正總領事官正領事官正領事官業經劄行在案茲由本部刊刻

駐紮泗水、爪哇、把東等處正總正領事官關防一顆發給開用即將開用日期申報本部可也須至劄者 附關防

右劄駐泗水正、爪哇總、把東正領事陳、蘇、徐 准此

大清

宣統三年七月　日

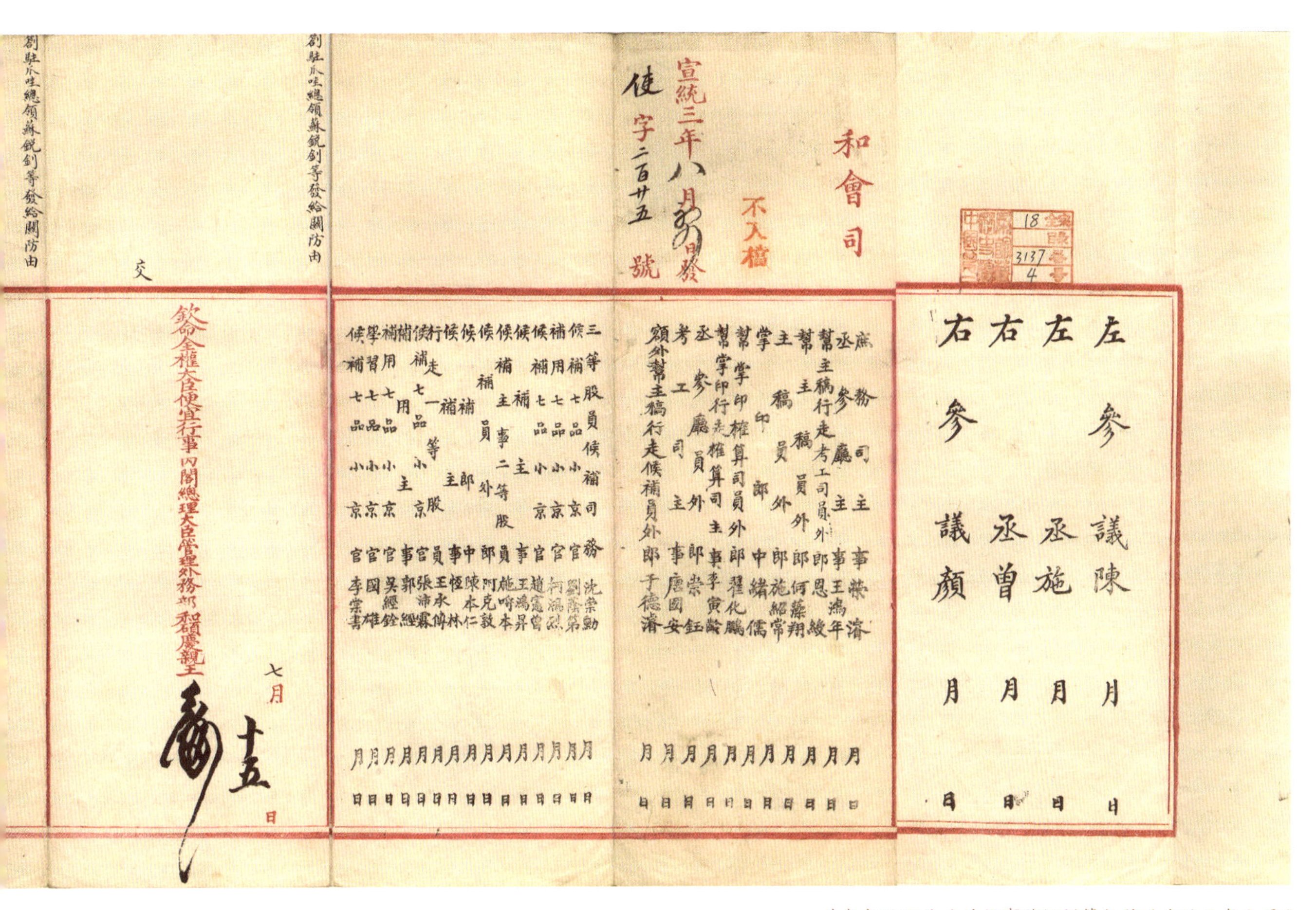

外务部致驻爪哇总领事苏锐钊等札稿（宣统三年七月）

密也容再乘便刺探隨時報
聞以資
籌畫茲于九月二十九日拜發派赴各商埠
民委員稟報情形一摺附奏請奬二次期
官陳貽範一片附上印花一封到日敬乞
代備
呈遞以上各節統希
函明

將其説帖譯呈伏乞
鈞酌確查採擇施行去年
大部曾以西藏遣使事函詢羅使茲探聞前
遣使于西藏密令歸俄保護曾經西藏喇
前任駐藏大臣時值中國北方之亂不知
告嗣後西藏兩次遣使于俄俄人聲言係
往與國政無涉前次英議院中曾以此事
府英政府並未將宗旨宣示蓋英於藏事